日本で唯一の演芸専門誌が
50年かけて集めたここだけの話

落語家の本音

「東京かわら版」編集部 編

朝日新聞出版

まえがき

「東京かわら版」という情報誌があります。皆様ご存知でしょうか。

この書籍を買ってくださった方はおそらくご存知かと思うのですが、改めて説明いたします。

「東京かわら版」は落語・講談・浪曲を中心とした情報が詰まった、日本で唯一の月刊の演芸専門誌です。

内ポケットに入るサイズで持ち運びにも便利で、多くの演芸ファンや関係者に愛されている（と信じたい……）情報誌です。

日本全国、北海道から沖縄までの演芸ファンが定期購読をしてくださっていて、演芸会のバイブルとしてご活用いただいております。他にも寄席や全国の書店でもお求めいただけますし、落語会で販売していることもございます。

創刊号は昭和49（1974）年11月号で、皆様のおかげで半世紀にわたり1号の欠号もないまま、今日《こんにち》まで発刊し続けております。

「東京かわら版」が創刊50年を迎えて、何か記念になることをしたいと思っていながら日々の業務にかまけてなかなか動けずにいた折に、思いがけず朝日新聞出版の編集の方からお声がけいただき、『落語家の本音』が発刊する運びとなりました。

こうして小誌が歩んできた50年の歴史が一つの本になったことを、とても嬉しく感じております。

この本は、昭和の名人のインタビューを再掲載した第1章、現役の噺家さんたちのインタビューを再掲載した第2章、実は密かなファンの多い（?）会長・井上和明の会長ブログをまとめた第3章、そして若手真打・三遊亭わん丈師匠と社長・井上健司の対談を掲載した第4章で構成されております。

過去のインタビューを再掲載するにあたり快くご許可くださいました皆様、写真を提供してくださった関係者各位、お忙しい中対談の時間を作ってくださった三遊亭わん丈師匠、寄席文字を書いてくださった橘紅樂師匠、本当にありがとうございます。

紙幅の都合で本書に載せられなかった珠玉のインタビューもまだまだ沢山ございます。「東京かわら版」は情報誌であると同時に、インタビューをはじめとした記事も満載ですので、是非お持ちの方は改めてご覧ください。新たな発見があるかもしれません。

どうぞ気の向くままにページをめくってみてください。

『落語家の本音』目次

第1章

昭和の名人たち、大いに語る

――今は亡き大看板の本音

第2章 高座の人気者たち、熱く語る

——現役落語家の本音

第3章

創刊号の落語会情報は18本
――会長ブログ「いのど〜ん」一挙掲載

第4章

若手真打にとって「東京かわら版」とは？
――三遊亭わん丈・社長の本音対談

る／安心して取材受けられますよね、「東京かわら版」さんは／誰もいなかったんですね、『名鑑』に書き込むというのは／「わん丈師匠、連載やってください」って言われたら／「東京かわら版」さんの読者だったら、これくらいの話してもわかってもらえるんじゃないかな

ブックデザイン……盛川和洋
寄席文字……橘紅樂
写真撮影（第4章）……松永卓也（朝日新聞出版写真映像部）

【編集部注】

・第1章、第2章のインタビュー部分は「東京かわら版」1977年1月号から2024年4月号までの記事から厳選し、載録した。今日では不適切と考えられる表現があるが、雑誌掲載時の時代背景と落語という古典芸能の特性を考慮し、そのままとした。単行本載録時点で変化している高座名など、説明が必要な個所は［　］で補足した。

・第3章は東京かわら版サイト内「いのど～ん！ブログ」2010年1月29日から同年9月22日までの記事を載録した。

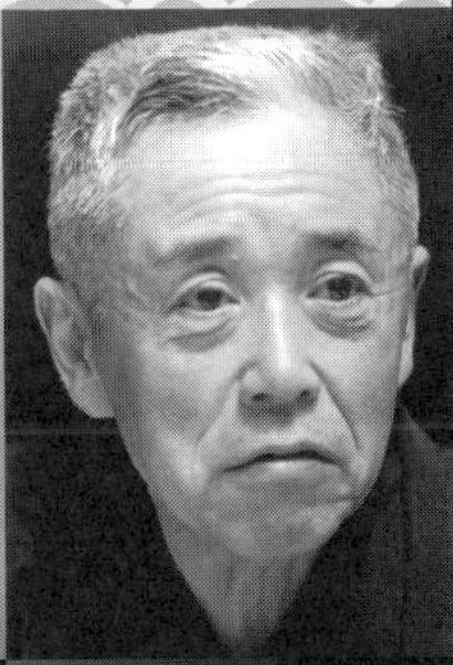

第1章
昭和の名人たち、大いに語る
――今は亡き大看板の本音

前口上

「東京かわら版」に最初の巻頭インタビューが載ったのは1977年1月号。八代目林家正蔵（後に彦六）師匠の新春インタビューが記念すべき第1回です。その後も、昭和を代表するような名人たちのお話をお聞きできたことは、「東京かわら版」にとって大きな財産です。

皆様まだ何者かもわからない草創期の小誌に、落語への熱い思いを語ってくださいました。インタビューを読むと、感謝の念が浮かんで参ります。誠にありがとう存じます。

師匠方の貴重なお話を、ぜひご一読ください。

林家彦六

©横井洋司

はやしや・ひころく　1895年、東京都生まれ。1912年、二代目三遊亭三福に入門し「福よし」を名乗る。16年、師匠と共に四代目橘家圓蔵の内輪弟子となる。17年、二ツ目に昇進し「橘家二三蔵」。その後、三遊亭圓楽、蝶花楼馬楽を経て、50年、「八代目林家正蔵」襲名。81年、「林家彦六」に改名。独特の語り口は、弟子の林家木久扇をはじめ後輩落語家がしばしば真似している。82年、肺炎のため逝去。

◆東京かわら版編集部よりひと言

再録の最初は林家正蔵（後に彦六）師匠。1977年1月号で初春インタビューと銘打ち、正蔵師匠のお話を掲載しています（この後おりにふれ師匠に出て頂き、たびたび誌面に登場してもらいました）。それまで基本的には会の情報だけを記載していたのですが、読者には読み物のニーズがあると考え、思い切って稲荷《いなり》町の長屋のお宅にお伺いしました。日立家電勤務の酔水亭珍太こと水野雅夫さんが仲立ちをしてくれました。水野さんは、民族芸能を守る会の茨木さんや東京小文枝の会のメンバー（橘左近師匠も其の一員）に引き合わせてくれ、徒手空拳だった私の活動の場を広げてくれました。

林家は、暖かく迎えてくれ、お弟子の照蔵（現・八光亭春輔《はっこうていはるすけ》師）さんに「照さんや、井上さんにコーシーを入れておあげ」と仰ってくれました（当時林家の家でコーヒーをご馳走になるのは、認められた証《あかし》、との噂がありました）。師匠は噺家さんたちに、こんなものがあるよと、小誌を宣伝もしてくれました。

後に日本橋の「たいめい軒」での一門会（壱土会）では販売させてくれると共に、その日の割前を私にも下さいました（お弟子さんには白い目で見られました）。初期の「東京かわら版」の大恩人です。

（井上和明）

1977年1月号

――若者に対するアドバイスを。

正蔵　弱ったのは、その若い者に対してだがね……。今はね、何んたって、寄席が無いんだから。これがもう落語界に対する致命傷ですよ。それでいけないことに、こんだ国立のうしろに文化庁がこさえてくれる。ありゃあんな所に寄席ったって、お客が来ないですよ。修業にならないのは眼に見えている。も一つあらゆる演芸を包含しての殿堂だからね。くじ引きにしていつ廻ってくるか分かりゃしない、というようなところはあてにならない。目下少ない寄席を相手にして、それ以外は、めいめいの自分達の資力で発表会をやってんです。だからいろんなところで世話する人がいりゃ、これは大変結構だけれども、自分でやるとなると、会の経営なんて大変なもんですよ。タレント志望でね、師匠も兄弟子もそこに行ってるから俺も当然そこに入込んでもらうってのは、もはや論外ですよ。噺家は、ある点まで禅僧なら雲水になった気持でね、貧乏に耐えてくれなければ、もはやどうしようもない状態ですよ。貧乏に溶込んで付合いを欠かさないような、これは若いもんの気魄みたいなもんですから、おせえて教えられないもんだから……。タレント志望の落語家とは、少し別れちゃった方がいいですよね。タレントをしながら、噺もなんて、そんな両天秤をかけてうまく行くはずがないですよ。人間というものはそうしたもんですよ。二兎《と》を追うもの一兎を得ず。両天秤で成功しようとしたってそうはいかない。噺ってものは、終世の目的のためだからね。

――最近のテレビは素人が受けると言う人がいますが、素人について。

正蔵　昔の言葉で言うと天狗連《てんぐれん》ですよね。天狗連はなくちゃいけない。いつの時代にも真似をしようという人は、落語を面白いから、盛んだから、そういう事に刺激されてやろうという、つまり触手を動かしてくるわけです。ぜんぜん無風状態じゃ誰も天狗連になりゃしませんよね。素人落語というものがあるってことが、落語界にとっていいことで、あってもいいもんですよ。ただ昔は、貸席というものが盛んだったから、素人がそこへ打って出まして商売人の前座、二ツ目を結構師匠扱いにして深いところに上げてくれたもんですよ。ですから、今も本場もんだという自負があるなら、一遍素人のそういう会に入ってやったらいいんですよ。そこで受けないことがあるんです。そうやって気で気を養っていたんです昔は。(略)

――最後に師匠のこれからの抱負というか、目標を。

正蔵　目標を立てるってのは、いいようで悪いですよ。その発表の間際になると、やっぱり平常じゃなくって少しあせりをみせる。又、そういう時に限って雑用が山のように来るもんですよ……。今年綺堂《きどう》ものをね。岡本《おかもと》さんとこのものを心がけてやってみようと思うんですがね。それから自分でこしらえたもの。誰かに「うれし泣き」という噺は面白いですって言われて。忘れてたんですよね、この噺、もう前にこしらえたんだが、そんなものもやってみたい。大仰に言えば自作自演ですね……。ただあたしがやるのは、ほんとの創作じゃない。デッチもんですよね。あたしがデッチたのは「うれし泣き」「二ツ面」「ヘラヘラの万橘」「ステテコ誕生」……それから「年枝の怪談」そんなもんですがね。

これからもやりますよ。やらなくちゃしょうがないですよね……。

（聞き手　水野雅夫）

1979年9月号

今回は東京・台東区は稲荷町の有名な林家正蔵宅にお伺いしました。9月は東京の高座に上らず、全国各地での公演も予定され、10月には新境地を開きたいとおっしゃる、御年《おんとし》85歳の正蔵師匠。孫弟子にあたる小朝さんへの諫言《かんげん》など、いろいろお聞きしました。

――北海道から本日お帰りになったばかりですが、北海道へはお仕事で……？

正蔵　向こうの労音（勤労者音楽協議会）に行ってきました。東家夢助てェのがあっせんしてくれましてネ、函館《はこだて》、帯広《おびひろ》と2日程。会員制でいいお客さんですよ。リーダーなんかが落語の研究会をやっていたりして、真面目ですよ、務め人の人たちがレコードやテープで研究してんですネ。

（略）

――最近は、壱土会（たいめい軒）もそうなんですが、定席以外での寄席、料理屋、喫茶店などを借りた寄席が増えてきましたが……。

正蔵　昔だと、風呂屋さんですよネ、もう高座ができているから……冬はいけないけど夏だったらいいですよ、場所はみんな知ってるし。最近は風呂屋そのものもなくなりましたが。コーヒー屋さんではお客を統一して座らせないようになってんですネ、設計上からして。向き合ったりしてますからネ。しかしどこで演ろうと肝心なのは演る者の方針ですネ、十けっこう五よろしいという心構えでお客さんを迎えなければものにはなりませんよ、またお客さんもそれでお荷物にされたらいっぺんで来ません。こりゃ変ってて面白いね、てんでお友達を誘って来るようならば成功します。それに、自分で足前《たしまえ》しないということは興味の持てることですよ、会をやってて、それのありがた味の分らない者はこまりますネ。儲かるわけないんだもの噺家が会を演って。

大きな寄席が減ってきましたから、そういう小さな寄席も必要なんでしょうネ。これから新しく寄席を始めるには、土地や建物などのために大資本が要るから大変ですよ。だから現在ある建物、映画館なんかの屋上で細々やっても寄席はなりたつんじゃないかと思うんです。これは商売人としては冒険なんだけど、自分ところでやってうまく行かなかったら、どうしてくれる、と言われるかも知れませんが、やってみれば案外成績がいいんじゃないかと思うんですがネ。それから、サラリーマンの自由な時間や2時間程もてあましているからお笑いでも、というようなこんな時間を活用できれば、昔のニュース映画みたいに有効にして楽しめるんじゃないかと思ってんですがネ。これからは昔の寄席の形に戻って行くんでしょう、料理屋の2階とか。近頃の普通の住宅はだんだん合理的になって広く使えませんからネ。あとは町会事務所みたいなところで演るんでしょうネ。

――噺家さんも増えまして、みなさんいろいろな落語の演じ方をしてますが？

正蔵　噺家がお客さんを笑わせないとうまい噺家ではない、ということを一時席亭も認めて、それを奨励したんですよ、これはよくないと思うんですがネ。それじゃ笑わせるにはどうしたらよいかといいますと、言葉より顔の表情に訴えるんですよ。これは（柳家）金語楼《きんごろう》さんから系統を引きまして、今の（桂）枝雀《しじやく》にいたる演り方なんですよネ、表情で笑わせるのは。表情といいますと、怪談噺というのは黙っている時ほど凄味が出る。なんにもいわない時の眼の使い方。一角をじっと見つめている凄さは、怪談噺には必要以上のものでしてこれより凄いものはない。これも表情の一つですからネ。落語で笑わせるのは顔の表情、怪談噺でいちばん凄味を出すところは無言の眼の表情。面白いもんですネ。しかし、顔の表情、体の動作だけでお客さんを笑わすとなると、聞かせて面白くさせるのがおろそかになっていけない。語りというのが基本ですからネ。その兼ね合いが難しい。また、お客さんもそれに慣らされて、それで笑うのを待っている。その場その場で笑えたらそれでいいとなって、じっくり噺を聞かなくなりますよ。

――さきほど北海道のお客さんはいいとおっしゃいましたが東京では演りにくい、ということもありますか？

正蔵　贔屓《ひいき》の落語家を持っているグループがいるところでは演りにくい。特定の噺家しか聞かない。これは前からありましたネ、（桂）文楽一辺倒、（三遊亭）金馬一辺倒、それ以外は認めない、というような。呑みに連れてってもらってこの話が出るといちばん困るんですよ。御馳走になってんだから、いやそれは違うよと、反ばくするのもできない。こんな時は、どこかで呑み直すか、帰って瀬戸物でも壊さねェと腹がおさまらない。よくありましたよ。

――今売れに売れている（春風亭）小朝さんに、大師匠としてなにか注文と言うようなものは？

正蔵　小朝に注意してやりたいことはネ、あれには反省心がないということです。己れを顧みることをしないと、野放図になっちまって、暴れ馬が駆け出すようなもので……それになってやしまわないかと危ぶんでいるんですよ。いまのうちはなにをやったっていいとはいいながら、反省をして、いいものといけないものの区別をつけなくっちゃいけません。噺は土台なんだから、棄ててしまうわけにはいかない、しかしギターをかき回したりすることは、いつだって止せることですからネ。あれよりギターのうまいのは東京にいく人だっているわけなんだから。余技は棄てなくちゃいけないと思うんですがネ。

――若手の噺家さんが新しい落語を目差したり、落語以外のことでマスコミに取りあげられたりしていますが……？

正蔵　新しいものを手掛るのは結構なことですよ、海のものか山のものか判らないものを演ってお客さんの反応を確めてみるのは、芸人として当然のことですよ。ただそれだけのもので、手ごたえのあった方へ進んで行くという自分のお試しですからネ、いくら演ってもいい若手で芸術論をどうのこうのいう人がいますが、自分を主にした芸術を論ずるてェことは、とんでもないことですよ、あんな歳でものを論ずる資格はないといいたいですネ。

――最後にこれからの落語界、これからの林家正蔵をお話し下さい。

正蔵　私はどんな時でもこのままでよいと思う。これは体制順応ということだし、なるようになるということだし……。（三遊亭）円朝、（談洲楼）燕枝が亡くなって、落語はもうだめだといわれても、ズ太く生き永らえてきたんだから不思議な寿命ですね、落語というのは。

自分は自分なりに身の始末はして置こうという料簡だけは持っていて、すべてのことについて、あまり人に世話をやかせないようにと思ってんですよ。9月はプーク（人形劇団）などで高座には上がらないけど、10月からの高座では、ステテコなどを踊ってみようとネ、私は心機一転したんですよ。高座で演ってみたらば、またその心境をお話ししますョ。

（聞き手　水野雅夫）

林家正蔵改め彦六　1981年1月号

このところ、噺家の中で一番新聞紙上をにぎわせているのは、林家正蔵師匠ではないでしょうか。名前「正蔵」の返上、昭和55年度の芸術祭大賞（大衆芸能部門）の受賞、さらにフジ・サンケイグループ放送演芸大賞特別賞にも選ばれ、まさに時の人となりました。そこで、今回は9月号に引き続き〝稲荷町の師匠〟林家正蔵さんに登場願いました。（12月13日インタビュー）

――芸術祭大賞を受賞されておめでとうございます。「牡丹灯籠」を正蔵さんの話芸と人形劇団プークとの組み合せで演って、受賞されたわけなんですが、このへんのところからお聞かせ下さい。

正蔵　あれは本当にプークの人が骨折って、脚本を書き変えたもので、内容はほとんど新作ですからね。円朝師匠のとは違って、時代とか萩原新三郎という人物もはっきりさせていますからね……プークの脚本はえらいものですよ。書いた人もあそこまで勇気を出して、敢然と一つの時代をうち出すってえのはねェ、冒険ですから。プークの方で思うようにお書きになって、私がそれにくっついて行ったということで……私の歳に合わせたような演出だったんですよ。

プークとのつき合いは、最初私はお客として見てたくらいのもので、あそこは人形と人間をかみ合わせたり、演出が破天荒でしょ、面白いなと思った。それに光線の使い方ですよ、初めて見た時、びっくりしましたね、日本にない機械とかで……私も怪談噺を演っていますからね、光線の使い方が面白いと思って、それから遊びに行っているうちに近づきになって、出て下さいよという話になっていっちゃった。賞をいただいて、私の嬉しさはとにもかくにも、プークの人たちが全体的にねェ、それで恵まれましたからね、私は幸せだと思ってんですよ。この人形劇団はみんなすごい協力を仕合いますね。プークの名においてというところで演れたんですからね、すばらしいと思いましたよ。

私個人にしてみると、愚妻が病って、日増しに悪くなって行く時はずいぶん心配しましてね、それが頭にあるもんだから、せりふもよく入らない、時にはどういうもんですか、全然記憶がなくなってしまうこともあって、喋り始めているうちに、人物の名前とか場所が出てきたりしましてね……こりゃ悪いから降りちゃおうかなと思ったこともありました。いまは病人も入院中で元気も出たそうですが、プークとの活動期間中にそんなことで苦労といえば苦労しましたね。ＮＨＫがこの公演を旅先まで追っかけて取材してくれましてね、いろいろ写真にもしてもらったんですが、ずいぶん遠くまで来ましたよ、東北の方まで。

とにかく何回か演った中で、自分でも満足できて、これなら作者に聞いてもらってもまんざらでないという芸は、2日か3日きりしかないんですよ。あとは上がっちゃってねェ、どうにもならなくなって、お客さまには判りませんがね、自分自身でも謝ろうかと、その手前まで行ったこともあります。(略)

——今まで、いろんなところで、いろんな人に「彦六」に改名する理由をお話しになっていると思いますが、もう一度東京かわら版の読者に、その辺の経緯を話していただけませんか?

正蔵　これは、(林家)三平君が亡くなった[1980年9月20日]という無情感がね、私を冷静に考えさせたんですよ。くやみに行きまして、主の死んだあとですからねェ、悲しみのどん底ですよ、こりゃ気の毒だなァ、名前を返してあげよう、これが仏に対する供養であって、私の一番いい態度というのはこれだなァ、ってことで「正蔵」という名前を返すことになった。この名前は知っての通り三平君のお父さんが先代(七代目)の正蔵なんですが、私が(昭和)25年に正蔵を襲名したのは、今の(柳家)小さんさんが小三治から小さんになって、私が当時の蝶花楼馬楽のままだと、馬楽が席順で上位にいては小さんが小さんでありにくい、適当な名前に換えてくれと上位のものが言いだした。そこで、怪談噺を演ることとから、林家正蔵がいいだろうということになったんですよ。その時、一代限りで返して欲しいということを承知して、一札書いて三平君のお母さんに渡した。

先代は名札一つなかったんですけど、私の代になって、(橘)右近さん(橘流寄席文字家元)にこさえてもらった名札があった。この名札と一番古い林家正蔵という印鑑をもって行ったんですよ、喜んでくれましてね、あとで聞いたら、その名札を仏壇に納めたというんでね、私しゃまだ生きているんだが、そういう処置も破天荒で面白いねェ。

それから、私はねェ、弟子が真打ちになる時は、名前をつけるのに気を配ったんですよ。ですから柳朝とはちょっと仲たがいするところまで行ったんです。春風亭ですからね、疑問にも思うでしょうが、今はわかってくれたらしいんですよ。いちいち説明はできませんからねェ、本人にはちょいと言ったりするんですが……。（橘家）文蔵の時もそうですよ。

「彦六」とつけた由来は、もうご存知だと思うんですが、ＰＣＬの映画「彦六大いに笑ふ」（昭和11年11月12日封切、木村荘十二《そとじ》監督）ってえのがあったんですよ、（徳川）夢声が主役の彦六になったやつでね、その頃、「笑いの王国」が浅草で有名になっちゃった。それの真似をして、夢声が中心となって「談譚集団」ってえのを作った。寄席でなに演ってもいい笑わせようという集団なんですよ、私もこの集団にいたもんですから、夢声の演った「彦六」という名前が印象強く残っていたんですねェ。（略）

――１月の鈴本・下席から「彦六」を名乗るわけですが、正蔵が彦六になるということで、なんか心境の変化というものは……。

正蔵　私は30年間「正蔵」を名乗ってきましたが、この正蔵になったのはいろいろいきさつがあって、不思議な縁で正蔵になった。誰だって名前というものは大事にしますよね、それだけに今までゆとりというものがなかった。しっくりしなかった。はればれとしている、というのが今の私の心境です。まァ、１月から〝彦六大いに笑う〟といきたいと思っていますョ……。

（聞き手　水野雅夫）

柳家小さん

©横井洋司

やなぎや・こさん　１９１５年、長野県生まれ。33年、四代目柳家小さんに入門。前座名「栗之助」。39年、二ツ目に昇進し「小きん」。47年、真打昇進し、「九代目柳家小三治」。50年、「五代目柳家小さん」襲名。72年から24年の長きにわたり、落語協会会長を務める。たくさんの直弟子に加えて孫弟子も多い。95年、落語家として初の人間国宝（重要無形文化財保持者）に認定される。２００２年、心不全のため逝去。

◆東京かわら版編集部よりひと言

前のインタビューは落語協会の会長になって10年目、後のは更にそれから約10年後のものです。最初のインタビューは、圓生師が１９７９年、彦六（八代目正蔵）師が１９８２年に亡くなっており、圓生一門他が落語協会を脱会した１９７８年の騒ぎも、翌年圓楽師匠一門以外の圓生師匠のお弟子さん（円窓・円丈・円龍他）が協会に復帰し、圓楽師が１９８０年に「大日本落語すみれ会」を設立したことで一連の騒動が一段落した時期です。

会長としてお忙しい日々を送られていましたが、小誌の印刷をしてくれていた会社の方が、かつて二ツ目時の小さん師匠の勉強会のお手伝いをしていた奇縁も有り、インタビューが叶いました。若い頃馬楽時代の彦六師に噺を教わったが「歯切れがよかった」とか、「定席の顔ぶれも協会としては早く出したいと思っている」「両協会の顔付を合同でやってみたい」等興味深いお話がたくさんあります。また稽古をお好きな剣道の「守・破・離」にたとえている点は、

落語より剣道がやりたかったと口にされていたお人柄が良く表れております。（井上和明）

1982年3月号

――実に久々の独演会（3月26日東横落語会）ですが以前は？

小さん　神田の立花亭でね、戦争中……イヤ戦争中じゃねェや戦後だ。小三治になってからだから。「小三治を育てる会」というのをねお客さんがやってくれたんだ。これはまあ独演会みたいなもんだな。その前は……イヤその後だったかな、ある社長さんの家で「小さん勉強会」てえのをやってね、一年ちょっと続いたのかな、そこの奥さんが亡くなってやめたんだけど……そこで噺の数は増したりね。

昔は、私の師匠（四代目小さん）の独演会てえのは興に乗ると五席くらいやったもんですよ。神田神保町の花月てェ席があったんだけど、そこでうちの師匠が独演会やった。戦争中だね。最初はお客も40～50だったんだけど、だんだん増えて最後は二束《そく》（２００）くらいなったかな。子供などもいないし、いい客ばかりで、はばかり行くにも頭低くして行くような人ばかりだから、そこでやる噺よかったたね。お客もさあ聴こう、という姿勢だから。私はこの時分、ちょいと出ただけで召集されちゃった。

――しばらくやらなかった理由というのは？

小さん　めんどくさくなっちゃってね。その社長さんところの勉強会も一年以上やったんだから……昭和三十数年のころですよ。

このごろ独演会でも二席しかやらない、独演会じゃねェんだよ。今度のは（金原亭）馬生さんにも出てもらうけど、いちおう三席（ろくろっ首、らくだ、花見の仇討）やるんだ。やるについちゃ別に心境の変化とかいうもんじゃないんだ、むこうがね、こういう番組をこしらえたいっていうから、たまにはこういう企画もいいんじゃないか、というのが出たんだね。それじゃやってみようかと、まあ独演会だから三席はやらなくっちゃ……。

——そのあとは池袋演芸場で、小三治師匠との余一会（3月31日）がありますね。

小さん　これもなにかかわった企画をやろうじゃないか、というのでね。マンネリ化しちゃうとあれでしょう。まあなにかやってみよう、ということだね。なんかそこに池袋の特徴を持たせて、お客も池袋に行くてェとこういうものがあるんだな、とわかってもらえれば、いくらかお客の入りも違ってくるだろうとね。

タタミの席でね、噺をするにはやりにくいところじゃないんだ。ただお客に気の毒なのは3階まで上がってもらう、ということだね。若い人はいいけど、年寄りなんざァね、あそこまで上がって行くのは大変なんだな。だけど帰りは、噺聴いて下に降りるんだから……帰りに上がって行くてェのは、どうも聴き終わっちゃって、ガッカリして帰りに上に行くのはいやだけど、降りるんだから、まあいくらかは助かるね。

——いま、その池袋演芸場が定席閉鎖の危機を迎えている、とのことですが……。

小さん　あそこもそうそう赤字を出していられないからね、なんとか考えてくれということなんですよ。こっちもその気になってひとつやろうということで、もう少し辛棒して欲しいと、社長に頼んであるんだ。同じ落語やるんにしても、なんかそこに特色をつけなきゃお客の方も寄ってこないからね。（立川）談志なんぞがやると、談志の客がくるんだ。もっとも談志の客だけじゃこまるんだな、他がこなくちゃいけないんだ。

4月以降、こっちもなんか考えようということになってるんだけどね。池袋ばかりでなく、浅草（演芸ホール）ももう少し立て直しをしようとね。4軒しかない寄席ですからね、これをなくすようなことになったら本当に申し訳ないことですからね。

——「定席の顔ぶれもかわら版に載せて欲しい」という投書が良くあるんですが、早く顔ぶれを決める、というのは協会としてどうなんですか？

小さん　なるべく協力しようと思っているんだけどねェ。早めに出すというのは宣伝するのには必要なことなんだけど……他の劇場とか、そいったものはみんなそうですからね。寄席もそういう風に、なんだけど、なかなかむつかしいんだ。早くから決めちゃっても仕事の関係でね、そうすると替りの問題が出てくる。まるっきり替りということになっちゃう場合もあるしね。まだ、替りがいればいいんだけど、不思議と、ひとつの日に集中しちゃって休むてなことができてきたりね。

そいで、替りというのもむつかしいもんで、それぞれの人のファンもいるだろうし、それに格もあるからね。同格以上でないと替りにならない。こっちも素人時分に、あてにした人が出ないと本当に損した気分になっちゃったからね。（略）

——1月に亡くなりました林家彦六さんのことについてなにか？

小さん　圓生《えんしょう》さんが亡くなって、そのあと林家まで……（桂）文楽、（古今亭）志ん生もいないし、寂しくなっちゃったスねェ。

私が噺家になった時に、蝶花楼馬楽（故・林家彦六）でね、若い者の目標だったよ、ああいう噺家になりたいなんてね。歯切れがよくって……。当時、寄席には客が入らなくってね、いろんなことをやったわけ、「とんがり座」というのをこしらえて、怪談噺なんかやったりね。

三代目の身内になってから、私の師匠とは兄弟弟子みたいなもので、師匠が小さんになったんで、馬楽があいて、その馬楽を林家が継いだんだね。噺もずい分教わりましたよ。教わるとみんなその口調になっちゃうんだ。「こりゃなんだな。馬楽に教わったな」なんてすぐわかっちゃう。

しかし、明治の噺家というのはこれでおしまいだね。死ぬまで現役だったからねェ。若い時分、あんまり売れなくってね、後からきた人に追い抜かれる、ということもあったし……長生きして、それで売れてきたというか、いろんなこともよく知ってたね。圓生さんが亡くなって一対のものが片方だけになっちゃった感じだったのが、もう一つもなくなって大変な損害ですよ。

——本当にそう思います……。今、お話にありました、人の口調から抜け出すには大変なんでしょうね？

小さん　こっちは四代目小さんの〝影法師〟みたいだといわれてね。口調が似るから……だから師匠が「お前はオレの噺をやっちゃいけない、やったら小きん（当時）の名前を取り上げちゃうぞ」というから、方々に稽古に行ったね。自分の口調に合ってやりよかったのは、（三笑亭）可楽師匠（七代目）でね、そんな関係で私の噺が三代目に似ている、といわれるようになったんだね。私の師匠のをやると、その口調になるし、馬楽さんのをやると、馬楽さんになっちゃう。真似から始まるのだからいいようなもんだけどね、自分のものを出すというのは容易なものじゃないね。

剣道に「守破離」ということばがあるんだ。教わったら、まず教わった通りにやる。そのあと、師匠のところからだんだん離れて、その型を破る。自分のものをこしらえるためには、その型を破らなきゃいけない。それには、いろんな師匠のところに行って、教わって歩くことが一番いいことじゃないかな。これらをミックスすると、なんかそこに出来上がるんだ。それがだんだん時がたつと、今度はだれの真似でもない自分のものが出来上がる。それが「離」で離れるわけでね、そこで初めてどうにか一人前、ということになるんだね。

——師匠の自宅道場で、毎月第一日曜日に、前座の勉強会(「錬成道場」)を開いてますね?

小さん 三十畳敷くらいの広さで、組み立て式の高座になっているんだ。若手真打にも出てもらってんだが、常連も多くて、楽しみにしてもらってますよ。


(構成　藤木順平)

1991年1月号

浅草の思い出

——昨年は4月に「浅草芸能大賞」を受賞されましたが、師匠は浅草とはどんなご縁が……。
小さん 浅草は、寄席へ出るぐらいでね、あとは食べに行くくらいですかね。ヨシカミなんて洋食屋とかね。すし屋横町の隣に「あづま亭」っていう中華料理屋があってね。若い時分に柳家小半治さんと一緒によくそこへ行ったンｏ江戸館（戦前に浅草にあった寄席）に出演してた時にね、帰りに「あづま亭」へ寄って、もやしそばを注文するンｏ25銭なんだ。早く食べた方が勘定を払うン（笑）。持ってくるとタタッと、その熱いやつを食うんだね（笑）。それがどうしても二口三口負けちゃうんだ。悔しくってね。毎日やってたの。そしたら胃潰瘍《いかいよう》になっちゃったンｏ向こうはたいこ持ちなんぞやって鍛えてんだから、違うんだよ。その当時小南師匠（初代）の「奴凧」って豆電球つけたやつね、それを後ろで回してたんだよ、それが胃が痛くて回らなくなっちゃった。とうとうぶったおれて、黄疸《おうだん》になっちゃって、二ケ月寝ちゃった。

――それはいつごろのお話ですか。

小さん　昭和14、5年頃かなあ。

えっ、永谷園をやめた?

――去年1年間を振り返って何か。

小さん　うーん、振り返ってみるてェと、永谷園のコマーシャルをやめて……くびンなってね。去年の8月いっぱいで終りになったンｏ社長が替わってね、なんか新しくするってんでね。

――ああそうですか。それは気がつかなかったですね。

小さん　残ったのは須藤石材だよ。お墓はちょうどいいんだよ、年頃でね(笑)。あたしもぼちぼちっていう……(笑)。

若い者は努力せよ！

――若い人の活躍もいろいろあったと思いますが、師匠の目からいかがですか。

小さん　そうね、（春風亭）小朝がひと月間（独演会を）やったりね。ひと月間、勉強するネタを出すというのは大変だよ。努力してるってことは結構ですよ。

あたしがまだ若い時分にね、師匠連中が「お前、夜よく寝られるか？」てェから、「ええ、よく寝ます」てェと、「いいなあ、お前たちはよく寝られてなァ」なんて言われたことがあったけどね。自分がその位置に来て、色々と悩んでいる時にぶつかるとね、本当に夜寝ちゃあいられないン。夜中飛び起きて、しぐさをやってみたり、しゃべってみたりね。それで夢ん中で受けるんだ、バーッと。いいくすぐりだなあ、なんて思って、起きて考えてみるとちっとも良くなかったり……（笑）。そのぐらいでなきゃあ駄目なんだ。上手にはなれないン。

芸人としての損と得

小さん　うちの小緑［現・柳家花緑。小さんの孫］なんぞは、もっとどんどん噺を覚えろって言うんだけど、駄目なんだな。どっちかって言うと不器用なのかな。覚えちゃうといいらしいんだけどね。器用にスーッとすぐ覚えらんないんだね。

――でも、覚えの遅いほどあとに残ると言われますね。

小さん　そうなの。兄弟弟子の（蝶花楼）馬楽が覚えが悪くってね。二人で可楽さんのとこなんぞへ稽古に行くとね、別々の噺を教わるわけだ。おれは脇で聞いていていて、その噺も覚えちゃうんだ、こっちはね。

——「あくび指南」ですね（笑）。

小さん　帰ってきて「立花」の高座でもって、教わった噺をやるわけだ。向こうは忘れちゃうんだ。だからこっちが教えるの。ところが、教え込んじゃうと忘れないンだ。だから後になって「あそこはどんなアレだっけな」って言うとちゃんと覚えてるんだよ。だから、どっちが得かってェと、覚えが悪くっても忘れない方がいいよね。

文楽師匠がそうだったン。文楽師匠は自分で原稿を書く、しゃべりながら。そうすると覚えるって……。色んな型の人がいるんだよね。

——師匠が小緑さんに稽古をつけるということはなさっているんですか。

小さん　いやあ、小学校の時分には稽古をつけたけど、この頃はそういうことはしないンで方々へ行って教わって来いって言ってるン。

——小緑さんも二ツ目になられて約1年、紀伊國屋で独演会をやったり活躍されているわけですが、師匠の目からごらんになっていかがですか。

小さん　つまり調子が良いんですよ、あいつは。それで派手だからね。声音が良いしね。そういうのは得だね。この調子でずうっと勉強していけば、どうにかものになると思うんだけどね。

やっぱり人物描写が大事

――最近の若い人の高座についてはいかがですか。

小さん　枕で漫談みたいなことを言うでしょ。それが受けるからみんなやるんだよ。で、噺の本題へ入ると客が笑わなくなっちゃうんだよ。それはてめェの腕が悪いんだ、それだけの勉強をしないから。だからあたしの師匠（四代目柳家小さん）が、落語は人物描写が肝心だと。それができれば噺は面白いんだ。四季をはっきりさせて、舞台装置、状況が目に浮かぶようでなくっちゃいけないとね。やっぱり人物描写。それでくすぐりなんかも新しいものがぽんぽん出てくるんだね。創作力の無い者は噺家じゃない、とうちの師匠は言ったけど、本当にその通りでね。

――骨格でちゃんと人物描写をやって、その中に新しいくすぐりを入れていくという。

小さん　そうそうそう。その時代時代のものをうまくとり入れろと。それを入れたために噺がぶっ壊れちゃ何にもなんないン。邪魔にならないようにうまく入れなくっちゃならないン。

――言葉が今の人たちにはわからなくなってきているということも、よく言われますが……。

小さん　若い者がわからないからついて来ないって言うけど、なにも若い者にわからせるためにやる必要はないって言うんだ、おれはね。

――媚《こ》びることはないと。

小さん　そうそう。

テープに頼っていては駄目

――今の若い人の勉強のし方についてはいかがですか。

小さん　どういう勉強のし方をしてるんだか、よくわからないな。テープだとかなんか、そういうもんでやんのが多いんじゃねェかな。テープはね、ちゃんとしたことを教えてくれないんだよ。上っ面だけなんだからね。噺の解釈のし様を間違えるてェと、これは駄目なン。噺の中の人物がどういう人物であるかってことの解釈が間違ってると、それで噺の総体が崩れちゃうン。それで、客も知らないで、喜んで聞いてるんだから、まあいいや、ということになっちゃうン。

――そうすると、噺の伝承というのは、基本的には師匠と向かい合って……。

小さん　そう。小緑がね、（古今亭）志ん朝さんとこへ稽古に行くときにね、「テープ持って行く」って言うから、「おそらく断られるぞ。ま、行って聞いてみろ」と。そしたらやっぱり断られたって。「そんなもん使うんじゃない。わかるまで教えてやるから」って言われたって。

――それはありがたいことですね。

小さん　テープなんぞ持っていって、あとでこれを聞きゃあいい、なんてな、そういう了見が駄目なン。

初席のトリを小三治師に

――今年のことを少しお話し下さいますか。

小さん　今年は、初席（上野鈴本）のトリを小三治に任せたン。あたしが文楽師匠から上野の初席を継がしてもらって、やって来たんだけどね。大変なんだ、初席のトリを取るってことは。初席でどっか行くって訳にはいかないしね、責任があるからね。段々こっちも疲れてくるからね、気楽にしようと思ってね（笑）。二之席も（三遊亭）圓歌さんがやるようになったン。

――大分以前に師匠がおっしゃっていたのを伺ったのですが、「芸が枯れる」というけれども、それは嘘だと……。

小さん　それはうちの師匠が言ったの。新宿でトリを取っていて、時間があるからというので「三人旅」を落げまでやったン。その時の高座が袖で聞いてて、大変良かった。家へ帰ってから「師匠、今日の『三人旅』はとても良かったです」って言ったら、「いやそんなことない。おれが小三治の時の『三人旅』が一番いい」とその時に言ったン。芸は上り坂の時の芸が一番良いんだと。個人差はあるだろうけど、上がるところまで上がったら、今度は下がるんだと。急激に下がるか、なだらかに下がるかの違いであってね。噺家だって役者だっておんなじだよ。ろれつは回らなくなるし、もの覚えは悪くなるし、耳も遠くなるしね。衰えた芸をいかに、悪く言えばごまかすってことなんだと。それを世間じゃ「枯れてきた」と言うんだと。

――師匠は今年、満76歳におなりですが本当にお元気で、まだまだ「枯れる」ということじゃないと……。

小さん　いやいや、そんなこと言うけどね、随分舌が回らねェんだよ。でも言い直しなんぞしねェんだよ。間違ッたことは、さっさと乗り越しちゃうン。言い直しなんかするてェとはっきりしちゃうからね（笑）。

それでも、自分なりに噺を楽しんでやるようになったン。だから昔と随分違ってきますよ、やり方もね。

両協会合同の顔づけを

――今年、やってみたいことは何かございますか。

小さん　今年は、向こうの会（落語芸術協会）とうまく話し合って、合同の顔づけをやろうと持ちかけて行こうかと思ってるの。上野はあれとしても、新宿、浅草あたりね。圓楽のとこも何でも来れば入れてね。

――それは良いことですね。師匠はまだまだ落語界のトップとしてご活躍いただきたいと思います。今日はどうもありがとうございました。

（構成　大友浩）

金原亭馬生

きんげんてい・ばしょう　１９２８年、東京都生まれ。42年から父・古今亭志ん生のもとで見習い。43年、二ツ目に昇進、「むかし家今松」。その後、志ん朝、再び今松、47年、真打昇進し「志ん橋」と改名。49年、「十代目金原亭馬生」襲名。落語の不自然な場面はためらいなく捨て、代わりに自然な笑いを補う。俳優・池波志乃の父、古今亭志ん朝の兄。82年、食道がんのため逝去。

◆東京かわら版編集部よりひと言

前の号は師匠が50歳になろうかという時期。珍しく噺家になる前の半生を語っています。それと共に志ん生の息子であることの大変さを正直にお話されています。小誌の発刊時には未だ45歳を超えた位でしたがゆうに50歳を超えている老成感があり、本当のお年を知ったときにはびっくりしたものです。

２年後のお話は、上野・本牧亭での「馬生十八番」のスタートにあたって、企画者の山本益博さんがインタビューしたものです。この会は限定１００人、会場で表紙に師匠直筆の絵が画かれたプログラムを配布しました。前もってプログラムをお宅に届けておき、前日私が日暮里のお宅にお伺いし、受け取ってまいりました。行くと、薦被《こもかぶ》りから出したお酒を出して頂きましたが、下戸の私は残念ながら香りだけ頂戴して退出してきました。ちなみにネタは、①幾代餅・二番煎じ②おせつ徳三郎・花見の仇討③豊志賀の死・千両みかん④柳田格之進・そば清⑤

与三郎の死・茶金⑥うどん屋・王子の狐⑦もう半分・妾馬⑧つづら・あくび指南⑨子別れ・ざるや。

（井上和明）

1978年12月号

――師匠について一般に〝馬生像〟といったような定説がありますが？

馬生　まだまだ大分書かれますけど、それでも悪口は、少なくなった方ですよね（笑）。難しくなく解るように、わかりよく、わかりよく噺ってるつもりなんだけど、〝おもしろくないぞ、博物館行になっちまうぞ〟っていうふうなことをね、新聞に出す人もいますけどもね、じゃ、はじめから寄席へ来て聴いてるかってぇと、そういう人は寄席へ来る余裕がないわけですよ、で一転してね、寄席へ行くとね、私は爆笑落語家になっちゃうわけですよね。

いつでも人情噺演ってるわけじゃないし、女の噺演ってるわけじゃない、だから爆笑落語家に変っちゃうわけですよ、お客様、喜ばして、お客様笑って帰らせなきゃいけない、そういう方向へ行きますけど、ただ一つの偏見を持たれると私のような落語家はダメなんすけどね。

で〝志ん生〟というね偉大な像がまたこうありますからね、それと何も比較することはないんでね、別な噺家なんだから、けどどうしても比較する、と、親父さんが七十代のときと、四十代の私と比べると、向うの方が上手いのは、これあたりまえなんだけどそういう差というものがね、過去において、頭の中で奇麗に磨きあげられちゃう、そいで現代のモノを批判するという形が一番多くとられてんじゃないすかね。

　だから、著名な作家の老大家ですけれどもね、〃いやもう聴けたもんじゃない〃〃昔は名人上手だ〃ってってね、と、その方が若いとき聴いたわけですよね、あまり理解力が備わってないとき聴いたわけですよ。それがこうね、理解力が出て来たとこで振り返ってみると、〃上手かったな昔の人は〃ってこういう形にどうしてもなってきますよね、それは何でもお芝居でもそうですけどもね、〃消えていく芸〃ってのは、どうしても昔をなつかしがりますからね。

　こないだも〃池田彌《や》三郎《さぶろう》〃さんと話してて、池田さんの若い時分に〃団十郎じじい〃ってのがいて、団十郎が死んだ後ね、〃団十郎に演らしてみろ、観られたもんじゃねえ〃ってそういう風に言うのを〃団十郎じじい〃って言ったんだ、ところがね、このごろ私は、〃六代目じじい〃になっちゃった。順繰りなんだから仕方ありませんよってね、笑ったことありますけどもね、そんなもんかも知れませんよ。

　若い時分から私はコテンコテンでたたかれて、どういうわけか、噺家の伜《せがれ》ってのは、たたかれんですよね、本能的にアノ叩くんですね、これが、円朝師匠の息子さんの〃朝太郎〃、あの時代、明治の時代に英語の学校へ行ってて、それこそ通用するくらいの英語、ペラペラしゃべれた、というから馬鹿じゃないんですね、これね、それで皆ンなでもってあれだけの大師匠の伜を、とうとう噺家やってらんなくなっちゃって、で行方知れずになっちゃったでしょ、それは二代目円右さんもそうですよね、回りでもってワーワー言ってもう全部が悪く言って円右師匠が居なくなったら落語界にいらんなくなるようになっちゃって、で縁切っていなくなったですよね。

そりゃ真打になってはじめてトリに上るのに、前へ上った人が〝馬鹿です、下手です、聴くにたえません〟とやるんですね、で聞いてみると、そんなね、雷鳴轟《とどろ》くほどの馬鹿じゃないと思んですよね、そんなに馬鹿だったのかってこっちもね、今流行りの追跡調査やったんですよ、したらたいしたことないんです、普通なんですよ。

だいたいそういうところあるんですね、だから、どういうもんかそういうとこ、前もって知ったから〝何でこうなんだろうなあ〟と思ったけれども、幸わい、私のときには、回りは多勢いなかったですからね、ええ、同じ二ツ目の中では、先輩では〝小さん〟さんと、〝歌笑（先代）〟さん、〝円蔵〟さん、〝馬楽〟さんだの、マいたわけですけども、私なんか対照するにあたらなかったわけですよ、いちばんビリッ尻でね。

——噺家になるべくしてなった？

馬生　イェー、最初っから〝噺家になろう〟とはユメユメ思わなかったですね、最初はもう絵描きになりたい一心で、一生懸命勉強してたんが、だんだん下手になるし、マ情勢がだいたいそういうの受付けない時代になってきたでしょ。

下手ンなってくんです、絵ってものァそういうもんすよ。アノー小説でもそうでしょ、読み較べてごらんなさい、若い、売り出した時分のあの光ったようなものが、同じ人が書いていてだんだんと悪くなって行く例が、いくらもありますから。

そういう風にね、何かドーンとぶつかっても、そこで苦しんで、苦しんでね、ズーと上って行けば、またいい絵描きになれたかも知れない。ただね、時代が時代でしょ、昭和の13年、15年、16年なんてなね、絵なんか描いちゃ居られませんよ、そりゃ、スケッチブック持ってね、こんなことやってた日にゃ、〝非国民〟なんて言われちゃうんですから、そいからあきらめて、じゃ写真を、写真ならってんで、そいで〝富士（フイルム）〟へ入ってね、現像液こしらえたり、修正したりね、それは当時はたいへんだったんです。そのうちに、乾板はなくなってフィルムはなくなってくるね、で徴用にとられるってさわぎがあってね、つまり、そういう未熟なものはもういらないわけね、未熟な青坊主の写真家なんてのは必要ない、でそういうのはもう、鉄工所でもって、働けってんで〝八州工業〟という中里の鉄工所へ行ったわけです。でこんどこりゃね、電気溶接ですよ、あたしァ電気溶接上手いんですよ、そう思えないでしょ、（と電気溶接の仕草入りで）、あれね、吸い付かせ……吸い付いちゃうんですよ、くっつけると、ビーと、とれなくなっちゃう、だからつける寸前でとめておくと、バチバチ……って溶けて行くわけですよ。でこういう風に……やってくと、くっついちゃうわけですよ、あわてて電源切って、おこられてね、ま、そんなことしてるうちに、私その当時から、小さかったし弱かったですから、電気溶接やったり、ハンマー振り下したりしてちゃ、こりゃいけない、体こわしちゃう、で、親父さんに相談したら、〝そいじゃ噺家になれ〟ってんで、落語の方へ……。

そいでま、慰問隊に入って、歩きながら噺を覚えて、「狸」や「道灌《どうかん》」なんて噺で何とかやってきたんです。私なんか、青年に達してなかったですから、国内専門でしたよ、それだってもう、飛行場やなんか危いところばっかしですよね、マそんなことで終戦になって、ズーと来ましたが、その頃のこと、克明におしえてくれったって、わかんないってんですよ。

そうそう、後でもってね、今〝富士〟の用度課長さんですか増田さんという方がこないだ東横の独演会のとき来て〝キミは偉くなっちゃったよ、まさかまさかと思ってたが、やっぱりそうだ〟って、ああそうですか、ゆっくりしてって下さい、一杯飲んでって下さいって、まその方もかなり、生き残ったからね、アノー生き残ってれば何とかなった、だから私なんかは、生き残ったせいだなとも思いますけどもね、そのころのことってえのは、今考えると何か、全部がウソみたいですね。私の半生なんか、誰かウソツキがいて、書いたんじゃないかと、で自分で自分が信じられないような半生でしたね。

――若い人へのアドバイスなど。

馬生　私は本を読みましたね、暇さえあれば読んでました。今は眼が参っちゃったから、読めませんけどね、読んどいて良かったと思いますよ。ムダなことをしたなって思ったお花でもお茶でも、踊りでも三味線でも、今になってみるとやっぱり無駄でなかったと思いますよ。

だから、今のうちだよ、今覚えたものは、決して忘れない、体につくってんです。四十を越すともう駄目だぞ、再たび元に戻れないんだよ、はっと気がついた時は、もうじじいになってる。こっちだって夢中でやったけど、はっと気がついたらじじいになってて、まだしたりないことは山程あって、もったいないことをしたなあっとそう思うんです。

今のうちに、何でもどんどこ、どんどこ積込んでおきなさいよ、それでそやって、さこれから、倉庫へつめ込んだと、これからこれを磨いてこっちへ売りに出そうという楽しみが今の君たちにはあるじゃないかってんです。そんときに、店先の品物を、ワーと売り出したらね、すぐに売り切っちゃって倉庫へ取りに行ったら空っぽで何にもなかったってんじゃ困る、だから倉庫はいっぱいにしといた方がいいよ、売れなくったっていいんだってんですがね……。

じゃあいろんな会をやってればそれでいいかと言うとまたそうじゃない、寄席の皆の間に狭まって磨かれる、ほんとうの勉強は寄席だけなんです。

自分の好きな噺だけたっぷりやって拍手されてるようなことばかりで演ってると、スッキリした噺じゃなくなってくるんです。

落語の生命は軽さにあるんです。そこんとこは寄席でなくちゃ練磨されないんですね。〝上げてくれなきゃ上手くなれねえ〟なんて不平言ってても駄目ですねこれは、とにかく上手くなること、続けてることとですね。

たまにちょっと聴いたり、お客様の拍手で「これは」というのは、こっちだけかなと思ってるとちゃんと席亭も分かってんですね。

分かる人は分かる、そういう中から、はい上がってくるんです。

（聞き手　水野雅夫）

1980年2月号

金原亭馬生師匠が、久しぶりに独演会を開くことになった。それも、隔月のペースで9回と限った独演会。1回ごとに長講と落とし噺の二席を高座にかけるが、どれも師匠の得意な演し物ばかり。計十八席に因んで「馬生十八番」。場所は上野・本牧亭、ぜいたくな落語を聴く雰囲気をつくろうと、お客様も百名に限らせてもらうことになった。というより、師匠直筆の絵が表紙のプログラムが百部限定（当日無料配布）というのが、その理由。独演会にのぞむ師匠にその心境を語っていただいた。

（聞き手　山本益博）

――独演会はお久しぶりだと思いますが……。

馬生　そうですネ、私は独演会は余りしげくやんないんです。というのは独演会となると、私の嫌いな人は来ないわけですから、どうしてもお客に甘えちゃいます。気をつけていても甘えが出るんですネ。できれば、そうではなく中には私を嫌いな人も来ている、そんな所で演りたいです。でも独演会というのは、時間をたっぷりかけて演ることができる、それがもう非常な魅力です。それ程しょっちゅうやるのでなければ、ひとつの何ていいますか、自分の演りたいものをやるという場所があるということは、それはいいことだと思います。

親父さん（故・志ん生師匠）の独演会をずっと立花や上野だの人形町で助演《すけ》てましたから、真打になってからも独演会はやりませんでした。それでこんな演りにくいのはないんです。志ん生ファンというのは絶対的に私がいやなんです、つまり志ん生のまずいのを最初に聴くわけですから。でもネ、今考えてみるとそれが大変にいい勉強になりました。で、だから自分じゃ独演会っというのは相当最近までやりませんでした。マ、自分の会ってえのはそういうものかも知れませんです。

――今度の会はレコードも録音されるそうですが、意気込みみたいなものは？

馬生　それは特にありませんネ。今までやってた通りでいいんじゃないかと思ってます。だいたい

40分位のと、20分位の噺をネ。とにかく私はもう不精者ですから、何もしませんから。

――第1回の演し物は「二番煎じ」と「幾代餅」ですが。

馬生 親父さんは「二番煎じ」やらないんです。これは二ツ目の時分に、今の馬楽さんから教わったんです。これは好きな噺で、割合よく掛けます。演っている内に、かなり違っちゃったんですけどネ、母体はそうなんです。

「幾代餅」これは親父さんのです。「紺屋高尾」と較べると、こっちの方が何となく色っぽいし、それでネ、アノ「高尾」は3年でしょ、思い焦がれるのが……、3年たつとたいがい冷えちゃうんです、1年てぇーとこが一番いいとこなんです、経験として（笑）。見たこともない人をネ、3年待っていたらまづ冷えちゃうんです、1年てぇとこは私はぎりぎりの線だと思う。で、江戸という時代は職人は一生懸命働くと、割合に金が残ったんです、税金はないし、出銭もなくても済みますから。そんなことで、「高尾」より「幾代餅」の方が何となく好きだったんです。ですからこれは古今亭では、とかいうことでなく、マ、私の好みの問題ですネ。

――こんどの「馬生十八番」では、プログラムに絵を1枚1枚画くということですが……。

馬生 以前上野でやったときは、四百枚画きました。四百枚画いて全然余んない。おかしいなと思ったら、皆ンなとられてしまわれちゃった。それから人形町の独演会では、天紅をつけた和紙を巻紙にして三百かな作ったんですヨ。そしたら、それが足りなくなっちゃったんです。人形町だからそんなに来やしないよって言ったんだ。だって、前売りもしなけりゃ、宣伝もしないんだもの。こっちはてんから来るわけはないと思ってんだから。しょうがないからまだ残ってたやつに楽屋で絵を画いて、フーって乾かして配りましたヨ。

――この会はスケもないし、ひざの色物もないし、その意味では純粋の独演会ですネ。

馬生　そうですネ。4、5年前新橋演舞場の別館で、3日続きでやった会も、前に弟子が上がっただけでした。まえに三越でやったときは、普通噺家の独演会というのは前座から上がるわけですヨ、ところがすーっと幕が開くと神田の芸者衆がだだーっといて、踊ったから、客がびっくりして、一体何が始まるんだろうと。東横でやったときは、私は何もしないのにあすこがいっぱいになってくれたんですが、不思議と。あのときは吉原を全部総ざらいして、それでやっぱり幕をさーっと開けて、ちゃんちゃんちちゃーんてんで騒いで始まった。その後、「明烏」やって、で休憩のときに酒を出した。二斗樽を4個開けたのカナー。きれいに飲まれちゃった。それから「長屋の花見」やって、最後に「百年目」をやったんです。

――その「百年目」を3月の東横に出されていますが。

馬生　そうですネ、「百年目」はこれはもう圓生師匠ですけど。3月の東横が久しぶりです。もう十年位掛けていないんじゃないカナ。演る場所がないんですヨ。時間がないでしょ。それに圓生師がいたときは、やっぱりある程度遠慮してたですヨ。えー私は、舟で川を行ってさっと開けたときの花見の光景が実に好きですネ。それからあと、しっとりと主人が小言ともつかず、番頭に言ってきかせるところなんかも。ああいうとこ、演りますと割合にもたないんです。若い人も力がつけば、自分のものにして演ってくれるだろうと、そういう意味で残しておきたいな、と思います。でもネ「百年目」なんてぇのは、やっぱり大変な噺ですから、演れる条件がずーっと限られちゃう。

このあいだ12月の東横でネタおろしをした「三十石」だって、これは好きなんですヨ。演りたくってしょうがなかったんです。ただ前半の方に上方独得の遊びがあるでしょう、〃わらわはてるて姫……〃ああいうとこを先代の（五代目）松鶴さんから、皆ンなやめて江戸前にしなさい、と言われていたんで、皆ンな取っぱらっちゃったんです。そしたら意外にさっぱりした「三十石」になっちゃった。

東横ではよくネタおろしを掛けますヨ。それだけに真剣にならざるを得ません。これが寄席だと、時間も制限されるし、お客さんも色色な方が来ているでしょ、おもしろい噺を求めて来ている人に、しっとりした人情噺を聴かせてもしょうがない。マ、これはケースバイケースですネ。

——最後にぜひ演りたい噺とか、残しておきたい噺というのは？

馬生　「お富与三郎」は演っておきたいですネ。だーれも演る者は、今いませんから。これは完全に埋もれちゃって筋だけしか残ってなかったのを、マ、こっちがネ、オリジナルをこしらえあげたものだから、愛着がありますネ。

私はこの噺を四つに分けたんです。「木更津」とそれから「稲荷堀《とうかん》」と、「島抜け」そして、「与三郎の死」とあるんです。昔の円朝全集の「牡丹灯籠」を読んでみると分かると思うんですけど、だれ場というのが必ずあるんです。それにもうついて来てくれないわけです。昔の人は夕方になって飯を食っちゃうと、テレビもないしラジオもない時分は、寄席へ行こうかと。そうすっと毎日毎日同じ客が来るわけだから、同ンなじ噺はできないわけですヨネ。だからそういうだれ場もあって、一つの寄席で半月もやっていたわけです。今はそんなの駄目なんです。絶えずおもしろくなくっちゃいけない。だから、この「与三郎」もふるいにかけちゃって、4回に分けちゃった。円朝ものや何んかは速記が残ってますし、圓生師もずい分残してくれてますが、「与三郎」物なんてのは誰もいませんから、そんなものを残してみたいなと思いますネ。こっちが死んじゃうと、もうなくなっちゃいますから。これを後の人がもし演ってくれれば、マそれにこしたことはないト……。

林家三平

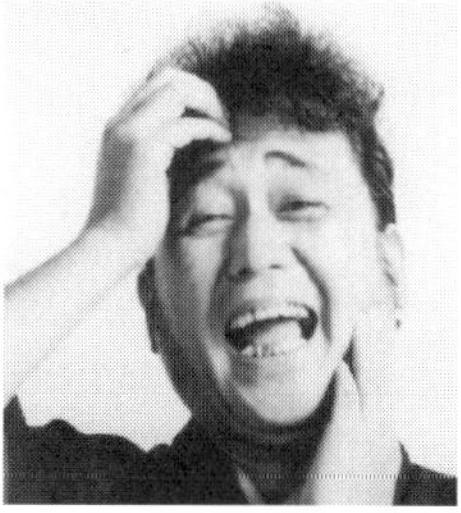

はやしや・さんぺい　1925年、東京都生まれ。46年、実父である七代目林家正蔵に入門。前座名「三平」。49年、師匠・正蔵の死去に伴い、四代目月の家圓鏡門下になり前座から再出発。51年、二ツ目昇進。ラジオやテレビでの目覚ましい活躍、そして高座の人気もすさまじく、二ツ目でありながら寄席の主任《トリ》をとったことも。58年、真打昇進。79年、脳溢血のために倒れるが同年秋に復帰。翌80年、肝臓がんのため逝去。

◆東京かわら版編集部よりひと言

初代三平師匠はそれまでの超多忙な生活が祟《たた》ったのでしょうか、1979年1月根岸《ねぎし》のご自宅で倒れてしまいました。肺炎と高血圧で飯田橋の逓信病院に入りましたが、新聞に「セイシン病院に入院」と誤報されてしまいました。一時は再起不能説までささやかれましたが、奇跡的に回復し同じ年の10月上席より末広亭を皮切りに快気祝い興行を行いました。闘病中は奥伊豆の白岩温泉で療養生活を送りましたが、その間復帰後の新作として神津《こうづ》友好《ともよし》氏に「源氏物語」を書いて貰い、ライフワークとすべく練習を重ねました。

このインタビューでは「寄席の灯を消してはいけない、自分が出なければ灯が消える」との自負や、下から四天王（志ん朝・圓楽・談志・圓鏡）が追い上げて来ている焦りの心境を吐露しています。残念ながら翌年9月に54歳の若さで亡くなられてしまいました。神津氏は『笑伝林家三平』（文藝春秋）を出版され、同年12月14日にはＮＨＫＦＭシアターで「さよなら林家三平」が放送されました。

（井上和明）

1979年11月号

三平師匠が根岸のご自宅で倒れられたのが1月16日の朝、一時は〝再起不能〟説まで出て多くのファンを心配させましたが、10月1日、新宿・末広亭を皮切りに、颯爽《さっそう》と〝快気祝興業〟を打って、とても9ケ月ぶりとは思えないあの迫力ある、生の魅力いっぱいの〝三平落語〟を展開しています。〝帰ってきた林家三平〟を迎えるこの寄席の熱気は何であろう。それは、テレビがどんなに盛んになろうと、又、ホール落語がどんなに隆盛を極めようと、それとは関係のない、どこか暖かい血の交り合った寄席本来の魅力そのものが、〝帰ってきた〟のであり、テレビでもホールでもない、寄席自身が、〝林家三平〟を必要としている証拠のようです。

――師匠、三代続いた噺家というのは、めずらしいですね。

三平　ええ、そうでしょうね、うちの親爺が、先代の〝林家正蔵〟で、あたくしがその実子で〝三平〟、次があたくしの長男〝こぶ平〟ですから三代続いて噺家になった訳ですが、昔からよく〝名人に二代なし〟なんて言われますけど、あたくしの場合は、その通りだと思います。ですから今度噺家になりましたらうちの倅《せがれ》が、おじいちゃんの血を引いて良くなるかも知れないと思ってる訳です。と言うのはケンソン（謙遜＝賢孫）なんでございまして……。

――師匠ご自身が、倅さんを噺家にしたかったわけですか？

三平　いや、そうじゃなくて、やっぱりあの、あたくしもそうだったんですけど、子供の頃は親の職業というものに、たいがい反発を感ずる方が多いですよね、あたくしの倅もまったくそうでして、子供の頃は、人に笑われて、あんまり恰好よくないな、なんて想ってたんですね。で子供心に親のようにはなるまいと思って大きくなったんでしょうが、ところがそううまくはいかない訳でして〝血は水より濃い〟〝蛙の子は蛙〟ということで、いつの間にか自然に噺家になったんですね。あたくしの場合もそうでしたね、〝門前の小僧習わぬ経を読み〟でいつの間にか噺を覚えていたんですね、それで戦後、兵隊から帰ってきまして、他にやることもなかったですから、自然に噺家になったわけです。こういうのを〝自然噺家〟といいまして、主に北海道に棲息し……。とこれは冗談なんでございまして、とにかくうちは子供の教育に関しては、自由主義ですから、〝自分の好きなものをやれ〟って言ってます。自分のなりたいものになるのが一番いいんですから、これは。あるとき倅が「噺家になりたい」って、ま自分がなりたいってんならそれでいいだろうと言って、これも自然になったわけです。ま寄席が好きなんでしょうね、やはり。好きなものならたいていのことは辛抱できるものですから……。

――話題の新作「源氏物語」は、これからの師匠の十八番の一つになると思いますが。

三平　ええ、良く聞いて下さいました、これは面白いんですよ、ほんとに、ぜひ聴いてやって下さい。これを演ろうと思ったきっかけはですね、4月の初めに、伊豆の修善寺の里へ、民宿を安く借りまして、ずーと考えてたわけです。すると、天は助けてくれまして、援軍を向けてくれた。NH

Kの能條さんと、作家の神津友好先生、それでいろいろアドヴァイスを受けまして、親父の売り物「源平」に負けないような噺をというのでいろいろ考えました。それでまだ落語に取りあげられてないもので凄いものというわけで、紫式部の書いた五十四帖の「源氏物語」をやろうということになって、それから神津先生が書いてくれたわけです。だいたいが地噺風なものですから、演ってるうちにどうにでもなっちゃうものなんですが、何しろ〝光源氏〟ってのは未だ落語に登場していない人物ですし、五十四帖もあるんですから、これはたいへんなんです。五十四帖、つまり54人の美女に挑むんですから、そこらへんのおかみさんに挑むのとは大変な違いで、これはもう、あたくしのライフワークになると思ってるんです。

――今度のような長い入院生活は、初めてのご経験と伺いましたが……。

三平　そうなんです、新聞で読んだんですけど、偉いお坊さんが言ってました〝病いは先生だ〟ってましたが、本当にそれは分りました。今まで自分一人で生きてきたような顔してましたけど、決してそうじゃないということが良く分ったんですね。これまでの寄席の高座もお客様に育てられてやってこれたし、今病院の先生方、看護婦さん、付添いの方などにお世話ンなって、かみさんや、おふくろ、皆ンなに心配かけて、それもこれも皆ンな自分の性《さが》、業《ごう》なんだって思いましたね、ほんとうにありがたいと思いました。今度も沢山のファンの方から、手紙いただいたり、お電話いただいたり、本当に嬉しかった。

――現在のような「三平落語」は、いつごろから始められたんですか？

三平　そうですね、昭和30年頃からですね、と言うのは、先代の〝三遊亭歌笑〟って面白い人が出まして、俺もこのスタイルでいってみようと始めたわけです。勿論、落語の基礎と言われるのは、いわゆる〝古典落語〟というものなんです。ですから、〝古典〟は、しっかりとやっておかなくちゃいけない、家を建てる時の土台がしっかりしてなくちゃ、風が吹いたらすぐ倒れちゃいますから、それはしっかりと基礎工事をしなくちゃいけないと同じで、落語の基礎もしっかりと古典をやっておくことなんです。その上にいろいろと乗せていくのが、ま、むづかしいわけですけど、そうしてかなくちゃ駄目なんです。木でもそうですけど枝葉の多い樹程、幹はしっかりしてますし、音楽で言えば、クラシックが古典ですから、おろそかにしてはいけないんです。何度も言うようですが、その上に、どんなスタイルを創り上げていくかが大切なんですね。私の場合は、先程申しましたように〝おもろい奴〟というドラマにもなった〝歌笑〟師匠が、お手本で、それに自分なりにいろいろ工夫してつけ加えて、今日のスタイルを創ったということなんですね。

――「落語」というものは師匠にとってどんなものですか?

三平　いい質問ですね、「落語」とは私にとって、『君こそ我が命』という歌がありましたけど、『落語こそ我が命』ですよ。というのはもう病気になって、もう一回治りたかったのも、もう一度寄席の高座に立ちたいという一念からなんです。それが生きる命綱になったんです。その絆があったからなんとか生きられたという想いが強いわけです。ですから、こうやって、前回の新宿と、今回の上野と、お客様が連日いらして下さって本当にありがたいことなんです、〝三平〟を忘れてしまわずにこうしてお越し下さる皆様を目の前にして、ほんとうに治って良かったと、しみじみと幸を感じています。

――療養中の苦しさは想像できませんが……。

三平　ええ、それは、あせりが大きかったですよ。早く復帰しなければ、早く復帰しなければという気ばかり先に立ちましてね、なかなか想うにまかせず、それは辛かったですよ、何しろ〝寄席の灯を消してはいけない〟自分が出なければ〝寄席の灯が消える〟というぐらいの自負もありましたし、私の居ない間に、四天王なんというのが出てきましたから。〝志ん朝〟〝圓楽〟〝談志〟〝圓鏡〟が四天王というんだそうですけど、あたくしは、その上なんですから、四天王に追われる、その上の〝つけ麺大王〟というのが、あたくしや、〝圓歌〟なんですから、先輩として、おちおちしてられませんよ。ほんとうに、あせりましたよ、で、何か、新作をひっさげて、復帰してやろうと、虎《こ》視《し》眈眈《たんたん》とねらっていたんです。それが、この「源氏物語」として実を結んだわけなんですから、ほんとうに何が幸するかわかりません。まだまだこれからなんですよ、ほんとうに、〝林家三平〟は〝芸に行きづまった〟って言ってる人がいますけど、私の芸は行きづまるような〝芸〟じゃないんですから、まだそこまで行ってないんですから。これからはですね、「三平落語」の完成を目指してですね、ですから少しでも皆さんに喜こんで貰えるような噺家になるよう努力します。ほんとうに〝落語こそ我が命〟なんですから、ええ、やりますよ、それが、皆さんに対する、私を育ててくれた各師匠方、落語協会、寄席、その他沢山の方々に対する御恩返しになると想うわけなんです。〝芸の開眼〟という程のことでもありませんが、「芸は人なり」ということが、やっとわかりかけてきました。

桂文治

かつら・ぶんじ　１９２４年、初代柳家蝠丸師の長男として東京都に生まれる。46年、桂小文治に入門。小よしから伸治になり二ツ目昇進。58年、真打昇進。79年「十代目桂文治」襲名。江戸言葉を大事にする落語家として有名だった。絶妙の間で言葉を発し爆笑を呼ぶ、滑稽噺の第一人者。99年から落語芸術協会会長。会長の任期満了日である２００４年１月31日、急性白血病による腎不全のため逝去。

◆東京かわら版編集部よりひと言

大正生まれの、ギョロ目が印象的な師匠でした。「源平盛衰記」「あわて者」「蛙茶番」等々、どれも面白かった！　言葉の使い方には一家《いっか》言《げん》お持ちで、「ありがとうございました」「おめでとうございました」と「た」で終わらせるのは相手との縁を切ってしまう。だからダメだと。「ありがとうございます」で終わらせるのです。江戸弁というよりは〝文治語〟のこだわりかもしれないけれど、理由を聞けば納得するので、今もその教えを私も守っています。

普段から和服で過ごし、高座では黒紋付。中折れ帽にステッキを持って歩く姿は可愛らしく、西武新宿線沿線では女子高生から「会えたらその日一日が幸せになる」というジンクスが立ち、ひそかに「ラッキーおじいさん」と呼ばれていたことも。

亡くなられた時に「十代目桂文治　江戸前の了見」という特集を弊社で編んだのですが、「今日のキャバレーの仕事はキャンセルになりました」という連絡を受け、「あっそう」と言いながら、キャンセルという店名のキャバレーを探して歩いていたとか、面白い逸話をたくさん持つ、チャーミングな師匠でした。

（佐藤友美）

1979年5月号

――今回の襲名のいきさつについて。

文治　先代はね、〝俺の名前は皆お前が襲ぐんだ〟ってね、「文治」になる前は「さん馬」でしたからね、「さん馬」をぼくにくれてたんです。で今度先代の養子になっている文七が真打になるってんで、「さん馬」を文七にやってくれって、正蔵師匠が家に来たんですよ、てことは、〝お前が『文治』になれ〟ってことですよね、でぼくも丁度55ですから潮時でもあるし襲いじゃおうってことになったんです。

先代と家の親父（蝠丸）とは、三代目（小さん）の弟子で、仲が良かったんですね。親父から先代が教わった噺を、ぼくが先代から教わってる噺なんてのもあるんです。〝湯屋番〟もそうですよ。ええ先代には色々教わりました。ぼくは、師匠の「小文治」からは、何一つ噺教わってないんですよ。

――三十年以上もかけて大きくした、「伸治」という名に愛着は？

文治　ええ、そりゃありますよ、何しろ昭和23年ですからね、ぼくが「伸治」になったのは、それからずっとですからやはりね愛着はありますよ。でもね、さっきも言ったようにぼくももう55ですから、会社で言えば定年ですからね、〝もうそろそろいいだろう〟って思ってるんですよ。お客様が信用してくれる齢になったってことですよね、若い時分は、〝遊女三千人御免の場所〟ったって、仲々お客様に通じない、今だったらそれが信用して貰えるんですね、だから何演ったたって納得して貰えるような齢になったんです。

――「伸治」から「文治」になって、とくに変わるといったことは？

文治 いや、そんなことはないですよ、「文治」になったというのは、一つの区切りですからね。それに今はね、「文治」なんて名前知らねえなんてのが多いですから。こないだも談志なんぞはね、「伸治」の方が知名度は高い、大看板なんだから「文治」を襲ぐのは損だなんて言ってました。そんなことを言う人は多いんですよ。どちらにしても、「文治」になったからって変わるってことはない。「文治」になったからといって、〝怪談噺〟だの〝人情噺〟だの、そんなもの演ったら売れなくなりますよ。ほんと言うとね〝芸〟というものは、二十才代に土台が出来上るものなんですよ。だから二十才代にというか、前座・二ツ目の時に上手くない奴は、上手くなれないんですよねそれで、五十過ぎてから上手くなるってことは先ず無いんですよ。五十過ぎて売れたってのは上手くなったんじゃなくて、さっきも言ったようにその〝齢〟になってお客様が信用して聴いてくれるようになったってことですよ。ですからぼくの場合もね、これまで習った噺やなんかを演り直したり、前から演りたいと思ってた噺を演ったりね、とくに新しい分野を切り開こうというんではなく、磨きをかけるんです。ぼくは〝地噺〟が多いんですよ、〝お血脈〟にしたって〝高尾〟にしたって〝お七〟〝源平〟皆〝地噺〟ですから、自分の気分と客との間合のね、その時の遊びなんですよ。

――しかし師匠、昔から「文治」という名前は唄にまで唄われた程ですから。
文治　あ、知ってますか、尻取り唄なんですけどね、ぐるぐる回るんですよあの唄は、確かこんなんですよ。

〽牡丹に唐獅子、竹に虎
虎を踏まえた、和藤内《わとうない》
内藤様は、下り藤
富士見西行、後向き
むきみ蛤、馬鹿柱
柱二階と、縁の下
下谷上野の山かつら
桂文治は噺家で
でんでん太鼓に笙の笛

ってんです。

――師匠、好きな噺、十八番は？

文治　いや、十八番て自分で思ったり言ったりしたことないんですよ。そうですね、好きで良く演る噺は、〝源平盛衰記〟〝お血脈〟〝三国志〟〝お七の十〟〝蛙茶番〟〝反対俥〟〝猫と金魚〟〝高尾〟〝湯屋番〟〝鼻欲しい〟〝禁酒番屋〟〝やかん〟〝だくだく〟〝長短〟〝豆屋〟〝義眼〟〝浮世床〟ってとこでしょうね。

――独演会などは？

文治　〝本牧亭〟での会を毎年やっててもう12回になりますね。ええ、それは続けるつもりで今年も9月25日に決まってます。何を演るかは白紙です。間際に決めるんですよ、そうしないと勉強にならないんですね。ええおかげさんでお客様が入り切れない程来て下さるんです。苦情が出たりしてましてね、〝もっと大きなとこでやれ〟って言われてるんです。今年の3月には〝紀伊國屋〟でやりましたが、あれぐらいが丁度いいですよね。以前は三席づつ演ってたんですが、この頃弟子が増えたんで二席にしてるんです。それから地方の会など良くやりますよ。

――お弟子さんたちに言ってることは。

文治　さっきも言ったように、前座、二ツ目の時に怠けてるともうしょうがないということですね。ぼくの場合はね、小文治師匠はぼくが何か稽古すると怒るんですね。〝お前はまだそんな柄じゃない〟ってんです。それはたしかに、そうですよ、本人だって言っててピタッとこない。若い時分はもっともらしくないんですよ。けど、じゃあ言われた通り演らないでいたら忘れてますよね、だから小文治師匠も間違ってると思いますよ。隠れて演ってたから覚えてんです。後で教わろうと思っても教えてくれた人は死んじゃってんです。どんどん演っとかなければ駄目なんです。ただこのごろやたら大阪弁が入ってきてるでしょ、江戸っ子が平気で、〝ド真ン中〟〝ドアホウ〟なんて言っちゃいけませんよ。そんなところはね注意しますよ。それから〝上・下〟をね、目玉だけでつけてるのもよくない、鼻をね、持ってかなくちゃ、

「こんちは」

「八っつぁんかい、おあがりよ」

こういうの、前まわって聴いてやんなくちゃ解らない。

稽古があがる、その時はいいんだが、高座でそういう悪い癖をつけると仲々治らない。だから高座を前に回って聴いてやるようにしてんですがね。

それからね、親父に良く言われたことなんですがね、「一合飲める時は、〝飲めない〟って言え、三合飲める時は〝一合飲める〟と言え」ってんですね。たいていの馬鹿はその逆でね一合しか飲めないくせに〝三合飲める〟って言うんです。

——蝠丸師匠はどんな方でした？

文治　三代目の弟子でしたからね、三代目の噺はほとんど演ってましたよ。警句というか風刺のうまい人でしたね。「文部省がはっきりしねえから、〝安全地帯〟を〝帯地全く安い〟なんて読んでるじゃねえか」とかね、当時は、横に書く時は右から書いてましたからね。それから〝ハイヒール〟を皮肉って、「カカトを上げて歩くなんざあ、飯粒踏んづけた時だけだ」なんてやってました。

——じゃ師匠は噺家になるべくしてなった？

文治　いやぁそんな気はまるでなかったですよ。終戦の翌年ね、復員して来たらね、家は焼けちゃってるし、お袋をかかえてね、落語でもやろうかと思ってね、ええそりゃ門前の小僧でいくつか覚えてたんですよその時には。それで〝鈴本〟に行ったら先代の「文治師匠」が当時「さん馬」で出ていて〝おい、達《たつ》ちゃん（本名＝関口達雄）、どうだい、おまえさんも高座上んないか〟と勧めてくれて、確か21年の6月の中ごろだったですよ。親父は3年前の18年に死んでました。え、小文治師匠への入門ですか？　それはやはり親父と親しかった「今輔師匠」を訪ねたらね、〝ちょうどいい、いま小文治師匠が2階に居る〟って、何だか訳がわからないうちに弟子になっちゃったんです。その時分からおっちょこちょいなんですね。

（聞き手　水野雅夫）

1993年1月号

江戸前の魚

――師匠は、噺のまくらなどでもよく、正しい日本語、あるいは正しい江戸弁というものが失われつつあることを嘆いてらっしゃいますね。まずその辺のお話を。

文治　今「おめでとうございました」って言うんだ、みんな。「おめでとうございます」ですよ、江戸弁は。江戸で買い物をすると「ありがとうございます」。あたしがトリを取って「ありがとうございます。お忘れもんのございませんように」って言うとね、楽屋で若いのが「ありがとうございましたッ」って怒るんだよ、あたしが直されているようでね（笑）。今はもう江戸っ子がいなくなっちゃっているから。

北海道は過去形ですからね。年賀状で「ありがとうございました」ってのはよく来ましたよ。今でも北海道は朝「おはようでした」って言いますからね。

――ああそうなんですか。

文治　語尾に力が入るでしょ「ありがとうございましたッ」って言うと。「ありがとうございます」。

だから歌舞伎の台詞じゃ過去でも、与三郎が「ありがとうごぜェますと、礼言ってけェるところもありャァまた……」。

江戸っ子都々逸みたいに、下がスッと下がるのが粋だってんで、江戸弁になったの。それを標準語にしたの。

ところが、言葉ってのは書いてもわかんないんだよね。大阪は「おおきに」って言うけど、京都は「おおきに」って優しいの（注：ご想像ください）。

――言葉自体も随分変わって来てますね。

文治 江戸っ子は「かき餅」って言うけど、この頃どこでも「おかき」って言うでしょ。あれは京都弁。「おひや」って言うのも京都弁よ。

今「近海もの」って言わないでしょう。東京湾でとれた魚「近海もの」って言ったんだよね。今「江戸前の魚」ってやんの（笑）。

地方の寿司屋では、江戸風の寿司って意味で、「江戸前寿司」って、暖簾《のれん》を染めてね。かっぱ橋で売ってるのを、東京のやつまで買うんだよ。江戸っ子が「おれは江戸前だ」って言わねェもんだ。

――「手打風のそば」みたいなもんですね。「手打風」ってのは「手打」じゃないってことなんですね。


めきりで出れない⁉

――テレビの影響なども随分ありますか。

文治　テレビの影響ってのはひどいもんですよ。「父が」「母が」って言わないでしょ。「お父さんが」「お母さんが」って言う。面と向かって「おやじ」って言う。人前では「うちのおやじが」って言ってもいいの。面と向かって「おやじ」とか「おふくろ」ってのは無礼なんだよ。あたしら手紙を書くときに「父上様」と書きましたよ。

それから目下の者が「うちのかみさんが」というのは失礼なんだよ。手前に「さん」をつけちゃおかしいの。中には「うちの奥さんが」って馬鹿がいるからね（笑）。

――なるほど。えー、私自身も勉強になります（笑）。「鼻濁音」はいかがですか。

文治　ぼくの下りる駅が「ひばりが丘」。これを「ひばりガおか」。学校の先生が「こくご」ですよ。大喜利を「おおギり」。

――「らくゴ」。カレーのコマーシャルで「具が大きい」というのを、たぶんアナウンサーが言ってるんでしょうが、「グガおおきい」と言いますね。ほかに何か気になる言葉づかいがございましたら。

文治　「それでェ、さっきィ、行ったらァ」って、今の女、そこんとこ伸ばさないと次の言葉出てこないのかね。

それから「着物を着れない」「出れない」。昔、東宝の非常段階のとこに「〆切り」って書いてあるんですよ。「〆」っていう字は上に跳ねてるんですよね。あれ学校で教えてないですよ。高校生が来て「だめだここ、めきりで出れないよ」。「めきりで出れない」ってやんの（笑）。

情のあるものは生で

――僭越《せんえつ》な言い方なんですが、師匠の高座を拝見していると、いつも微妙な間でお客さんとやりとりをなさっていて、最後までお客が疲れずに笑っていられるという……。

文治　だからぼく、客席が暗いと……。こないだ東宝へトリで上がったら、暗いんだよ。「やりにくいなあ。何でお客さんの顔が見えねェんだよなァ。やっぱりお客さんとしゃべっているもんと、お互いに見えない糸がつながってできてんだからね。こんな狸の出そうなとこじゃやりにくくてしょうがねェよ」っつったら（笑）、照明がバーッと客席を明るくして、で、やりよくなったの。

芝居はいいの。相手が舞台にいるから。噺家は客が相手ですから。話術の一番大事なことは、相手のレベルに合わせるってことであって、その「間」で生きてるんですから。だからテレビじゃ落語はわからねェんですよ。やりにくくてしょうがないですよ。

――そうでしょうね。特に師匠とか、志ん生師匠とかのタイプの方は。

文治　テレビのカメラは第三者になっちゃうんですよ。ほんとは落語だけじゃない、みんなそうだと思う。歌舞伎座とか国立劇場で歌舞伎をちゃんと見た人が、テレビで歌舞伎を見るからわかるけれども、最初っからテレビで見てたんじゃわからないですよ。

――記録として便利なものではありますけれども。

文治　相撲だとかボクシングはね、いいの。ぶん殴られてひっくり返ったやつが負けたり、そういうようなものはいいんだけど（笑）、情のあるものは生で感じないと。

――情のあるもの、ですか。

文治　情ってェか、何てんですかねえ……。生きてる人間のものを生きてる人間が感じるっていうことは、やっぱりそれを見なきゃわからないんですよ。

――よく落語は人物描写だ、なんてことを言いますが。

文治　そう。人物描写で、それから背景が出なきゃいけないですよ。それには、ちゃんと教わらないとね。心を教わらないと。

「湯屋番」の若旦那は何であんなことを言うかって、意味がわかんないでやってるんじゃだめなんですよ。教えるときにそれを言わなくちゃいけない。居候のことを「権八《ごんぱち》」って言ったんですよ。「権八」ってのは歌舞伎じゃあ、白塗りで色男なんですよ。（「湯屋番」の若旦那は）自分が色男になったという、誇大妄想狂になるわけですよ。だから、もてる話っきゃしないんですよ。全部自分が色男だという空想だけでしゃべるのが「湯屋番」なんですよ。そういうことを知らないとね。

それから背景を。「雑俳」でも、（中に入るまでに）それだけの間があるわけだ。

「（声を張って）まあまあお上がり、まあまあお上がり」「へえ、どうもごちそうさまです」「（次第に声の調子を落として）何だい、そのごちそうさまてェのは」「え今、まんまお上がりって」「いや、お前さんが来たからまあまあお上がりてんだもそっとこれへ」ってんで、（次第に）そばへ来る。それを最初から「ああ八つぁんかい、どうしたい」「ああくたびれた」って、すぐそばにいるんです。それじゃあだめですよ。それを最初弟子が入ったときに図を書いて教えるんですよ。

「子ほめ」の子どもも玄関に寝てるようにやってる。

八「（上手《かみて》を向いて）赤ん坊見に来た」

竹「奥に寝てらァ、誉めてやってくれ」

八「じゃちょいとごめんよ」

っつって、奥へ入っちゃう。

八「(次第に視線を下手《しもて》に移しながら)この屏風の中?……(下手を向いて)随分大きいね」

って、こう言うんです。それを「(上手向きで)大きいね」って言うんじゃ、玄関に寝てるんですよ。

それと、かかあ天下の場合は、かみさんが上手だからね。だから「火焔太鼓」だとか「鮑のし」はかみさん上手。

——なるほど。通常は、亭主が下手から帰ってきて上手へ座る、という形になりますけれども、逆に上下の取り方でかかあ天下を表わしてしまうんですね。


蛇は寸にして……


——師匠の「長短」や「掛取り」の喧嘩の場面に出てくる気の短い人物が、私は大好きで、いつも嬉しくなってしまうんです。

文治　「長短」のあの気の長い方、すぐしゃべっちゃうんだよ。しゃべっちゃいけないんだけど(笑)。お客がじれったくならなきゃいけない。

——師匠ご自身もやはり気の短い方でいらっしゃいますか。

文治　若い時はねェ、気が短くて、いたずらで。いっぱいいたずらをしましたよ。

——どんないたずらを?

文治　鬼子母神様《きしぼじん》の境内でね、縞蛇《しまへび》潰して、経木に上手に包んで、袱紗《ふくさ》みたいので包んでね、木の切り株みたいな脇に忘れ物みたいに置いて。お堂のこっちでずっと見てたら、懐手《ふところで》したやつが来やがってね。行き過ぎて、戻ってね、芝居しやがン。「ああ、ここにあったか」って（笑）。懐へ入れて本堂の裏へ行って「うわーっ」（笑）。

——悪いですねえ（笑）。

文治　そんなことばっかり考えてたんですから、子どもの時分は。

——あ、お子さんの時分ですか。師匠は大正13年のお生まれですね。ということは、今年は数えで70歳、古稀をお迎えですね。

文治　まあいいですよ。定期なんか10歳嘘言ってる。定期は53です（笑）。

——師匠お若く見えますから。今日はどうもありがとうございました、じゃなかった、ありがとうございます。

（インタビュー・構成　大友浩）

桂　歌丸

©横井洋司

かつら・うたまる　１９３６年、神奈川県生まれ。51年、古今亭今輔に入門。前座名「古今亭今児」。54年、二ツ目に昇進。61年、兄弟子だった四代目桂米丸門下に移り、「桂米坊」。64年、「歌丸」と改名。68年、真打昇進。２００４年から18年まで落語芸術協会会長。２０１８年、慢性閉塞性肺疾患のため逝去。日本テレビ「笑点」では１９６６年の放送開始時から出演し、２００６年から16年まで大喜利の司会を担当した。

◆東京かわら版編集部よりひと言

小誌は歌丸師匠の咄家人生を44年並走しました。その間、巻頭インタビューの登場は４回。初回は１９８９年１月号。古典落語に熱心に取り組まれていることを話され、その後ライフワークとなる三遊亭円朝作品へ継っていきます。

全インタビューを通して、もう一つの代名詞「笑点」のウエイトは低めで、落語芸術協会の会長職や芸についてのお話をされました。会長在任中は「芸協らくごまつり」がはじまり、多忙な師匠も参加され、小誌も出店や取材等で、お世話になりました。

最後のインタビューは２０１１年10月号。普段手放せない酸素吸入器を外し、インタビュー会場まで、手を借りながらも自力で階段を降りていらっしゃいました。大変辛そうでした。が、いざインタビューがはじまると、ひとつひとつのフレーズを丁寧に紡ぐ高座同様、さらに笑顔で質問にお答えくださいました。よく「休むのは目ぇつぶって（死んで）からだ」とおっしゃっていましたが、最期まで体現されていました。

（岸川明広）

1996年1月号

（略）

円朝ものはお手本

——伝え聞くところによりますと、今年は年男でいらっしゃいますね。

歌丸　それ、よしといて下さいよ（笑）。あたしに言わせれば、ちょうど折り返し地点だと思っていますが（笑）。

今年は、国立でも秋に独演会をやりますし、また、芸術祭にも参加したいとも思ってますけどね。ちょうど元年に（芸術祭賞）をいただいて、8年経ちますし、またやってみたいと思ってるんです。

それでわざとね、夏のものを二席ぶつけようと思ってるんです。だって、あの時期（10月と11月）ですからね、たいがい秋とか冬のものばっかりでしょう、ネタとしては。いままで夏のものが出てませんからね。

——素晴らしいですねぇ。意欲的な会になりそうですね。ところで、師匠は以前は古典と新作と半々ぐらいにおやりになっていたと思いますが、最近は古典の方が多いですね。

歌丸　99・9パーセント古典になっちゃいましたね。

——また、円朝ものにも力を入れてらして。

歌丸　（声をひそめて）それがね、こないだ、神田の古本屋さんにね、角川の『円朝全集』が揃いで出たんです。（嬉しそうに）買ってきましたよ。高かったですけど。

――おいくらでしたか。

歌丸　12万でした。

――12万は正当な値段だそうですよ。

歌丸　すごく新しいんですよ。それでわたしが行けなかったんで、弟子に「おまえ、行って買ってこい」と。「値切れるだけ値切れ」って言ったんですよ。「わかりました」と。そしたらね、2千円しか値切って来ねぇの（笑）。

（円朝ものは）お手本ですからね。お手本を、ただただ積んでおいたってしょうがないですから。（読んでみて）わかりましたけど、「鰍沢」にしたって後日談もありますしね、みなさんが今おやりになっているいろんな円朝ものだったって、元の本をみるとこれっぽっち（短い）なんですね。それを皆さんがこう（工夫を重ねて膨らましていった、というしぐさ）……。

――得るところが大きいですね。

歌丸　だから、去年の夏は国立で「鰍沢」を出したんですけど、下げを言わない「鰍沢」を出したんです。「お材木で助かった」という下げをね。全集を見ますとね、芝居台詞で下げたことがあるんですって。ですから、そこんところだけ復活させてみました。

――はあ。芝居噺風に。

歌丸　ええ、芝居噺「風」ですけど。道具やなにかは使わずに。（芝居がかりの台詞は）これっぽっちだったんですけど、まあまあ、またやってみようかと思ってますけどね。また今年7月の「円朝祭」はあれをやれという命令が出るんじゃないかと思うんですけどね。

――これは必見ですね。円朝ものに引かれるというのは、何か訳がおありですか。

歌丸　みなさんあまりおやりにならないでしょう。やっぱり良いものは、埋めておいたんじゃ損だと思うんです。

落語のお客様を残すのも落語家の責任ですが、落語を残すのも落語家の責任ですからね。やっぱり誰かが責任を負わなきゃね。

このひとことが……

――なるほど。「おすわどん」とか「鍋草履」とか、師匠が復活をされた噺もありますね。いま見事に息を吹き返していると思いますが、そういうのも同じお考えからなのでしょう。

歌丸　そうですね。ただね、やっぱり埋もれている噺はどこかに無理がありますよ。だけどそれは、そこを抜いちゃえばいいんですよ。そこへ現代に通ずるものをなんか持ってくればいいんですもん。「おすわどん」なんかも、3分の2は……。

――創作みたいな……。

歌丸　もう下げだけですよ、(原話が) 残ってるのは。だから「三年目」みたいにしちゃったの。あたしは「三年目」やらなかったんです。

ただ、今年「三年目」をやれという、あるところから命令が下りまして、「三年目」やりましたよ。そしたら「おすわどん」と「三年目」とごっちゃになっちゃってね、わけがわからなくなっちゃってね（笑）。

――（笑）。女房が寝付いて、亡くなるところは一緒ですから……。「おすわどん」で「荒木又ずれ」という剣術の使い手の流派は「野の牛と書く野牛流」ですね。師匠の格調高い噺の中に出てくる、ああいうばかばかしいくすぐりが大好きなんです。

歌丸　その「荒木又ずれ」という名前は、三波伸介さんにもらったんですよ。あの方が三人でコントをやってたときに「荒木又ずれ」ってやってたんですよ。

――「てんぷくトリオ」時代ですね。

歌丸　で、三波さんに断って、もうその時はコントをおやりになってなかったんです。「いただいてもいいですか？」「いや、いいもなにも……」てんでね。

――はあ、そうなんですか。しかし、「おすわどん」という噺は下げが決まりますね。

歌丸　ねえ、いい下げですよね。あたしはあの下げが言いたいために「おすわどん」を手がけたんです。

（インタビュー・構成　大友浩）

2004年3月号

和を大切に進んでいきたい

――会長就任おめでとうございます。

歌丸　ありがとうございます。

——正式には何月何日からですか？

歌丸　2月1日からなんです。前会長の文治さんは、1月31日に会長を全うされて旅立っちゃったもんですから。

——そうですね。任期の最後の日に亡くなったんですね。文治師匠についてはどのようにご覧になっていましたか？

歌丸　噺家に徹した方でしたね。芸のことも生き方のことも。ただ一途に自分の道を進んだ方だと思います。

——噺家さんとして素晴らしかった一方で、天真爛漫《てんしんらんまん》な師匠でもいらっしゃったので（笑）、前会長を支えた方々にはご苦労もおありだっただろうと勝手に想像しています。歌丸師匠を会長とする政権は長期安定政権だと思っています。文治会長のもとで副会長をなさっていたので、ある程度お覚悟もできていたんでしょう？

歌丸　いや別に覚悟してなかったんですけれどもね（笑）。

私が副会長だったときには、副会長付の（三遊亭）小遊三《こゆうざ》さんがずいぶん頑張って下さいました。実際には私よりも小遊三さんの方が、いろいろ協会のためには働いて下すったんです。

ある方にアドバイスされまして、「会長というのはあまり口出しをしてはいけない」と言われたんです。役員さんや協会員の方々の意見をよく聞く立場になれと。ただし、意見をよく聞いた上で、判断すべきことは判断しなくちゃなりませんから、まあ、責任は重大だと思っています。

もめ事が嫌いですんで、副会長さんや役員さんと相談をしながら、円満に円満にと、それだけを心がけて進んでいきたいと思います。

――噺家さんは一匹狼の集まりですから、それぞれの間で意見が違うこともあるでしょうし、取りまとめといってもなかなか大変そうですね。

歌丸　それなんですよ。どんな社会でも不平不満はありますからね。不平不満ばかり聞いてたってしょうがないし、不平不満ばかり言っていてもしょうがないので、それを丸く収めるのが会長の大きな役目だと思ってます。それは十分に肝に銘じているつもりです。ただ、私自体が短気ですからね（笑）。

――そうなんですか（笑）。

歌丸　これからは短気を引っ込めます（笑）。

――芸はもちろん、人望という点からも、知名度という点からも、周囲が師匠に寄せる期待は大きいと思います。

歌丸　いえいえ。まだホヤホヤの1年生ですからね。あんまり期待ばかりかけられちゃっても困りますんで。今も言ったとおり「和」に重点をおいて進んでいきたいと思っています。

カナダ・アメリカ公演

――落語なり落語芸術協会なりを外に向けてアピールしていこうというようなことはお考えですか？

歌丸　それはこれからも大いにやっていくつもりです。最近はうちの協会もずいぶん手を拡げてるんです。海外にまで手を拡げてるんですよ。昨年は私も行ってまいりましたけれども、大変に脈を感じました。

――海外へはどういうことでいらっしゃったんですか？

歌丸　カナダと日本の就航75周年だったんですよ。それで文化庁を通してうちの協会に話が来たもんですから、それなら大々的に行こうということになったんです。

それで私はカナダへ2日間、行ったついでといっては失礼ですが、ニューヨークへも行きました。ニューヨークはそういう名目はなかったんですが。一緒にいった（三笑亭）茶楽さん、（林家）今丸さんが、お知り合いがいたらしくて、話をしたらやりたいということになりまして。

最初カーネギーホールでやる計画を立てたんです。が、急な話だったもんですから、実現しませんでした。ただし、カーネギーホールの真ん前の会場でした（笑）。

――カナダのお客さん、ニューヨークのお客さんはどうでしたか？

歌丸　とてもやり良かったですよ。英語の字幕をつけて……。

――え、向こうのお客さんに聴かせたんですか？

歌丸　それを眼目にしたんです。おとこしが1回目で、（柳亭）痴楽さんや（三笑亭）夢太朗さんが行ってるんです。文化庁が後押ししてくれたものですから、外国の方にも日本の伝統芸能というものを堪能していただこうというので、字幕をこしらえてやったんです。

――それは素晴らしいですね。

歌丸　でも、失敗もあったんです。文法が違うでしょう。サゲが先に出ちゃうんです（笑）。
それで、今度やるときは、筋だけパンフレットに書いてもらって、サゲならサゲのちょっとややこしいところだけ解説してもらう方がいいんじゃないかと。歌舞伎の方にもうかがったらば、あんまり細かいことは説明しないということでした。今年は誰が行くかわかりませんけれど、そうするんじゃないですか。

——やってみなきゃわからないことですからね。師匠は何の噺をおやりになったんですか？

歌丸　私は「火焔太鼓」をやりました。茶楽さんは「芝浜」を英語でやったんです。

——笑いの噺よりは、筋立てで聞かせる噺の方が聞いてもらいやすいかも知れませんね。

歌丸　初日はカナダだったんですが、長ェの長くねェの（笑）。英語でしゃべるために気を使うんですね。

——なるほど。

歌丸　人情噺だから受けるところはあまりないんですけれども、笑うところではちゃんと笑うんですね。でも、初日が長すぎるというんで、茶楽さんがかなりカットをしまして、2日目は前半は説明みたいにしたので、45分ぐらいあったのが25分になりました。

——ずいぶん短くなりましたね。

歌丸　ニューヨークでも1日は英語でやりました。向こうで一人語りをやっている方が訪ねてきてくださいましてね。通訳を通していろいろお話をしたら、一番驚いたのは扇子と手拭いの使い方だと。これは大変に絶賛されました。

――落語は上下《かみしも》を使って、一人の演者が多数の人物を演じる芸ですよね。こういうものは外国にはないと思うんです。

歌丸　それをその方もおっしゃってました。あんなに大勢の人が出てくるものを一人でやっているのはすごいと。

――一人芝居はほとんどの場合、演者は一役なんですね。

歌丸　落語は5人出てくれれば5役、10人出てくれれば10役やらなければならないですからね。（略）

――ここ何年か、師匠は円朝ものに力を入れてらっしゃって、素晴らしい成果をあげているわけですが、これも円朝ものをやる年代になったということですか？

歌丸　もう来たんじゃないかと思いますね。今年8月で68になりますからね。やっとかないと間に合わなくなっちゃうから（笑）。

円朝ものはとても難しいけれども、やりがいがありますね。

――最後に抱負を一言お願いします。

歌丸　お客さまにお願いしたいのは、落語家を好きになってもいいし、落語を好きになってもどちらでもいいですから、落語を聴いて楽しんでいただきたい。そのためには私たちがもっと勉強しなければならないと思っています。とにかく落語を残したいというのが、私の念願なんです。

楽をしようと思ったら苦しまなきゃならないと思うんです。だから、これからも自分自身で苦しんでいくつもりです。

――今日はどうもありがとうございました。

（インタビュー・構成　大友浩）

2006年7月号

今年は記念の年

――今年は師匠の芸歴55周年、笑点放送開始40年、8月に70歳になられるという、おめでたいことが重なった記念の年ですね。本も出版されて。

歌丸　もうそんなになるんですねえ。

――二ツ目で笑点メンバーに選ばれたというのが、今ですとありえないことのように感じます。

歌丸　当時はそんなことなかったんじゃないかなぁ。今のテレビ界と違って、昔は冒険をすることを知っていましたよ。若い者を起用する試みがあったんだと思いますよ。

――テレビでのみ師匠を知る人たちから「忙しくて落語はちゃんとやっていないのでは」などと言われて悔しい思いをしたことはありますか。

歌丸　ありますあります。そりゃあいくらでもありますよ。何も分からない人ほど、いろんなことを言うんですよ。分かっている方は分かっててくださるから言われたっていいんです。気にはしません。

――発奮材料になることもありましたか。

歌丸　ありましたねそれは。何言ってんだ、今に見てやがれ！っていう気持ちになってました。

――テレビで活躍する面と円朝ものにじっくり取り組む姿勢、新作派から古典派へなど、ありとあらゆる落語の形態にトライされていて、落語史上、これほどオールマイティーだった落語家ってかつていたかしらんと思うんです。

歌丸　落語家なんですから、やってみないことにはわかりませんからね。いろいろやってみるところから私に向く、向かないがわかってくる。半々くらいかな、拾うものと捨てるもの。

――半分も捨てちゃうのは勿体ないですね。

歌丸　捨てることも仕事だと思う。いつまでもそれを引きずっていたら駄目。うちの師匠・（桂）米丸もお亡くなりになった（春風亭）柳昇師匠もすぱっと捨てていましたよ。（略）

――長い円朝作品は、どうやって覚え、どのように完成させていくのですか。

歌丸　ビデオなどのいいお手本もありますし、円朝全集もありますから、いらないところはどんどん省いて、聞いて、覚えてはめこむ、捨てる。現代に通じるようにするには、とにかく稽古をしなきゃ到底できません。

――気の遠くなるような、たいへんな作業量ですね。

歌丸　だってそれが商売ですもん。私は楽をしたいから苦しい思いをしているんです。苦しい思いをしないで楽しようなんてそうはいきませんからね。じゃあ、歌丸はいつ楽になるんだと聞かれたら、目つぶった時だ、と答えますがね。それが噺家になった以上、果たさなきゃいけない責任だと私は思ってますからね。いつも言っていることですが、落語を残していくのも落語家の責任だけど、落語好きのお客様を残していくのも落語家の責任ですからね。ましてやいま、ありがたいことに落語ブームだなんて言われています。そんな今だからこそ、やっぱり奮い立って皆が一丸となってお客様に落語ってのはいいもんだ、面白いもんだと、頭の中に植え付けなくては行けません。

――ほかの落語家とそういう話はされますか。

歌丸　しません。人によって考えというのは違いますから。一生懸命おやりになって、勉強なさっている方もいますし、真打になったからもういいんだって満足しちゃう人もいますしね。やがて自分の身にいいにつけ、悪いにつけ、ふりかかってくることですが。

――意識を高く持つことが大事なんですね。

歌丸　しゃべるのが商売ですけど、仲間の噺を聴かなくてはだめです。前座さんでも真打でも、誰でも。暇があったら聴くこと。聴いているとこっちが勉強になるんです。若手の会にゲストで出て、噺きいていると「こういうやり方もあるのか」とか「俺だったらここはこういうふうにやるのに」って思ってその噺を覚えてやったりね。

――師匠が若手から影響を受けるというのは……謙虚というか、頭が下がります。

歌丸　いや、謙虚でもなんでもない、こっちが勉強になりますからね。教えることなんてできないけど、アドバイスはします。「井戸の茶碗」なんか、最近若手がやるのを聴いて、俺もやっちゃおうって思ってやったんです。人の噺をきくのも勉強ですよ。

思いは胸に秘め

――会長に就任されて2年が過ぎました。

歌丸　会長ってたって、怪しい鳥と書くカイチョーですよ（笑）。いえね、副会長の小遊三さんと役員の方々がよくやってくれているので、ほんとうにありがたいですね。頼りにしています。

――これから落語芸術協会や寄席をこうしていきたい、などのお考えはありますか。

歌丸　それはね、思ってますけれども、口にはしません。会員の方々が決めることですから。私が決めることじゃない。

――発案もしないのですか。

歌丸　しません。

――胸に秘めているんですか。

歌丸　秘めています。会長っていうのは、余計な口を出すものじゃないんです。会長が口にすると命令になっちゃう。多数決が大事ですから、会員や役員の意見をきいて、すすめていきますよ。

（聞き手・構成　佐藤友美）

2011年10月号

健康の秘訣!?

――芸歴60周年おめでとうございます。

歌丸　月並みのようですがあっという間でした。まさか自分がこんな立場になろうとは夢にも思ってなかったです。最初の頃は、もう喰うや喰わずじゃなくて喰わずや喰わずでしたからね。

――60周年記念公演を全国各地で行われていらっしゃいますね。

歌丸　12月まで休みらしい休みが無いんですよ。休みがあってもたいがい医者通い。呼吸器科や腰の病院、腸の病院も。だから増えるのは病院の診察券と薬で、減るのは寿命と髪の毛（笑）。

――多忙の上、満身創痍《まんしんそうい》ですね。

歌丸　メスを入れる様な病気もたくさんやりました。でもね、40年近く人間ドックに行ってるんですけど、今はどこも悪いところはないんです。血圧はいくらか低めですけれど、血糖値などは正常なんです。ただ肥満度がマイナス17（笑）。（略）

歌舞伎の効用

――16日に行われる「芸協らくごまつり」は今年で5回目を迎えますね。

歌丸　落語協会さんが「円朝まつり」をやってますから、うちだってなんかやらなきゃっていうので4年前に始めました。毎年5千人ぐらいのお客様に来ていただいてます。ありがたいですね。すべて実行委員の方々にお願いしてましてロは出しません。無理なものはちょっと考えるけれども、基本的には言われたことをハイハイ言ってやってます。

――師匠といっしょに写真を撮りたいファンが、毎年朝から長蛇の列ですね。

歌丸　日頃のお客様へのご恩返しだと思ってます。（日にちが）10月の半ばの日曜日って決まっていますんで、我々も前々からその日は空けておけばいいんですからね。

――今年の目玉はなんでしょうか。

歌丸　今年の実行委員長の（桂）小文治さんが「『白浪五人男』の勢揃い」をやりたいって言うんで

す。「う～ん」って、ちょっと考えちゃったんですよ。だってヅラ付けて化粧して衣装着て、いろいろと揃えると大変な金額になりますでしょ。大丈夫かなぁって思ったんですけど、やっぱり到底帳尻が合わないみたい。だから傘だけ拵《こしら》えて、あとは噺家だから黒紋付の着流しにすることにしてね。

――師匠のお役は何でしょうか。

歌丸　弁天（小僧）やるんですよ。セリフは全部入っているけど、最後の所で見栄を切らなきゃならないでしょ。その見栄の切り方を、歌舞伎のテープ見て稽古しなきゃなんない。だから小文治さんに「余計な用を拵えんな」って言ったんです。落語だって覚えられねぇのに（笑）。

――歌舞伎は小さい頃からご覧になっていたそうですね。

歌丸　祖母に育てられたもんですからね。映画よりも歌舞伎に行く方が多かったです。初代吉右衛門や六代目菊五郎も観てるんです。

――じゃあ、かなりの歌舞伎通でいらっしゃいますね。

歌丸　いや、小さかったのもあって何にも覚えてないんです。噺家になった時、五代目今輔《いますけ》師匠に歌舞伎を見なさいって言われたんですよ。最初はなんだかわかんなかったけど、結局、円朝師匠のものを演りはじめたら、噺の参考になることがわかってきました。

――たとえばどんなところですか。

歌丸　「髪結新三《かみゆいしんざ》」では歌舞伎を参考にして、大家が新三に文句を言う前に煙草吸う仕草を入れたんです。そうしたら、お客様に「いやぁ、あそこの煙草を吸う仕草を見てね、大家の因業《いんごう》さって言うんですか、新三よりもずっと上手《うわて》だっていうのがはっきりわかりますね」って言われたんです。

こっちはそんな深く考えてやったことじゃない、ただ正直言うと自分が一息つくつもりでいれたんです。煙草止めてるからそこで煙草吸う気持ちになろうと思ってね（笑）。

——眼の肥えたお客様がちゃんと観ていらっしゃるんですね。

歌丸　そう。だからおっかないんですよ（笑）。いい加減なことができないんだよねぇ。ましてや私たちの小道具は扇子と手拭いしかないでしょ。歌舞伎観てると、表現のヒントがポッと浮かんだりするんですよ。今輔師匠はあたしにそのことを言いたかったんだと今になって思いますね。（略）

噺は財産になる

——いつも高座姿がとてもお綺麗です。どなたが着物をお選びになっているのですか。

歌丸　全部自分です。あと色を統一する癖があるもんですから、着物と帯と手拭い、これはなるだけ合わせるようにしてます。

——素敵ですね。

歌丸　下締めから手拭いから全部自分で用意します。洗いに出すとかちょっとした用はカミさんに言いつけますけど。その他一切やらせません。だから弟子にもさわらせない。弟子にさわらせて、無くなるといけないから（笑）。

——師匠の着物の着方が芸の緻密《ちみつ》さと繫がってるような気がします。

歌丸　いえいえ、ただ私がだらしなく着ることができない人間でね。だから先代の（三遊亭）円遊《えんゆう》師匠が「歌丸さんそんなに着物きっちり着ると綻《ほころ》びるよ」って言われたことある。大きなお世話だよね（笑）。俺の着物だ綻びようがなにしようがかまうんじゃないと。

——素敵な着物をピシっとお召しになっているのを拝見すると、それだけでも木戸銭を払った甲斐があります（笑）。ところで、今後やってみたい噺はございますか。

歌丸　数多くありますよ、あげたらキリがないですよ。円朝ものだってまだまだやりたいしね。「塩原多助《しおばらたすけ》」なんかも手がけたいですよ。でも大長編でしょ。手がけた日にゃえらいことになるからなと思うからストックしてますよ。部分部分一箇所でもやっちゃうと、またおかしくなっちゃう（笑）。

——全部やらないと気が済まなくなっちゃうんですね。

歌丸　やりたいんですけどやっちゃうとえらいことになっちゃうんだ、あたしは。またやり始めたら何年かかるかわからないし。

——聞いてみたいからここに書いておきます（笑）。

歌丸　「やるそうです」なんて書いちゃダメだよ（笑）。でも、覚えれば覚えただけ財産になるんです。覚えなきゃ財産になんない。ましてやさっきも言ったとおり引き出しの中に品物の少ない人間ですから、まだまだどんどん貯めていかなきゃなんない。だから目つぶるまで休んでいるヒマはありませんね。

枯れた芸なんぞなりたくない

——現在の師匠・米丸師匠もお元気でいらっしゃいますね。

歌丸　あたしよりウチの師匠の方が元気ですよ、まったくもう（笑）。あたしより11歳上なんですよ。下手するとこっちが先に逝くんじゃないかって思うぐらい（笑）。師匠が元気っていうのはいい塩梅ですよ。こっちも負けちゃいらんねぇって気持ちになりますからね。

――そのためには体がしっかりしてないといけないんですね。

歌丸　やっぱり大病すると人間ガクっと来ますよね。ガクっと来ると芸までガクっとなっちゃうんですよ。よく「枯れた芸」って言うじゃないですか。アタシはどんどん新芽を伸ばし、葉を付け、花を咲かせ、実を持たせる。そういう勢いのあるものの方がいい。枯れた芸なんぞなりたくないですよ。枯れたもの見たってそんなの面白くもなんともない。枯れた植木見たって面白くもなんともねぇもん。

――芸歴が55年だろうが60年だろうが、そんなものは関係ないと。

歌丸　関係ないです。自分が元気でやるってこと以外頭にないですね。ただし気持ちはいくらそうでもね、やっぱりだんだんね、だらしなくなってきてますよ（笑）。ましてや腰の具合が悪いもんですから、歩くっていうことがすごくつらくなってきちゃって。ただ、正座してる時は平気なんです。だんだん私生活でも趣味の方でも制限されてきてるけど、そんなのに負けちゃいられんない。ただし病気とは喧嘩しないで、騙《だま》し騙し仲良く付き合っていく。あとどれぐらい生きられるか知りませんけど。目ぇつぶるまでね、「はー」って気合い入れて頑張っていきますよ。

（聞き手　岸川明広）

立川談志

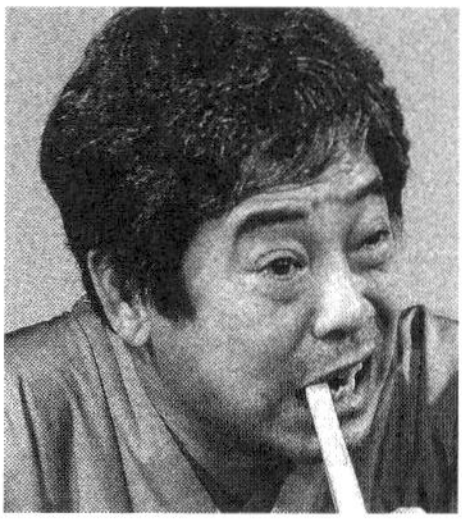
©横井洋司

たてかわ・だんし　1936年、東京都生まれ。52年、五代目柳家小さんに入門、前座名「小よし」。54年、二ツ目に昇進し「柳家小ゑん」。63年、真打昇進、「五代目立川談志」。78年の三遊亭圓生一門の落語協会脱退騒動の際は、当初、行動を共にしたが結局落語協会に残留。83年、真打昇進試験に関して師匠である協会会長・柳家小さんと対立。落語立川流を立ち上げる。2011年、咽頭がんのため逝去。

◆東京かわら版編集部よりひと言

3本掲載しています。最初の聞き手は木村万里（演芸プロデューサー・談志ギャルズ）さん。5月の国立演芸場での「談志ひとり会」を終えたとき。持論の「作品派」「己れ派」「ヨイショ派」の落語家3タイプとご自身の立ち位置を語られております。2本目も万里さん。落語協会から独立の折で、その気持ちを口にしております。最後は竹書房の『談志百席』が完成した時で、現編集長の佐藤が担当し、録音作業を担当した草柳俊一氏も同席しており、スタジオ録音の意味を述べています。

師匠は小誌に良く目を通しており読了後お弟子に渡すとき「あの者と一緒にやっていては駄目だ」と苦言を言っているとか聞きました。「週刊大衆」１９６９年1月9日号の田辺茂一氏との対談で「寄席の雑誌を出したいと思う。意見とか批判というより紹介だけで良い。散らばってしまいそうな資料を集めて、そこに記しておくだけで良い」と話されているのを、後になって知りました。

（井上和明）

1981年6月号

——この号が出る頃にはすでに「立川談志ひとり会・落語アンドトーク」の第1回目（5月22日）は終わっているわけですが、以前にずっと続いていた紀伊國屋ホールおよび本牧亭での「立川談志ひとり会」の延長、というか、復活、のように考えてよろしいわけでしょうか？

談志　んー、ま、ここいらへんでまた自分の独演会をやってみようかな、ということでね、それほど深い意味もないんですがね。

若い頃は、噺のネタを一つでも二つでも増やしていくことに非常に興味があったし、また、いろんな種類の、タイプの噺に挑戦することによって自分の演り方というものができていく、自分の高座というものができていく。長い噺が手がけられるということも利点のひとつだった。

金を払ってわざわざ「立川談志」の名前のついた会に来てくれる談志ファンなものだから、ネタおろしの長い噺でもきいてくれる。寄席では、自分の持ち場ってものがあるからそうはいかないやね。歴史の中で長年生き残ってきた古典落語の「作品」を私は自分の演り方で演じてきた。

——その「作品」以外の部分に魅かれて来るお客様も多かったようで……。

談志　そう。というのは、毎度言うように、落語家を大きく三つに分けると、作品派、己れ派、ヨイショ派、になる、と。私は、もちろん、古典落語の粋な作品に惚れてこの世界に入りはしたんだけれど、ここ数年、それだけでは落語は滅びてしまうんじゃないか、と思うようになってきたんです。

いろんな娯楽ジャンルの多い現代、落語の芸術作品だけを淡々と、あるいは華麗な話術で展開したとしても、負けてしまう。ナマのバンドをバックに歌われる歌の迫力にはどうしても負ける。選択権は客の側にあるわけだから、「こんなにいい落語というものがあるんだぞ」といくら叫んだとしても、きく前から拒絶されてしまう。

と、結局、落語をききに寄席や「ひとり会」へ足を運んでくれるお客というのは、立川談志の生きざまを観に来る、ということなんだと思うんです。

この談志が、落語という形式を借りて、いったい今日は何を言うのか、を期待して来る。演者側から言えば、己れの物の見方、広く言えば人生観を、作品の中でどう表現するか、ということなんです。

毎度言うように、落語は業《ごう》の肯定である、というのが私の持論なんで、私は、「ひとり会」でそれをずっとやってきた。もちろん、談志の作品をききにくる客のための、純然たる古典落語の作品も、私は好きだから、やりもしましたがね。

ゲストに、荒木《あらき》一郎《いちろう》や月亭可朝《つきていかちょう》を招いて、一般世間からは白い眼で見られていた、いわば罪人を迎えて、対談を試みた。

作品をききにくるお客もいたろうけれど、つい最近起った事件のドキュメントの部分に魅きつけられてきたお客も多かったでしょうな。

――ずいぶん昔、これからは漫談の時代である、とおっしゃってたことがありましたが。

談志　漫談というのは、私もいろいろやりましたが、そもそも、落語のカテゴリーの一つじゃないかと思っていた。地噺の部分も漫談なのじゃないかと。だから「源平盛衰記」なんて、それがふくらんでできたもんだと思いますし。

当時、「作品」そのものをやるのだけが落語だと思われていた時代に、私は両方やれたからいいけれど、先々代の三升家《みますや》小勝《こかつ》みたいに、漫談の方だけしかやれなかった人は、ずいぶん辛《つら》かったでしょうねえ。あれは邪道である、てなもんで認めてもらえなかった。

そういう芸術作品派がこの80年、落語界の主流を占めてきて今に至っているわけだけれども、今や、落語という作品がもつ内容が失くなってきている。

いつもいうように「長屋の花見」を例にとれば、噺の中においては玉子焼きがタクアンより高価なものだという前提があるからこそわかるギャグが、今は反対に、タクアンの方が卵より高くなってるから、ギャグとしては通用しなくなっている。貧乏な長屋の連中が必死で金持ちのまねをするというすさまじさ、ペーソスみたいのが出てこなくて単なる言い換えのおかしさ、ただの笑い噺になってしまっている。そんな落語をやりつづけていってもしょうがないんじゃないかと思うわけです。

内容が失くなったことをすべて承知して歌舞伎みたいに保存芸能になるんなら話は別だが、やはり、私は、落語は現代を語れる稼業だと思うから、それでは寂しいと思う。

漫談なら、そういうもろもろの抵抗がなく現代へすっと入っていける、と思うんです。

――落語とテレビの関係は？

談志　はっきり言って落語はテレビに向かないんです。落語の「作品」をやっても、テレビでは面白くない。

なぜ向かないか、適していないかを細かく言うと、落語に出てくる人物に、演者はなりきっていない、ということがある。

たとえば熊さんや長屋のオカミや大工の何人かを演じ分けはしていたとしても、その人物になりきってるわけではない。

必ず己れの地の部分を確かに持っている、残している。

その、なりきってない楽しさが落語にはあるんだけれど、ところがテレビでは、なりきってないダメさが出てしまう。だから、どうせなら、昔は嫌がられた八人芸（一人で数人の声色《こわいろ》を使う芸）というような演り方でやってしまった方がいいのかな、とも思う。

まあ、しかし、一番いいのは、己れの考えを直截《ちょくせつ》に述べていけるものを漫談……トークと名付けてもいいわけだけれども、その方が早いんです。それをやらないと、現代に生き残れないもの。

――まさに、まさに、立川談志命名の己れ派ということですね。

談志　落語を通して自分を語るということです。

池袋演芸場の4月の下席で、若手に落語以外の一人喋りをやれ、と言ってやらしてみたんだけれども、なかなか、工夫してみんなやってたようです。作品をやるよりはるかに生き生きしてたのがいた。

若手には、そういう場を与えてみる、という具体的な処方が必要だと思う。だって口でどう言ったってわからないんだから。

「作品」を華麗にやろうとしたって、それは、文楽に、圓生に、また私達先輩にかないっこないんです。

「貧乏してもいい、とにかく作品をやりたいんです」と言うなら、「それなら120歳まで生きろ、そうすれば、あとの20年は売れるだろう」といつも言うんだけれど、わかってないみたいで、作品にしがみついてる。

だから、それなら〝素人寄席〟をやってみようか、と思ったことがあるくらい。素人には何の制約もないから、〝面白いか面白くないか〟だけを基準にすればいい。

そこで言いたいのは、高座の座ぶとんの上で着物を着て熊さん、八っつぁんをやるのだけが落語じゃあないんだということなんです。

落語を一度もきいたことのない客が全国にいっぱいいるわけで、そんな中へも入っていかなきゃいけない。そうしないと、落語は広がっていかない。

落語のもつ内容のエキスを取っておいて現代流にアレンジしてどんどんふやかしていって、って言うんではもうダメですね。そんな方法では、現代におっつかない。

困ったことに、じっと見てると、物事を滅ぼす奴ってのは守ってる奴だね。現状をどんどんこわしていかないことには次の時代に生き残れないのに。

——そこで、トークということですが、一人で喋るということで言えば久米宏《くめひろし》や黒柳徹子《くろやなぎてつこ》なんていうお喋りを中心として売れてるタレントもいるわけですが、あえて、そこで、落語トークであることの理由は？

談志　形式的には久米宏やそれ以外の数多くのタレント達でも自分のキャラクターを売りながら語ることはできる。しかし、大きく違うのは、落語家は、業を肯定していく稼業だということなんです。久米宏の立場としてはそれはできないでしょう。業を肯定することなどもちろんできないし、居直ることもできないし、だから、物の本筋を見究めたとしてもそれを発表できない。発表して喋ってしまったら商売にならない。

——所詮、ＣＭだから……。

談志　だって、カッコがいいだけじゃあダメなんだ。人生ってなあ、カッコの悪いもんだ、ということを語ってる稼業と、カッコのいい部分だけ喋ってるタレントと、そりゃあケタが違う。

——けど、残念なことに、雑誌なんか、カッコのいい部分で売っていかないと売れないんですよね。

談志　なるほど、そういうもんかな。

——人は自己確認のために雑誌は買わないだろう、という意見があったりして——。しかしこれからはどうか、わからないと思っています。

〝落語トーク〟という名前のもとに、若い落語家さん達がいろんなジャンルに挑戦していって、落語の内容である業の肯定をトークしていけるトークマンになっていってほしいと思いますが、それには自分の生き方が厳しく問われるわけで大変な時代になってきたようですね。ボヤボヤしてられない。

談志　ボヤボヤしてらんない。サラリーマンだって実にいろんなこと知ってるからね。経済のことから政治のことから天気図の見方まで。落語家も、料簡入れかえて、視野を広くして、脱皮していかなきゃいけないですね。

ここで、落語トークブームというのがやってきて、今まで、ただただ「作品」だけをやってる落語家がぶっとんでしまったら、それはそれでいい、と私は思ってる。

キャバレーでだってウけなきゃいけない。テレビでだってウけなきゃいけない。ただ座って噺をやって、出る場所がなくてもノホホンとして満足してるようなら、滅びちゃった方がかえっていいのかも知れない。

しかし、本音を言うなら、心の底では「作品」のいいのをやりたいという思いが常にあるんです。「作品」に陽があたるものなら、私は歓こんで「作品」を演りたい。「作品」の名人芸のいいのをきいたら、こりゃ、たまらんですから。

（聞き手・文責　木村万里）

1983年8月号「いったい、何が落語なのか（落語協会脱退）」

俺が落語協会をやめるっていうのはどこだかの県人会の百分の一、千分の一ぐらいのとこをやめたに過ぎない。落語協会はあってもなくても同じっていうのはそのとおりなんだ。だから質問としては「何でやめるんですか」よりも、「何でやめないんですかァ」っていう方が合ってる。若いモンに「何でいるんですかァ」って聞いたら「とりあえず……」でしょ。月に2万円の会費を払ってでもいるか、つったら、まず、いないだろうな。何でいるかって言ったら、余技の確立のために落語をやってる彼らにとって、落語協会ってのは必要なんだよ。それだけのもんだよ。

今、話がややこしくなるのは、落語ってのがユーモアだとか日本の文化だというふうに解釈されてるということがあるからなんだ。

実際、今や落語は日本の文化に関わりあってはいないよ。

落語ってのはどんなものなのか、一体、何が落語なのか。

古典落語に惚れてるから、という心情的なものを一切度外視して考えてみると、食っても食えなくても古典落語という作品をやってる連中は、パーセンテージから言えば余技の確立のために落語をやってるんだ。

その余技を余技と言わずに、落語、と言ってもいいんじゃないかって気もするんだ。

具体的に言うと、(鈴々舎《れいれいしゃ》)馬風《ばふう》も(桂)小益《こます》「現・九代目桂文楽」も(橘家《たちばなや》)二三蔵《ふみぞう》も(桂)文平「現・六代目柳亭左楽」も、存在自体が落語なんである、と。

あいつらの言ってることは最も落語家らしい発想なんだもの。

俺が靴をはいて楽屋へ上がったら「師匠、靴を脱がないで下さい。脱いじゃいけません先生ほどあろうものが」。この発想、な。

小益がオレに「兄サン、この落語、どう思います?」って言うから「それぐらいのことわかんないのか」ってオレが小言言ってたら円鏡「八代目橘家円蔵」が「だから落語の話すんなって、ふだんからあれほど言ってるじゃないか」。

この了簡。みごとに落語がそこに生きてるんだ。作品なんかをやんなくたって彼らは人生を謳歌《おうか》してるよ。なぜならば、落語の了簡をみごとに生きてるもの。

それが逆に、古典落語という作品を通せば通すほど小益らしくなくなり、志ん駒らしくなくなり、馬風の価値がなくなっちゃうんだよ。

だから、もし、落語が、そういう、俺が〝落語〟と呼ぶところの〝了簡〟であるとして、それが必要なんだとするならば、高座はいらねえんだ。楽屋だけありゃァいいんだ。寄席の楽屋は普通人じゃとうてい考えられないような会話をしてるぜ。高座よりよほど面白いよ。なぜ面白いかと言うと、落語の了簡を学んでトレーニングをする場になってるからだよ。

俺がいつも言ってる「古典落語もちゃんとできて、なおかつ現代もわかるべきだ。落語もできる現代人になれ」というのは理想であって、それは俺の生き方であってね。

俺は、それをやれば、古典落語という作品を附属にした上で、落語が残っていくと思ってるんだ。落語の古典の作品をやる人間は世の中から分離した処で生きていかざるをえないだろう。なぜならば、古典落語は、お客は聞きに来ないもの。来ることは来るけれども一般大衆のパーセンテージとして少ないということだ。

「落語を好きですか?」って聞いたら、そりゃ、「私、好きなんですよね」という答えが返ってくるだろうけれど、それは、ノスタルジーであったり、正月には初笑いという習慣からであるわけで、日常生活の中に落語が溶け込んでて、好き、というのとは違うんだ。

「船徳」がどうのこうの、「二階ぞめき」がどうのこうの、っていう話題が出るようなのはマニアなんだ。異常なんだ。だけど、そういう異常な人が何人もいるくらい古典落語がいいもんには違いないことは認める。認めるも何も、俺こそ、それに惚れてこの世界に入ったわけなんだから。

しかし、現在《いま》、そんなお客達を対象にしてやりつづけていくわけにはいかないんだよ。聞いてくれるお客に対して、ありがたくはあるけどね、逆に言えば、そういう保守性が落語を滅ぼしていくとも言えるんだ。悲しい逆説だがね。

昨日、「二階ぞめき」をやったけどイイノホールの普通の客は寝てるのがいたじゃねえか。話術がまずいって言われればそれまでだけどそうは言わせねえ。どう話術があったってダメだよ。まだ俺だから最後までそこに居たんで、俺じゃなかったら席を立って帰っちゃったんじゃねえかな。そこに居たっていうのも面白いから居たんじゃなくてしょうがないから居ただけの話だよ。あれが面白いわけがない。

この娯楽の多い時代、スピルバーグだの何だのという大迫力の画面と音で観客をひきずり込んで魅了していく時代にだな、「吉原は……」つったって通じないよ。血湧き肉踊らないよ。「いいですね吉原は……」なんてならないよ。

それが現実ですよ。

場内を暗くして、スライド映したり、吉原の雑踏の音を聴かしたりなんかして雰囲気を盛り上げれば、別よ。

アントニオ猪木が出てくるまでにどれだけ場内をフィーバーさせる条件をつくるか。曲を流したり、悪役が出て来たり、あらゆる手法で猪木が出る前の状況づくりをする。で、最後にザーンと出てくるんだ。

それをやってくれよ、俺に。

それと落語は違いますって言うだろうけど、違うから、落語は現在の時代にウケねえんだよ。

結論として、小益やこん平や馬風が、古典落語を数多くしてその人間像を深く掘り下げないと食えないとなったら、古典落語をもっとやるよ。それともあっさりやめるかどっちかにするよ。実際は、やめないでむしろ人生を謳歌してるよ。だから、作品派から言わせると落語を愛さないということになるかも知れないけれど、了簡としてはみごとに生きてる。

毎度言う通り、太鼓持ちの修業をさせるのに、着物の着方から教えて、春雨踊らしたりなんかするのはナンセンスだよ。春雨のカラオケなんか今どこにもねえぞ。座敷すらないとこで春雨稽古してどうすんだと思うね。

それよりも、ジーパンはかしてゴルフ場で玉の置き方を教えた方がいいよ。「ヨッ！」「なんだね、こいつが置くと玉が飛ぶね」かなんか言われるような置き方を覚えてくりゃ、仕事はいくらでもくるだろうし、そうしてこそ太鼓持ちの了簡が生きてくるのに、彼らは形から入ろうとする。同じように、落語家も形から入ろうとする。

だから、むしろ、これからの落語を救うのは、俺みたいな「落語もできる現代人」という方法でもってか、小益とか木久蔵とかこん平とか馬風とかという落語家という風俗としても面白い、落語家の了簡も持ってる奴なんじゃないか。

それらが居て初めて、作品派も一緒にいくらか食えるんじゃないか。でも、作品はだんだんわかんなくなる。それを嘆く奴は嘆くだろう。「ああ、落語は何処《どこ》へ行く」と。何処へ行きもしない、ここにあるんだ。小益の了簡に、志ん駒の了簡に、馬風の中に。

伊達や酔狂で小益に焼きそばの宣伝さしてるんじゃないよ、メーカーは。焼きそばの宣伝をする奴を、小益はみごとに籠絡《ろうらく》してるわけですよ。「ヨッ！」って。これが落語なんだ。

だから、俺の今回のことに関しては、落語協会をやめるという行為そのものが目的であって、それは、今まで話してきた落語の未来を慮《おもんぱか》るがゆえのやむをえざる行動ということなんだ。

――マスコミから多分、ではこれからの具体的なヴィジョンは、家元制度の未来はどうなるのか、という質問も当然くると思うんですがそれに対しては？

談志 俺の人生を説明する必要があんのかね？　それでいいじゃない。ヴィジョンなんかねえよ。そりゃ、俺なりにはあるよ。しかしそんなもの世間様に発表するもんじゃないと思ってるよ。

「どーするんだ？」

「えー、いい女をひとつ、ひっかけて、法に触れないような麻薬をどっかから捜してきて。うん。できればあんまり働かないで、百姓おどかしてゼニがもうかって、村中えばって歩いて、女にもてて……」の、あの型だよ。「こんにゃく問答」じゃないけど。

（文責　木村万里）

２００７年３月号

今月のお客様は立川談志師匠です。

２００４年から3年間かけて取り組んだＣＤ全集『談志百席』（竹書房）が第五期の発売をもって完結しました。貴重な珍しい噺も多数収録されており、前人未踏の偉業を成し遂げたといっても過言ではありません。

全集の録音に全て立ち会ったレコーディングエンジニアの草柳俊一氏にも同席していただき、お忙しいところ、お話をうかがいました。

落語＝落語論

――このたび『談志百席』、正確には一五八席を語り終えた感想からお願いいたします。

談志　まあ、ひと仕事終わったってことかな。

――私も拝聴しまして「はなむけ」なんか、ばかばかしくてとても面白いし、寄席などで誰かがさらっとやったら相当かっこいいだろうなと思いました。これを聴かなければ、きっと生涯知らなかったでしょう。結果的に珍しい噺が入っているのは、残さなくてはという使命感もあったのでしょうか。

談志　そんな意識はなかったけどね。あったらセコいよな。

――スタジオ録音のメリットはありましたか。実際、観客のいないところで、やるというのは。

談志　新しい発見でしたね。発見というのと、発見が実際プラスになっているということは別問題ですが、発見はあった。でも具体的に噺に取りかからないとわからない。〝発見はありましたか〟っていうのは、意外にこれは難しい言葉なんだな。いい加減に答えていいなら〝ありました〟っていえばいい。で、この百席は、新しい発見であり、こういう方法でしかできなかったのかもしれない。つまり落語を使った面白いエッセーであったと思います。逆に言うと、エッセーのネタとして使う落語っていうのは、やりようによっちゃあ、これほど上手に料理できるんだっていうこと。

——落語を語っているけど、立川談志の落語論が、全編にわたって語られているというふうにもとれました。

草柳 なぜこの噺がこうなったかということを語っているわけですからね。

談志 わかりやすく言えば「この噺が出来るまで」みたいなこと。

草柳 そうそう、実際、現場で考えながら作った噺もありましたし。考え考え、直し直しで作っていったものもあるし。そういう意味じゃあ、僕はずっと不思議でしたよ。

談志 なにが？

草柳 だって「できやしねえ」ってつぶやきながら録音室に入っていったのに、実に面白くなってって、なんでこうなるの！ っていうね。

——高座で生で聴いてみたい！ と思うような演目がいくつもありました。「小言念仏」やってほしいです。

草柳 時事ネタ入れりゃあいくらでもできるね。

談志 また演ればいろいろギャグや警句《エスプリ》が入るだろうし、面白おかしくするいろんな手があるけど、やっぱり最後は〝ドジョウ屋ア～！〟だろうな。

——（笑）。そうですね。付属の冊子では川戸《かわと》貞吉《さだきち》［演芸評論家。１９３８～２０１９］さんが、ぜひ今の師匠の十八番集を続きで出してほしいと最後に書いて締めくくってました。

談志　ろくなことを言わないネ。今から〝源平〟なんぞ、やれってことだろ。

――でも、ボーナストラックのＣＤでは十八番の「芝浜」をお演りになってましたよね。

談志　「源平」だ、「野晒し」だって噺を現在《いま》演ってどんなものなのか。やってやれないことはないし、効果が具体的にわかれば、興味を持つと思うけど。ただいけないことは、談志がやれば大体何でもなんとかなるだろうというところにあんまりおぼれるとね。

草柳　逆に十八番のほうがプレッシャーが大きいんじゃないですか。

談志　プレッシャーというより、恥ずかしさが大きい。

草柳　スタジオ録音だと、より完璧にっていう気持ちになりますか。

談志　そんなことないけど。いまそれやってどんなもんなのかなあ。

草柳　僕も最初は、スタジオ録音じゃあ、立川談志の面白さは出ないんじゃないかって、竹書房とも話したんですが、そんなの初回で吹っ飛んじゃった。要するに『圓生百席』みたいに舞台でやってるまんまをスタジオで喋るのではなくて、マイクを通じて、聴いている人を想定して語りかけるスタイルを取っていたので、ああ、これは面白いなと。

談志　物理的にはその通りなんですけどね、〝聴いている人を対象に〟と一口で言うけどね、そうすると喋り方がつまりトーンが変わるだけであってね……。本当は違うんだよ。この百席はそういう演り方ではないのだ。説明するのは大変だから買って聞いたほうが早い。

高座は一期一会

——死にたいとか、死にたくても飛び降りる力がないとか、高座でたびたび発言されると、聴いている方は不安になります。

談志　まあ、嘘でないことは確か。だけどそのことを喋るべきであるかどうかについては、問題はありますね。当人が高座でギャグとして言い訳してるけれども、こういう愚痴を聞きにきたわけじゃないよなって……。でも「自殺を考える」っていうのは芸人として正常じゃないのかなあ。だって俺、十代から自殺は考えてたもんね。物理的にはできますよ。柵を乗り越えていきゃあいいだけ。だけどそれに死がからんでくることに対して体力がない。未練かな。しょせん甘ったれかもしれないけどね。

——おっしゃることは、ごもっともです。

談志　ただもう落語っていうのが変わってきちゃって、まあ、違ってくるというのは、どこの世界でも同じだろうけど、落語だって過去のとはずいぶん変わってきてる。だからといって「私が演っているものが本来の落語である」といったって、数の上からは、俺ははぐれものであり、ドロップアウトである。でもそれを好む人がいて、ドロップアウトさせた連中よりもはるかに俺のほうが、世に受けまくっている事実。だから、俺は凄いと思うよ。凄いと言わざるをえない状況というのを、やけくそも含めて創った。

——畏敬の念をこめつつ、皆がいかにすごいか充分に知ってますし、方々で耳にもしています。

談志　だから「かわら版」を含めて、俺の記事なんて一発もねえし。俺の存在は落語を語る上にはタブーだろ。邪魔なんだよ。タブーっていうのは、そこへいかないことが正常であるってこと。第一俺を記事にしようたって、難しいよ。相手はバカなんだから、低脳なんだから。だからアレは相手にするな、つまりタブーにした。

草柳　羨望の気持ちが多分に含まれているのでは。

談志　羨望はね、分解すれば出てくるだろうけど、彼らはその分解を最後まで嫌がるだろうね。

――高座に上がる前、もしくは上がってから小噺をいくつかやっているとき、いざ噺に入るとき、今日は自分が納得いく高座ができそうだという手応えは、どの時点で感じますか。

談志　……出たときに感じるよ。

――では、出てきて開口一番体調が悪い、とおっしゃったときは、その後の高座はもうどのようになるか、おわかりなのですか。

談志　いい方に展開する場合もなきにしもあらずだけど。「俺の落語」なんだから、一にも二にも俺だ。つまり己れの自我だ。それでその俺が高座に上がり、フィーリングやオーラみたいなものが出れば観客は納得するけど、ないときは駄目。ただ俺のファンは、俺に対して甘い点を与えて〝いいよ、談志はあれで〟って言ってるけれども、本当は……違うよな。

――先日拝見した高座（「やかん」）では、ご自身が噺と戯れるというか、たゆたうような感じを受けました。そういうときは楽しい気持ちでいらっしゃるものなんですか。

談志　そう、けど一期一会だからね。だから落語界とは、俺が自己を賛美し、落語の良さを、本質を語れば語るほど離れていくでしょうね……。感性の違いか。

――最近、師匠は出囃子が鳴ってから、なかなか出てこず、たいへんじりじりしながら待っているんですけども、あれはなぜなんですか。高座に上がる前に逡巡とか、ためらいがあるのでしょうか。

談志　ないない、何もない。下手したら鳴る前に出ちゃうこともあるよ。鳴ってから小便行ったりすることもあるけど。

――高座に上がる前はいつもどんなお気持ちなんですか。やる気満々ですか。

談志　ないないないない。

――ええと、じゃあ……

談志　どういう覚悟で上がるのかってこと？　何もねえよ。そんなの。

――あと、ずっと知りたかったことなんですが、八代目文楽の最後の高座、落語研究会で絶句したとき、その直後に上がったのは、談志師匠だったと、お書きになっていたのを読みましたが、すれ違うときに、言葉は交わされたんですか。

談志　何の記憶もねえんだよネ。

草柳　まだ噺の終わりまで10分ぐらいはあるわけでしょう、楽屋にいたんじゃないんですか。急に出番を呼ばれたりとか。

談志　俺のことだから、出番を待ってソデにいることもあり得ないだろうし、あることはあるかもしれないけど……あんまりないでしょうし。

草柳　途中で絶句して高座を下りたことを、知って上がったのか、知らずに上がったのか……。

談志　知ってたら、何か言ってるだろ。なんなんだろうな。記憶にねえんだ。

談志落語はどこへ行くのか

――最近は「伝統話芸を残していかなければいけないと思う」と発言されています。

談志　伝統芸ですからね。「野晒し」やるやつがあまりいないっていうのはね。ひどいもんだよ。演っても「鐘がボ～ンと鳴りゃサア～」がなってない。そういうやつは「野晒し」を演る資格がない。

――伝統芸としての根幹が、前提としてきちんと存在しているからこそ、師匠は自分がやりたいことを、自由にやれることができたのだと思うのですが、そこが揺らいでいるがために、そこをしっかりと守ってくれないと困る、というお気持ちからの発言と解釈しております。

草柳　先々代の柳好師匠がいて、圓生師匠がいて、八代目文楽師匠がいるという、そこに、そういう人たちが、伝統で、いわゆる師匠の言葉を借りれば、形式でやる噺家さんがいて、そこに立川談志がいるっていうのが、いいことなんでしょうか。

談志　いいことでしょう。やはり伝統芸というのは新作じゃない。新作に伝統をぶっ飛ばすだけの内容はない。

――高座では、自分の体調や考えを明らかにして、ドキュメントとしてすべてを、観客の前で率直に口に出し、偽らないところを見せていこうとお考えなのですか。

談志　まあ、よく言やぁそうだけど、そんな深い考えはないけどね。逆に言やあ、談志ってなァ、てめえの持ってること全部喋るような嫌な野郎だといえる。全て言い訳してるんだから。

――でもその師匠の一挙手一投足に一喜一憂するファンがいて……。

談志　だから余計に始末が悪いんだ。自分の反省材料ですよ。少しならいいけど。

――では、そういうことをまったく語らずに、噺をストレートにやろうという気構えはありますか。

談志　そんな極端な考えはないよね。具体的にはやることもあるけどね。やっぱりあんまり愚痴こぼすの嫌だからな。っていうのもあるね。しょせんそれも「落語家なんだから」逃げてる。それで助かっていることもあるんだけど。

――今の師匠の高座は、古典落語に対峙《たいじ》する力はそのままに、形式を保つ体力のほうが厳しくなってきているのではないかと思うんです。普通はたぶん逆で、年を重ねると形式でカバーする。このような落語家は過去に一人もいなくて、だからこそ今後、師匠の噺がどのようになっていくのか、誰もわからない。非常に興味があります。

談志　老いていくということに対する反発と恐怖は当然ある。

――これから師匠の噺は一体どこへどうなっていくのか……。

談志　それはわからんね。一期一会の、その時のフィーリングが見事にできればいいけども、できない場合は無惨な状況で終わる可能性がある。もっともずっとその刃渡りすれすれの芸をしていたわけですけれども。だけどその刃渡りで、見事に渡ったというのが、まあ三度に一度くらいあれば、続けていけるけれども、その都度、転がり落ちるようなことになれば、当然やめるでしょうね。ただ、問題は〝やめられるか〟って問題なんです。人間の業みたいなものでね。

――刃渡りすれすれの真剣勝負。

談志　だから年老いて「まだやれる」っていう話じゃないんだ。そういう問題じゃないのです。一期一会の場内と一緒の共有がいかにできるかってことだよね。いつまでできるか、もう時間はないのです。

（取材協力＝竹書房　インタビュー　佐藤友美）

古今亭志ん朝

ここんてい・しんちょう　1938年、東京都生まれ。57年、実父五代目古今亭志ん生に入門。前座名「朝太」。59年、二ツ目昇進。62年、36人抜きで真打昇進し、「三代目古今亭志ん朝」襲名。その高座は流麗な口調と磨き抜かれた所作が印象的で、明るくわかりやすく美しいものだった。「鬼平犯科帳」をはじめ、テレビや舞台で役者としても活躍。2001年、肝臓がんのため逝去。落語界に衝撃が走った。

◆東京かわら版編集部よりひと言

落語協会・落語芸術協会が隔年で発行している「重宝帳」（両協会の会員・関連団体の名簿）1976年版の新聞社欄に、田辺孝治氏編集の「講談研究」と並んで「東京かわら版」の名称が初めて載りました。3月には新橋演舞場別館の俳優協会稽古場を会場として、二ツ目さん中心の「木挽《こびき》寄席」を同人たちとスタートしています。そして1977年5月には「西の小文枝・東の志ん朝」なる会を紀伊國屋ホールで開催しました。先駆けての4月号でのインタビュー。落語のみならずマスコミでの活動で超多忙の中、「大仰なタイトルだな」と苦笑しながら、「小文枝（後の五代目桂文枝）師匠の胸を借りられるのなら」と出演を快諾してくれました。ネタは志ん朝師「お化け長屋・愛宕山」小文枝師「瘤弁慶・高津の富」。当日師匠におタロ（出演料）をお渡ししようとしたら、「終わってから頂戴する。前に貰うとやる気が無くなってしまう」と言われた事。今でも印象に強く残っております。

（井上和明）

1977年4月号

今月は、私たちの〝東京かわら版〟に日頃理解を示して下さり、〝東京かわら版〟主催の「志ん朝・小文枝二人会」にも快よく応じてくれた、志ん朝師にインタビューをしました。紙面の都合で、面白い話も後半の部分のみになってしまいました。前半には、小文枝さんや米朝さん等上方落語界の師匠連との交流、東京と上方の違いなどが語られましたが、またの機会にゆずります。

（島之内寄席など大阪の会について）

志ん朝　そういう点では、（大阪は）辛辣《しんらつ》だからねー。んー、大変ですよねー。あのー、こっちはまだ寄席があるし、まだ上にも大勢人がいるから、オンブにダッコでしてるけどねー。（笑福亭）松鶴《しょかく》さんも大変だったろうなー。一時、あっちへ行ったり、こっちへ行ったり、もう飛び歩いて、本当に噺す場所を確保したということにおいては、あの会長の功績ってのは大きいですねー。

（古典と現代のズレなど）

志ん朝　やっぱりそれはねー、今現在生きてなければ駄目ですね。生きて、自分がそれをはたして分かりやすく理解できているかどうか、これが一番問題になりますよね。だから逆にね、妙に新しいものに直すよりは、古いまんまの形でした方が、かえって新しい場合もあるしね、それはその都度、その噺に対する自分の解釈のしかたひとつじゃないかしらねー。えー、だから、その昔のまんまこういう風に教わったから、そのまんまってんでは、それこそほんとに現代とギャップが出来ちゃうでしょう。やはりそれがためには、始終その寄席へ出て、客にこうぶつけてみて、向こうの放ってくる、こういわゆる放り返してくる反応を常にみながらね、やってかないと駄目なんじゃないかと思いますね。だからね、そういう努力というのはね、眼に見えてやろうとしないで、ひとりでにやってるんだと思いますよ皆ンな。あるいは逆に、ギャップを向こうから逆に埋めさしてみたりね。そー自然に何か噺が好きだという、演り手と聴き手が両方でもって作業してるという気もしますがね。

（新作落語について）

志ん朝　これがね。そういうことでもって、すごく才能のある人がどんどん出て来てくれるといいんだけどねー。というのは、噺というのは実にいろんな人の手にかかって練り上げられてきてるという強さがあるんですよね。今まである噺というのはね。新作にそれがないんだよね。ついつい魅力がないから皆ンな手を出さないことになっちゃうんだよね。あれ皆ンながやっぱりとっかえひっかえやってると、ずいぶん違うんだと思うんだがねー。その場のクスグリやなんかばっかりでは、どんどん古くなっちゃいますからねー。ま、とにかく、ぼくの場合は、今やってる落語の時代ていうかね、そういう落語が生れてくる背景というか、そういうものが好きですからねー。今はね、どんどん変ってきますから、せめて、ほんとに噺だけでもと思いますねー。

（木挽寄席など、東京の若手勉強会について）

志ん朝　もう、ぼくらの頃は一番幸せでしたよねー。そりゃあ、そういう会を協会自体がやってたんだから。で、まあ、後の方には、（桂）文楽・（古今亭）志ん生・（三遊亭）圓生はじめ、正蔵からズーと、皆んな聴いててくれて、そいで直してくれたりなんかするという、そういうことをやってくれたんでね。あのころは今に較べれば、もうはるかに幸せだったと思いますよ。で、まあ今の人たちはそういう意味で演る場所がないんですからねー。だからそういう会はあるに越したことはないんで、ほんとはもっと協会自体が……。少しづつはやってはいるんですけどねえ。それでもまだ追いつかないもんねー。

（聞き手　水野雅夫）

柳家小三治

やなぎや・こさんじ　１９３９年、東京都生まれ。59年、五代目柳家小さんに入門、前座名「小たけ」。63年、二ツ目昇進、「さん治」。69年、真打昇進し「十代目柳家小三治」。２０１０年から14年まで落語協会会長。14年、重要無形文化財保持者（人間国宝）に。オーディオやバイクなど多彩な趣味で知られる。独自の視点によるマクラも人気で、書籍『ま・く・ら』がベストセラーに。２０２１年、心不全のため逝去。

◆東京かわら版編集部よりひと言

３本掲載しております。毎回聞き手が異なっています。師匠が噺家になってすぐからの知り合いの水野さん。前編集長の大友浩、最後が佐藤友美の順です。

最初の号では「寄席は減っているわけではないし、ホール落語会で育ったお客はいるかも知れないが、育った噺家はいない」。２本目の後半ではインタビュアーの引き出しで映画「バベットの晩餐会」中の「芸術家に貧乏はいません」の語に嗚咽《おえつ》しています。最後は落語協会会長就任１年後で、会長職について、そして自分の落語では「人間っていいな」がモットーだと口にされています。

（井上和明）

1977年7月号

6月の雨の夜、小三治師のお宅へ伺い、お話をして頂きました。

——今の落語と寄席、それから私達も手伝ってるわけなんですけれども、方々の会が寄席のお客さんを減らしているんじゃないかといった問題意識を持っているわけなんです。そういったことについて、いかがですか?

小三治　別に寄席に来るお客さんが減ってるわけじゃないですよ。そりゃあ僕らが知らない昔のことはどうか知りませんが、減っちゃあいませんよ。えー、だからそういう方々でやってる会ってのが、寄席へ行ってた人もいますでしょうし、いきなりそういう所へ行った人もいるだろうし、そりゃまあ、やっぱり一つの新しい客を開拓したということになるんじゃないかなあ。

——寄席で育ったお客さんと、そういう会で育ったお客さんと違うっていう感じはしませんか?

小三治　別に誰がホール落語で育ったかなんてことは、僕は考えていないのですよ。今日はいい客だったとか、あまり俺には合わなかったとかっていう風に見てるだけでね。我々にとってみると、つまり第三者的見方はしないわけですよ。自分と客、そういう見方しかできませんよね。例えば、今日はホールのお客だからこういう風に演ろうとかってことはないですね。ええ、だからホールで育ったお客さんはいるかも知れませんが、ホールで育った噺家ってのはいません。僕らはいつも寄席中心なんです。寄席は自分の家だっていう感じなんですよね。

——その寄席に出たくても、二ツ目さんにはあまり席はないですよね。

小三治　ええ、逆にいいますとね、たとえば寄席でもって二ツ目が上れないっていう問題がありますね。だからたくさんの会があって、そこに出て埋め合わせをしているという風に感覚的に考える。けれどもほんとは何の効き目もないと言ってもいいくらい。ええ、それはやっぱり寄席に出て育っていかなくちゃいけないんすよ。ただそれも無くなってしまったら全く上るとこが無くなってしまうという危惧は若い二ツ目にはあるけれど、だけども、寄席の代りにその小さな会に沢山加わっているからといって寄席の代りにはならない。

――寄席とそういう会の違いは、結局何ですか？

小三治　やっぱり同じとこへ毎日出ないってことじゃないですかね。昨日はAという会に、今日Bという会にという風に、毎日違うところに寄ったとします。そうすると、いつも違う気持であたってくわけですね。良く言えば新鮮な気持であたるわけです。だけども毎日毎日、同じ環境に同じ背景で演ってると、嫌で嫌でしょうがないときがあるわけですよね。毎日のこの繰り返しに耐えられなくなっちゃうことがあるんですよ。すると気がなくしゃべっちゃうわけですよ。でも嫌だなあー、と思って上って、嫌々しゃべってると、こう自分の心境の変化ってんですか、お客さんに何か大事なとこを触わられたってえか、突然フッとこうやる気の出てくる、その時の芸の良さってえのは、僕はその人にとっては、ないと思います。その嫌で嫌でしょうがなくなってからでしょうね。それがあるか無いかが、プロかお復《さら》い会かの違いだと思うんですよ。つまり毎日違うところで演るっていうのは、お復い会なんですねー。

――飽きてからですか、やはり。

小三治　そう、それと寄席の場合は、分不想応な噺は出来ませんわね。つまり二ツ目なら二ツ目の噺ばかり演ってる。つまんないわけですよ。勉強してるやつにとっては、もっと大きい噺、いい噺を演りたい、そういう意味で、またつまんない噺を演らなきゃいけない、何べんおりゃ演ったらいいんだと思いながら繰り返し繰り返し演って、とうとう繰り返しのままで終っちゃうやつもいるし、繰り返し演ることに、いつも同じことしかできないと思う不満の中から、新しいものを突然パッとものを摑む人もいます。

——よく寄席だけでは食えない、と言われてますが……。

小三治　僕はあらかた食えないってえ中で〝食える〞って言ってました。贅沢《ぜいたく》しようと思うから食えないんですねえ。毎日泥水啜《すす》ろうと思えば食っていけるわけなんですねえ。だけどそれは極論であって、食えないことは食えないんですね。弟弟子みてて〝ほんとによく食ってるなこいつら〞、なんて思いますよ。

——それと最近団体など寄席の質が落ちたなんて人もいますが……。

小三治　いろんな人がいるんですよ。嫌でしょうがない人もいる。中には団体もあるでしょうし、彼女が嫌だというのに無理やり引っぱってくるサディストの男もいるし、それからカミさんが見たいと言ったばかりに、ご機嫌とりであくびしいしい隣で見てる男もいるわけですな。つまりそういう人も相手にするところが、実に生きてるんですよね。飽きさせるにしろ、こっちを向かせるにしろ、そりゃまあ非常にノウハウがあるわけですよ。ま、今寄席ん中で一番いい雰囲気は池袋ですよ。いいーねー、入ってみようという雰囲気だってとこじゃない、なんかガレージみたいなとこを上ってね。ですからやはりお客さんの中に連帯感が生まれてますよ。特に土日沢山入ってるときは。普段の日はそれぞれ個人はいいお客さんなんだろうけど、廻りを見るとても侘《わび》しいので、つい積極的になれなくなってしまうお客さんなんですよね、池袋は。

——話は違いますが、テレビはどうですか?

小三治　えー、いろいろなことをやらされますね。この頃はこれは駄目ですから違う風にしましょうとか、どうしてもやらせる場合には、それじゃ帰りましょうか、という風に穏やかに話をするようになりましたね。確かに贅沢かも知れないけど、それはわがままじゃなく、やはり自分を守る枠なんですよね。その代り噺の上では、俺は変にこうなんだからという枠は何とか持たないようにしたいと思ってるんです。ま、今非常に迷ってる時期でね。この足掻《あがき》が凶と出るか吉と出るか、そりゃ分かりませんがね。

（聞き手　水野雅夫）

２００４年６月号

今月は、憧れの柳家小三治師匠にお話をうかがうことができました。

ご案内のように、小三治師匠は、平成15年度芸術選奨文部科学大臣賞を受賞されました。おめでとうございます。

さて筆者は、『落語の世界1～落語の愉しみ』（２００３年、岩波書店）でも、師匠のお話をうかがっています。そこでも、師匠ならではの深みのある芸談を伺うことができました。本誌記事と合わせてお読みいただければ、ますます興味が増すのではないかと思います。

師匠とは毎日一緒にいる

――この5月16日で、早いもので柳家小さん師匠の三回忌になりますね。なにかお感じになることがおありですか？

小三治　フフフ……そんなこと訊かれると困るよねェ。何か思ってなきゃまずいみてェじゃないか(笑)。

――いえ、そんなことありませんけど……。

小三治　えー、特にありませんね(笑)。それは、師匠のことは毎日のように、公私につけて思い出しているので、ただ「あァ、三回忌か」というだけで、ことさら心を新たにするというようなことは、ありません。

――なるほど。いつもどんなことを思い出されますか？

小三治　いやァもう、歩き方、箸の上げ下げ、口のきき方……。これは師匠に似てるなとか、これは教わったたな、これは怒られたっけな、噺をしていても師匠だったらこうだろうとか、師匠のいなくなったお陰で伸び伸びやってるなとか(笑)。もちろんその逆もあるんですよ。ああいう人が上にいてくれるのといてくれないのとでは、ずいぶん違うなァと……。

――亡くなったあとも、毎日師匠と一緒にいらっしゃるという感じですか？

小三治　うーん、そうとも言えるねェ。字で書くと、しょっちゅう一緒にいるみたいだけど、折に触れて頭の中をよぎるというか……。親とはまた違う感慨ですね。

——小言を言って下さる方がいなくなった寂しさというのはありますか？

小三治　そこが何ともいわく言いがたいところで、小言を言われるという感覚とは違うんですよね。ほかの人から言われたときは小言だったかも知れないけれども、憧れて一門に入ったその師匠ですからね、その人の言うことは、小言というよりも、何ていったらいいかなァ、心の声みたいなもんかなァ。

言われることがありがたい。たまたま入門した人が、稀有《けう》な、懐の深い人でしたからねェ。それでいて、ちっとも完璧じゃなくてね。

——わかるような気がします。

小三治　ほとんど完璧なはずなのに大きな穴が開いてたりするわけですね。そういうところを見つけると、「ああ、人間てこれでいいのか」と気づいたりする……そういう日々をずっと重ねてきたわけですよ。

だから、何も師匠がいなくなってから毎日一緒にいるんじゃなくて、師匠が生きている時分から、実際には三月にいっぺんぐらいしか会わなかったんですけど、毎日ですね。何ですかね、これは。

——師弟というものは不思議なものですね。もともとは赤の他人のはずなのに……。

小三治　そう、赤の他人だよ。全然血ィつながってないんだよ。ましてや芸の上で憧れていたとは言いがたいからね。

憧れだった八代目可楽

――そういえば、師匠は八代目三笑亭可楽《さんしょうていからく》師匠に憧れていたとうかがいましたが。

小三治　そう、一番憧れていたのは可楽師匠ですね。(三遊亭)圓生《えんしょう》師匠にも芸の上では憧れました。だけど、もっている雰囲気ってェか色ってェか、それはもう、圧倒的に三笑亭可楽てェ人には……。麻薬のような魔力がありましたね。

――その魅力は、やはりいわく言いがたいものですか?

小三治　いわく言いがたいねェ。説明すると、それだけになっちゃうからね。言いたくないよォ。わかんない人はわかんなくていいよォ(笑)。

――ジャズマンの中に可楽師匠のファンが多いですね。昨年、クラリネットの北村英治《きたむらえいじ》さんのお話をうかがう機会があったんですが、やはり可楽師匠のファンだとおっしゃってました。

小三治　そう。北村さんともそれが縁で近しくなったといってもいいかも知れない。それから、フランク永井《ながい》さんね。初代の『11PM』の司会をした小島正雄《こじままさお》さんなんかは、廊下ですれ違うと可楽師匠が通り過ぎるまで動けない、口も利けないっていってんですから。憧れてるというのはそういうもんじゃないですか。

アカデミックじゃないんだな。ジャズなんですよ。ラスベガスの劇場の舞台に出るような、そういう人じゃないんだ。ちょっと陽の当たらない、薄っ暗い、煙草の煙の漂《ただよ》っているようなところで歌っているような、そういう雰囲気なんでしょうね、可楽師匠てぇ人は。

志ん生・文楽というと、憧れというよりも尊敬の対象だったのかも知れませんね。こないだ、山下洋輔さんが、ちょっとそんなことを言ってました。

尊敬っていうのと、憧れっていうのは、違うよね。志ん生・文楽というと、畏敬の念をもってハハア(とひれ伏す)って感じがあるのに、可楽って聞いただけで、みんなニヤッと笑って、なんともいえず体から緊張感がほぐれて……(笑)。そんな人だったですよね。でも本人はそんなことは知らない……そこがまたいいんですよ。

——小さん師匠は、尊敬と憧れとではどちらに入りますか?

小三治　尊敬ですね……芸としてはね。ただ、存在感としては、やっぱり憧れの人ですね。

——そううかがうと、なぜ可楽師匠のところにいらっしゃらなかったのかと……。

小三治　ねえ、どうしてでしょうねェ(笑)。

最初は、うちの師匠の噺ってあんまり面白くなかったんです。ぼそぼそぼそぼそ言って、よくわからねェしねェ(笑)。地味だしねェ。それがだんだん、こんな派手な人はいねェなってわかってくるんですよ。

地味な柄に馴れてくると、柄の派手地味っていう比較だけじゃなくて、地味な中にどんな思いや技巧が隠されているか……。あんなにクサイ芸はないなと思いますから。だけど、それに気づくか気づかないか……。気がつくときには二段階も三段階も踏み込んでるんです。圓生は流麗で、小さんは朴訥《ぼくとつ》で……なんて思ってるころはまだまだわからない。

小さん＝小津安二郎論？

――師匠のお話をうかがっていて、小津安二郎《おづやすじろう》の映画を思い浮かべました。一見、何のドラマティックなこともなくただ日常が流れているように見えるけれども、一歩入って見てみると、そこにすごい人間のドラマが描かれているように思うんです。

小三治　それ、私が言ったんですか？

――いえ、師匠のお話をうかがって、いま思いついたんです。

小三治　こないだBSで小津安二郎特集をやってたでしょう。それを見たり、ビデオで録ったりしてるんですけど、今さらながらに感動しましたね。あの何でもないものを何でもなく淡々と描く中に、何ともいえない奥行きと、左右の広がりと、上下の高さはどうかわかりませんけど、決して大上段に振りかぶることなく、人が生きていくってことをこの人は言ってるなと気がついたりして。

その頃ね、「おれは落語を小津で行こう」と思ったりしたんですよ（笑）。

――その頃って、つい最近じゃないですか。

小三治　そう（笑）。いまだに全然わからない、自分のことなんか。

――してみると、小さん師匠と小津映画って、なにか近いものがあるのかも知れないですね。

小三治　うーん、そうかも知れないなァ。

――ほかにどんな映画がお好きですか？

小三治　わたしは情けない映画ばかり好きでねェ。芸人に向いてないからねェ（笑）。チャップリンも、エノケンも出てこないしねェ。ほんとにその質問は困るんだ（笑）。

一番泣いた映画

——では、一番泣いた映画はどうでしょう?

小三治 それはね、14、5のときでしょうかね。『野菊の如き君なりき』(木下恵介監督、1955年、松竹大船)ですよ。それから『二十四の瞳』(木下恵介監督、1954年、松竹大船)ですよ。これは泣きましたねェ。

『二十四の瞳』は、わたしが小さい頃、どこかの分教場の先生にでもなりたいと思ったことがありましたから、それの延長線上だったかも知れないし、『野菊の如き君なりき』は、初恋の人に好きだって言おうと思っても言えないで悶々としているときだったですからね。

——そのときどきで切実だったんですね。

小三治 あと泣いたってのは、近年、10年かもうちょっと前かもわかりませんけど、『バベットの晩餐会』(ガブリエル・アクセル監督、1987年、デンマーク)ってのがありまして、これは泣きましたねェ。

——『バベットの晩餐会』はぼくもジーンときました。クライマックスでは、ただ食事を作って食べるだけのシーンが続くんですが、あそこで泣けてしまいました。

小三治 そう。何べん見ましたかね。何べん見てもいい。あのとき『キネマ旬報』の第1位だったのが『ダイ・ハード』なんですよ。つまりね、『ダイ・ハード』は圓生なんですよ。『バベットの晩餐会』は可楽なんですよ。

――うわァ、すごい話ですね。

小三治　『ダイ・ハード』がグランプリを取って、「まあいいでしょう、取らしてやれよ、そういうものに……」って感じかな（笑）。

（ノルウェーの）離れ小島の小さな教会にたまたま流れ着いた女中さんが、何年かして宝くじに当たると。その懸賞金を使って、その村の人たちにご馳走してあげたいといって、ご馳走するわけですね。その宗派は……。

――ルター派プロテスタントですね。

小三治　とても戒律が厳しくて、おいしいものを食べても、口をきいたり、にこにこ笑ったりしちゃいけないという。そういう宗派だから、おいしいんだけど何も言えないと。だけど、おいしさを隠しきれずに、とっても幸せそうな顔を一瞬したりするという、その食卓の素晴らしさ。

で、本当に泣いたのは、その宴が終わってみんなが帰って、その女中さん、バベットというんですけど、バベットが戦場だった台所でほっと一息ついていると、そこへ主人の姉妹が話しかける。「あなた出ていくの？」「いえ、わたし行くとこありませんから」「だって宝くじに当たったじゃない」「全部晩餐に使ってしまいましたから」っていうわけですよね。「実はわたしは、パリのカフェ・アングレの料理長でした」……。ああ、この話してると涙出てきちゃう（笑）。

主人の姉妹が「じゃァあなた、貧乏になっちゃったのね」というと、次のひとことでほんっとに声を出して泣きましたね。「芸術家に貧乏はいませんわ」という言葉なんですよ。

――……いい言葉ですねェ。読者の方々にもぜひ見ていただいて泣いていただきましょう。

小三治　おれたちはねェ、金があるのないの、家を建てた建てないのって、そんなことじゃなくて、ただ好きで（噺家に）なったと思ってるんですよ。それを好きでいる限り、どんな暮らしをしてたって、貧しくはない。だから、「芸術家に貧乏はいませんわ」って言葉に嗚咽してしまった。すばらしい。

（インタビュー・構成　大友浩）

2012年4月号

やれることをやりながら

――落語協会の会長に就任されてすぐは、とにかく今は体調の維持と高座を務めるのに精一杯であるということをおっしゃっていましたが、最近はいかがですか。

小三治　なったばかりの頃は会長ってどんなものかわからなかったから、お話しできることはないってことだったんじゃないのかな。通り過ぎてみると、新しい理事の人達に支えられて、やれることをやりながら今日に至るってことでしょうかね。知恵を貸してくれた今の理事は私の大事なスタッフですね。彼らの考えることは「そうだな、いいな」と思うことばかりで、本当によくやってくれたと感謝しています。

――暮れの納会の挨拶では会長職を楽しんでいらっしゃるように感じました。

小三治　楽しんでないですよ（苦笑）。自分のことはわからないなあ。そう見えるんならそうなんでしょうかね。会長職を楽しむ……そんな余裕ありませんよ。自分と会長と協会、その三つを考えてみると結局「できることはできる。できないことはできない」ということがわかってきた。2年近くたって、ようやくそれが見えてきて、始めた時よりは楽になりました。

――昨年は震災があり、協会員の意見をすぐに汲み取って「復興支援寄席」を実行されました。

小三治　あの時はただぽろぽろ涙こぼしてぼんやりして、悲しくってしょうがなかった。でもそのうちに（落語協会の）若い人の中から「なにかしなければ」という気持ちを感じたんです。本当だったら現地へ行って、瓦の一枚でも運びだしたいところですけど、芸人は体力ないしね。どうも彼らの言葉を繫《つな》ぎ合わせてみると、私と気持ちが同じだった。悲しいともいえない、ただそういう光景見た時に、涙がこぼれるだけで何もできない。自分が情けないとかそんなことじゃないな。そういう景色を見たら自然と涙って出ちゃうんだなっていうことを感じました。

――あの時は皆が同じ気持ちだったと思います。

小三治　たまさかその現場が私のルーツの宮城県だった。しかも亘理《わたり》町とか岩沼《いわぬま》とか名取《なとり》とか仙台《せんだい》とか塩釜《しおがま》とか松島《まつしま》とか、私の原風景なんです。あっちで生まれた訳じゃないけど、あの辺は親戚だらけだったから、戦争の時に単身疎開させられたんです。だから俺のふるさとだっていう思いがある。その土地が、新聞やテレビからどんどん映されてくる。まさに仙台空港の側で、B29の爆撃で焼けただれて夜空を真っ赤に染めているのを見てるわけですから。それでなおさらなんでしょうね、じゃなきゃ、あんなに涙が出るわけがないと思います。

――そうだったんですね。

小三治　若い人達が私に力を貸してくれたっていうわけじゃないけど、みんなが優しくなったっていうことが嬉しい。人間は本来、優しいことが好きなんじゃないのかな。優しいことを発揮する時がなかなかないから、いろんなことをやってみたり言ってみたりする。すべてそれで解決するとは思わないけど。

噺のあるべき姿とは(？)

――師匠である五代目小さん師匠は噺の魅力とか噺の面白さを前面に押し出す、噺の持つ力を信じてやっていけばいいというお考えをお持ちだったと思うんです。一方、昨年亡くなった談志師匠は同じ小さん師匠のお弟子さんでありながら、まず自我ありきの高座だったと思います。小三治師匠の高座は、マクラの部分を含め、相反するところが奇跡的に両立しているのではないかと、最近ふと思いまして。

小三治　フフフ。そうですか。

――師匠がお考えになる噺のあるべき姿というか、理想というのは。

小三治　……それは誘導尋問だな(笑)。何がいいのか、それを探りながら生きてるんですよ。わかっていれば、それに向かって突進するでしょう。私には「落語は人間の業である」というような御題目がないんですよ。あるとすれば「人間っていいなあ」っていうことかな。そういうことを落語の中から見つけるとすごく嬉しい。また、それを意識することがあったら、高座で表していきたい。まだ探し歩いているので「落語はこう聞けよ」とか「こういう噺なんだからこう聞かない奴は許さない！」そういうのはないですね。

――談志師匠と芸談を交わしたことはありますか。

小三治　そういう機会はありませんでした。あの人が芸談好きだっていうのは聞いてましたけど。談志さんが弟子に「もっとちゃんとやれ。ちょっと上手くやりゃあ小三治なんかすぐ追い抜いちゃうんだから」って言ってたと聞いたことがあります。なんで俺が出てくる（笑）。私は人を追い抜くとか、追い越されるとかそういう考えはまるっきりありませんから。ライバルなんて誰もいない、私自身がライバルなんですから。

面白いって何だろう

――先ほど噺のあるべき姿を模索してるとおっしゃっていましたが、ひとっところに立ち止まっているわけではないですよね。

小三治　到達点がわからないから、到達しようとも思ってませんよね。ただ、もっと面白くなるはずだっていうことかな。それはやっぱり師匠・小さんの影響でしょうね。二ツ目のころ、人形町末広で「長短」をやって、長さんの台詞の時に客が「早く先へ行け！」って、その言葉がすごい短七っつぁんそのものだった。

――（笑）。

小三治　ということは、それだけこっちへのめって入ってきてたわけですよね。もしつまらなかったら、あんな切羽詰まった声は出さないでしょうから（笑）。楽屋で聞いてた仲間もその声聞いて笑ってましたけどね。だからきっとこれでいいんだなと思ってましたよ。ところが師匠の前で「長短」をやって、「お前の噺は面白くねえな」って言われた。「お前の『長短』は」って言われたんじゃないんです。「お前の噺は面白くねえな」って言われたんです。客は面白いと言っても師匠からみたら面白くねえんだ。じゃあ面白いっていうのは一体なんだろう。噺家になって10年経ってようが、まるで初心者のように「面白くするにはどうしたらいいんだ」って、考えますよね。こうかしらああかしらって、ずっとその連続。葛藤《かっとう》の繰り返しです。

——師匠が納得なさるレベルが厳しすぎるような気がします。

小三治　逆に質問するけど、厳しすぎちゃいけないんですか。

——観客にとっては厳しい方がありがたいですが、演者としてはあまりに過酷というか。

小三治　うーん、でもそうやりながら今日まで来てるわけですから。それでもまだこれじゃあダメだと思っている訳でしょ。だからダメだと思ったのなら、そう思っているしかないんじゃないですか。それを厳しすぎるって言い方をする人も中にはいますがね。

——面白さを追求し続ける原動力のひとつに、小さん師匠の「お前の噺は面白くねえな」っていうのがあるのでしょうか。

小三治　それは大きいね。

——小さん師匠は本当に面白くないと思っていたのかしら。

小三治　思ったんでしょうねえ、あの人は嘘つかないから。私もそう。高座やり終わった後、いつも「あれ~こんなになっちゃったよ。ダメだ、これじゃ」って。いくら客が喜んだってダメ。情けないねえ、精神がどこか欠けてるのかな。だから寄席の主任で10日間なんてヘトヘトになっちゃう。

この程度やっときゃいいやっていうことが出来ないんですよ。

——自分が面白いと思うことと観客のそれとが、一致するときとしないときがあるのでしょうか。

小三治　あります。自分じゃちっとも面白くねえと思っているときに観客の方がうんと喜んだりするってことがある。それも興味深いことだよね。

——一席終わったときに、満足感や出来不出来を感じますか。

小三治　……そうねえ、なんか人間が活きてなかったなとか思うこともある。演りながら、いつもお客さんのことを考えますから。本当は客を無視してやればいいのに。もっとどうして客を無視できないのか。

——はあ。

小三治　自分の世界の中、つまり落語そのものに没入していれば、お客様が来るはずだと私は信じているんです。無理矢理こっち向けって演って面白がらせても、その時は面白いかもしれないけど、はらわたの底から「ああ、今日は面白かった、幸せだった」っていう気持ちにはならないと思うんですよ。笑わせられたっていうことはあるでしょうけど。それを考えて……それを求めて遠いんですよ私の道は。

——難しいですね。

小三治　今のところ私の理想の落語はお伽話《とぎばなし》です。父親が半分居眠りをしながら子供に「ねえねえ、その先は」って言われて「おうおう」って答える。トロトロお伽話をする。そこには山場もない、なんにもないいんですよ。だけど聞いてる子供は父親のその話から世界がいっぱい見えてくるんですね。それが噺じゃないかと。それに比べて俺の（高座）は言い過ぎだよな。

――そうは思いませんが……。

小三治　四代目の小さんを聴いてると「何これ」って思っているうちに、どんどん自分が噺の中に入っていっちゃうんです。いきなりバン！っていって「ワー」って笑うようなことはまずないんですよ。そうなりたいんだけど、ただ真似をするだけではダメだということはわかる。心としていつかそうなれるのだろうかというのはありますね。いつかそうなれるのかなあ……。

――観客と演者とのテレパシーというか、チューニングみたいなものでしょうか。

小三治　わからない人はわからなくてもいいんだ、っていうのかな。でもそんなことを考えること自体がもうあざといんですよ。一所懸命言葉を並べて説得しようとしてるんですね。人が生きてるっていう素晴らしい世界が、あんなに落語の中にいっぱいあるのに、それを無視して自分が押し分けて出てくるっていうのは、みっともないですねえ。

――考えすぎてもダメなんですね。

永遠の少年

――落語を演っているときは、登場人物が勝手にしゃべり出すのでしょうか。

小三治　勝手にしゃべり出すというのはその日のその人になりきるということでしょう。いつも通りのドラマを進めてきた登場人物は、相手がいつもは言わないことを言ったら、違うじゃないかってことになる。でも、それが活きた言葉じゃないのかな。全く違うストーリーにどんどん発展したって本当はいいと思うんですよね。でもね、どんどん頭は悪くなるし、記憶力はなくなるし、それは自分の夢かもしれない。そうなりたかったたっていうだけの一人の少年が、ただ年をとってしまったってことなのかもしれない。私はいまだに自分を少年だと思ってますから。ああそうか、72（歳）かって、確かに老人のうちに入るなって。比較とかキャリアとか、そういうのはあんまり、私の知らない動きですから。まだ少年なんですよね。

――いつの時代の少年というわけではなく。

小三治　この先にきっと何かあるって思ってる。もっと惚れる女が先にいるはずだとか（笑）。

――それが師匠の少年のイメージなんですね。

小三治　もっと素晴らしい世界があるんだ。もっと大きい何かがあるはずだと思って、そこへ向かって歩んでいく。それが少年でしょ。

――腑《ふ》に落ちました。

小三治　今こんなことしてるのも少年の生き様じゃないですか。老境に入ったなんてどうやったって思えない。でもいつか死んじゃうんだよね。そうらしいよどうも。それはそれでしょうがねえや。

今はまだ過程

――最近拝見した高座では、以前より師匠が落語を楽しそうにされているように感じたのですが、なにか心境の変化があったのでしょうか。それとも私が拝見した日がたまたまそうだったのかしら。

小三治　気楽にやろうと思っているところはあります。強《し》いて言うならば、気楽に演ろうと思っていられるというのは調子がいいときですね。体調が悪い日はどうしても真面目にきちんとやろうと思ってしまって、つまらなくなる。元々がクソ真面目で、陰気な野郎なんですよ、私は。

——でも少年に陰気なイメージはありません。

小三治　少年の頃、厳格に育てられたことが大きいと思うので、つい陰気になっちゃうんじゃないですかね。意気揚々と持ち帰った答案用紙を「なんで95点なんだ」って、教師をしていた父親に怒られたりしてましたから。それが陰気の原因ですよ。お前はダメな奴だダメな奴だって言われて、それがずーっと背中にこびりついて。今でもそう思ってます。だからいけねえのは親ですね（笑）。その上小さんが「お前の噺はつまんねえな」って。

——でもその親御さんと小さん師匠のおかげで、今の小三治師匠の芸があると思うと私たちはむしろ感謝してしまいます。

小三治　今の自分の芸に値打ちがあると思えるならばそのおかげだと思うけれども、いかんせんまだ過程ですから。これからどうなるかはわからない。だから自分が目指す目標なんてないんです。ただ、演りながら「これじゃあ、しょうがねえだろう」とか「途中で地に戻りやがってバカヤロー」とかって思うと、もう寝てても寝られないんですよ。気が小さいんですね。酒も飲めないし。飲める人は「プハー」ってなこと言って忘れることができるんでしょう?

——できます。

小三治　ああ、そう。俺はできないからね。二之席の二軒バネ［正月11日から20日の興行で、二軒の寄席で主任（トリ）を務めること］なんか、俺にとってはもう針の山、ムシロの道ですよ。はぁー、チクショー、小さん（笑）。

――（笑）。本日はありがとうございました。

（聞き手　佐藤友美）

三遊亭円丈

さんゆうてい・えんじょう　1944年、愛知県生まれ。64年、六代目三遊亭圓生に入門。前座名「ぬう生」。69年、二ツ目に昇進。78年、6人抜きの抜擢で柳亭金車とともに真打昇進、「三遊亭円丈」を襲名。直後の6月に落語協会分裂騒動が勃発し、師匠圓生とともに落語協会脱会、落語三遊協会に参加。79年の圓生急逝後、80年に落語協会に復帰。新作落語を多数発表し、新作落語家たちに多大な影響を与えた。21年、逝去。

◆東京かわら版編集部よりひと言

1976年3月俳優協会稽古場でスタートした「木挽寄席」は小誌初期の大きな活動です。取材で知り合った人たちが関っていた、ぬう生（後・三遊亭円丈）、小三太（現・柳家さん遊）、馬太呂（後・金原亭馬好）の三人で始めましたが、間もなく各一門の有望な二ツ目さんに加わってもらい、3年程続けました。

原始メンバーの円丈師は新作を創るため落語の基礎を身につけるべく、当時の古典落語の第一人者三遊亭圓生師匠に入門。二ツ目になって日本ペンクラブに対抗し素人落語創作集団「日本ボールペンクラブ」を立ち上げ、初期の名作「下町せんべい」「ぺたりこん」が生まれました。その後自作の「グリコ少年」「悲しみは埼玉に向けて」等を矢継ぎ早に発表。東西の落語界に大きな影響を与えると同時に活動の場を広げ、掛布選手とTVコマーシャルに登場。収入も大幅に増え、翌年それまで住んでいた足立区の都営住宅を出なくては行けなくなりました。

1978年圓生師匠が落語協会を脱退した時は、創立時の小誌事務所築地の井上ビルの5階の狭い部屋にボールペンクラブの面々が集まり、「名古屋に行こうかとも思っている」と口にする師匠を皆で止めたことがありました。

（井上和明）

1978年3月号

今月は誕生したばかりの真打、円丈師匠をお訪ねしました。

――真打ご昇進おめでとうございます。さっそくですが、これからの抱負は？

円丈 抱負ですか？　抱負などという立派なもんはありませんね、と言うより、どうやって生きてくか、生き残るかというね、そっちの方でいっぱいですよ、これから果たしてどうなるか、むしろ恐いんですよ、ええ、ほんとに。ただこれからは今まで以上に一生懸命ね、いろんなことしていかなければならないとは思ってます。ええ、それは芸の面だけでなくね、あらゆる面、全ての面に今まで以上にがむしゃらな努力をしてやってかなければいけないというね。例えば真打の口上書きにも師匠が〝無愛想でおせじが無くよいしょが出来ない〟と書いてくれてるんですけど、これからはね、無愛想でない面もね、少しはそっちの方へ持ってかないとね、百八十度変わるということはあり得ないけれど、やはり何とか努力して変わってゆきたいと……。

――ぬう生から円丈への変身については？

円丈 いえ、あたしは名前についてはそれ程どうってことないと思ってるんですよ、そりゃ確かに

〝ぬう生〟という名前には愛着はありますけどね、これはもう仕方がない、やはりね、師匠がつけてくれたんだから、ええ、字画が良いといってつけてくれたんです。ですから〝円丈〟もね、2、3年つけてたらやはりそれらしくなるんじゃないですか、別に〝円丈〟と名前が変わったからといって芸が変わるとか、そんなことは全くないですよ。ええ、初代だそうです。昔、〝円条〟という、京都の一条の〝条〟と書く人はいたんだそうですけども。別に何代目でもいいんすよ、どんなに立派な名前を襲いでも本人が駄目なら名前も駄目になるんで、やはり、自分で大きくしてくもんですよね。

――入門から、振り返ってみて辛かったことは？

円丈　辛かったことですか？　そうですねえ、別になかったんじゃないんですか。何ども言いますけど、それよりほんとにこれからですよね、現在もそうですけど、これからはもっともっと酷《きび》しくなると思うんですね、いろんな状況が……。ただこれまでのことで言えば、前座には戻りたくないですね、もうあれは奴隷のように自由が全くないですからね、前座にだけは戻りたくない。でも前座という制度は必要だと思う。噺家というのは一生涯ボヤーと過ごすもんだから、どっかでピリッとさす前座という一種の修業は必要だと思うけれど、ただ僕自身はもうそれを二度とはやりたくないと思いますね。

――入門時のエピソードなどは？

円丈　そうですね、入門は（昭和）39年ですか、一度春に行って断られまして、又、秋に行ってそんときは上げてくれたんですよ。その時24才だという洋服屋さんが一緒にいまして、二人で師匠に

〝八九升〟という噺を教わりまして、それでやったわけなんですけれども、入社試験みたいなもんだったんですね、運良く私が採用されまして、それからいろいろありましたね。今は生之助さんのお上《かみ》さんになっている方で〝さっちゃん〟という当時師匠の家のお手伝さんだった人が言うんだけど、入っていった第一声が、名古屋弁で「師匠、おるぎゃあ」と言ったってんですねえ、良く覚えてないんですけどねえ。あと師匠が起きるの待ってて、ぼんやりしてアルバムかなんか見てて、起きてきたのに挨拶もしない、それで怒られたりね、稽古の時、座ぶとん敷いて怒られたり、いろいろありました。

――二ツ目は何年？

円丈　44年ですから、あしかけ10年ですか、今年で……。あっという間だった気がしますね。

――その時代の嬉しかったことは？

円丈　嬉しかったことと言われても漠然として良く分からないですけどもね、そりゃあ二ツ目になった時は嬉しかったですよ、真打になる時よりずっーと嬉しいというのは皆言いますけどほんとなんすよ、これは。あといろいろありましたけどねえ、いつだったか、大学の文化祭でね、その時にマラソン落語というのをやったんですよね、23時間ぶっ通しでしゃべったんですよ、そこでドクターストップがかかって、まだまだ体力的にはやれたんだけど、かなりあの頃は体力あったんですね。落語を一人で23時間というのは記録だと思うんだけどね。あれから何となく自信がついたような気がしたから、あれはいい勉強になったと思いますね。それからやはり勉強になったのは、地域寄席や、町内寄席、職場のサークル等、噺家以外の人との交流ですね。

——自分の長所は？

円丈　これが一番分かんないんすよね。うーん、いいというのは、何がいいのか、全く分からないですよね。この間寄席で、どうも受けないんで、もうどうなってもいいやという感じでやったら、これがバカ受けに受けたんですよ。どうも良く分からないすよね。

——反対に欠点は？

円丈　何が欠点なんすかねえ、これも分かんないすねえ……。先づ〝歯〟を直さないとね。ま芸の面で言えば正確な発音が出来ないわけ、もう自分でもそれを一番感じてるんすがね、息がもれるから〝歯〟から、だから〝歯〟を直してね、これは何でもないことのようだけど大事なことなんですね。ですから稽古してても、例えば、しゃべりにくいような言葉があると、結局外の言葉に替えちゃうわけですよ、だからそうじゃなくて、ちゃんと言えないとね、まずいと思いますから。え？総入れ歯にはしませんよ、総入れ歯は迫力がなくなりますから。これからはね、出てる歯を直そうという意味でなく、すき間をつめようとね、思ってるわけなんです。とにかく歯はやっぱり大事ですよ。

——古典と新作の違いについては？

円丈　例えば、この2・3年〝実験落語の会〟というので、何人かの人にお願いして新作を演ってもらっているんですが、やはり古典をしっかりやってる人は基礎があるからね、デッサンがしっかりしてるわけです。だから新作も古典も、そういう意味では、先人から受け継いだ〝財産〟をどういうふうに使ってくかでね、芸の面では。だからそのテクニックが無い限りは落語として成り立ちにくいんです。ただもっとより新鮮なものを求める場合だったら、例えば〝タモリ〟のようなね、あっと驚く新鮮さだけをねらうんなら、噺家でない方がかえっていいんじゃないんですか。噺家もそういう目新しさだけを追いかけるならむしろ噺家とは付き合わないでそういった方面の人とね、感覚だけを鋭く磨くようにしたらいいと思いますよ。ただ最終的に落語をしようとするなら、月並みな言い方になっちゃうんですけど、いわゆる噺の芸というものを修業していかないと駄目でしょうねえ。落語を小ばなしの羅列でいいというんなら別に修業といったものもいらないんでしょうけどね。古典でも新作でも落語というものは、筋があって、山場があって、人物が変わって、そういうものは古典も新作も基本は同じなんです。ただその登場する人物をどういうふうな感じで新鮮さを出していくかということが問題なんです。だからそういう意味で〝タモリ的〟なものも取り入れていかなくてはならないんじゃないかと思うんですよ。むつかしいことなんですけどね。

――〝ボールペンクラブ〟について。

円丈　ええ、おかげさんで、最近会員も増えましたし、ボチボチ興味を示してくれる人もあらわれてきましたから、これからなんじゃないかと思います。素人が何をと言われるかも知れませんが、僕は落語作家にはプロもアマもないと思ってますから、誰も〝落語〟を創って食べてる人はいないんですからね。だからそういう意味では皆がプロであり、アマでもあるわけで、私は〝ボールペン〟のメンバーはそれぞれ個性豊かな立派な作家だと思ってますよ。特に〝きくち１０４０〟という人は、素晴らしい才能の持主ですよ。この人の作品はどれも今までの落語にない新鮮さで、今の人の共感を呼んでますよね。それから〝東今日〟〝阿吽庵〟なんという人も、ギャグの扱い方やなんかが今一歩ですが、その素材に十分見るものがあって、僕らには何とかものにして演ってみたいなという気を起こさせますね。何にしても、〝実験落語の会〟などを通じて少しづつ〝ボールペン〟の存在が知られてきたのは嬉しいことですよ。最近では、漫画家の先生も会員になりましてね、これでさらに、巾の広いところから、色んな作品が生まれるんではないかと楽しみなんですよ、これから。とにかく〝おもしろい作品〟がね創られなければしょうがないんですから。いくら新作の必要性を説いたところで、理屈を百万言並べたところで、そんなものは屁のようなもんですから、要は〝お客さんがよろこんでくれる落語〟ができないとね、その意味で、これを続けてゆければその内に、いい方向へゆくと思ってるんすよ。

――これからの円丈は？

円丈　どうなるんですかねえ、やっと成人式を迎えたってところですからねえ、これからどんな大人になるのか、果たして役に立つのか立たないのか、それは分かりませんねえ。ただ今は毎日、どうしたらお客さんによろこんでもらえるかそれだけを考えてるんですけどねえ、このごろつくづく新作にしろ、古典にしろ、落語というものはむづかしいもんだと思うようになりました。心底そう思うんですよ、お客様の反応が毎日違うんですよね。とにかく何とかその内にお客さんに、〝円丈というやつは何か見るものがあるね〟と言われるようにやりたいと思います。それからはじめに言ったように、二ツ目の時よりもっと色んなことにぶつかって行きたいですね。

――がんばって大真打になって下さい。今日はありがとうございました。

（聞き手　水野雅夫）

２００１年８月号

何かを遺すべき時期に入った

――高座を音に残したくないと考える噺家さんがいる一方で、ＣＤを出してもいいとお考えになったのはどういうお気持ちからですか？

円丈　それは、何かを遺すべき時期に入った、ということですよね。

振り返ってみると、80年代90年代は何だったんだろうという気がするんですね。「古典はダメになる、新作がそれを補っていかなければ落語全体がダメになってしまう」と言い続けてきたわけですが、今こそその時代に入ったんだと思うんです。

――いよいよ新作の時代だと……。

円丈　これから先、何が起こるかわかりませんけど、一つだけ確実に言えることは、これから上ることはあっても落ちることはあり得ない、ということですよね。

――古典的なもの全般がダメになっていくということですか。

円丈　一番の根本は何かというと、落語は大衆芸能なんだということなんです。この視点が欠落してるんですよ。大衆芸能は、現代から離れては成立し得ないんです。

（現実の世界と）古典（的世界）との差は当然出てきてあたりまえですよね。昭和30年代に、古典の世界みたいなものは全て終わったんですよ。文化・文政時代にできたものは、昭和20年代30年代になって終わったんです。番頭さんが出てくるような世界というのは、30年代まではかろうじてあったけれども、40年代以降は、それが終わって「現代」が始まったんですよ。で、ぼくの新作は40年代以降のものなんです。

生活様式が全く変わってしまったわけですよ。それまでは（噺の演出などを）少しずつ変えながら、古典落語がその時代に合うような努力をしてきたわけですよね。それがやっぱり、40年代に入るとどうにも対応できなくなったのが現実だと思います。その亀裂がどんどんどんどん広がっていったんですね。

——よく関東大震災までは江戸の生活感が残っていた、と聞きますが、それが実は昭和30年代ぐらい、「戦後が終わった」と言われる時期まで残っていた、ということですか……。

円丈　狛犬もそうですね。昭和30年代ぐらいまでは、手彫りができる石工たちがいたんです。そういう流れですよね。

熾烈な選別が始まろうとしている

円丈　日本にはダンディズムがあるんです。つまり、「男はこうしなければならない」とか「父親はこうでなければならない」というような。それは実は中身を問わないんですよ。そのダンディズムは昭和50年代に終わったんですけれども、そのあともダンディズムの残滓《ざんし》のようなものが残ったんですよね。「やさしい父親らしく見せる」みたいな。

でも、今こそ中身を問う時代になってきたんですね。そういう意味で、ぼくは今、とても自分に自信がありますよね。

いろんな意味でぼく自身が、いま変わろうとしているんです。ぼく自身というよりも、周りの状況が移行しつつあるという気がしますね。

――具体的にはどのようなことですか。

円丈　落語界でものすごい選別がこれから始まるんだと思いますね。生き残るヤツと生き残れないヤツの選別が。

いま仕事がないんですよ。飯が食えない人は本当に食えない時代になってくるんです。

――生き残れる人と生き残れない人はどこで分かれますか。芸ですか？

円丈　それは芸だったり、生き方だったり、ヨイショだったり、いろいろだと思うんですけど、トータルで芸人として何とかならなければ……。「おれは古典落語をやってるんだ」というだけではダメだと思うんです。

今までは競争原理が働かなかったんですけど、いわゆる市場経済によって競争原理が無理やり働かされることになると思うんですよね。

「新作差別」はどこに消えた？

円丈　ここ1、2年、お客さんが新作に対して差別みたいなものをしなくなってきたんです。

――とおっしゃいますと？

円丈　素直に笑うようになったんです。

われわれ自身が練れてなかったということもあるかも知れないんで、本当のことはわからないんんですが、雰囲気としてここ1、2年で明らかに変わりましたよね。

ぼくは落語界の小泉《こいずみ》（純一郎《じゅんいちろう》・元首相）さんみたいなもんで、変わり者だなんだと言われてきましたけれども、じゃ、俺の言ってきたことは間違ってたかというと、間違ってないんですよ。

ぼくは大衆芸能をこれからもやり続けるつもりですし、逆に大衆芸能は今だと思うんです。現代から離れて大衆芸能はあり得ない。それは大前提ですね。その中で古典というか落語のもっている本質的な要素は残しつつ、ということですね。

――本質的な要素というのは、例えばどういうことですか？

円丈　笑いの中にもう少し厚みとか底とかがあれば、というようなことですね。

――なるほど。

お客さんが変わってきたのは何が原因だと思われますか？

円丈　世の中変わったんですよ。世の中変わると変わるんですよ。全ての物事に関係なく落語があるなんてことはあり得ないわけですよね。共にあるわけですから。

円丈落語の原風景

――このCD（『円丈落語コレクション』）は、「円丈ワールド」の全貌がわかるような形にしたいわけですけれども、師匠としては何枚ぐらいお出しになるつもりですか。

円丈　わかんないですね。

――永遠に？

円丈　永遠は、どんなものでも無理でしょう（笑）。

……やっぱり二〇席ぐらいは何とか行きたいと思いますね。

——二〇席じゃ足りないでしょう。

円丈　とりあえずの目標は二〇席に置いておいて、考えながらやっていきましょう。はじめから三〇席とか一〇〇席とか言ってもね。ある程度質が落ちたらやめた方がいいわけです。クオリティが下がっても出し続けることは、お客さんを裏切ることになりますからね。

——第1巻に入るのが「悲しみは埼玉へ向けて」と「一〇倍レポーター」ですね。「埼玉」は手法的にも非常に新しいですね。

円丈　できてからもう20年以上になるんですけどね。20年経ってもある種の新鮮さがあるというのは、やっぱり現代なんですよね。あの頃から既に。その中で、細かいシチュエーションだけいつも変えてるという感じですね。そういう意味で、ぼくはやっぱり現代落語をやってきたという気がしますよね。

「ぺたりこん」なんて噺を前にやりましたが、今でいうリストラを扱ったような噺で、ああいうテーマっていうのは、「現代として永遠」みたいなところがありますね。

——不思議に古びないですね。

円丈　そういう社会構成ができあがってから作った噺ということもあるでしょうね。

——「埼玉」の舞台である北千住《きたせんじゅ》の描写は、何年かごとに変わるけれども、本筋は変わらないわけですね。

円丈　この噺は、北千住とか埼玉のことを、ある意味でボロクソに言ってるわけですよね（笑）。あんなにボロクソに言ってて、正式なクレームというのは一度もついたことがないんです。というのは、あの中に、そこに住んでいることの悲しみというのがあるんじゃないかと思うんですね。同じ目線でものを見てるみたいな。

『アサヒグラフ』に、ぼくが都営住宅に住んでいた頃の写真が掲載されたんです。家族が写っていて、こっちに襖《ふすま》があって、それが破れてるんです。家族がまとまって写っている写真なんですけど、何となく、ある悲しみのようなものがあるんですよ。何ていうんですかね……。

そこにぼくの原点があるんだと思うんですよね。ぼくはあれがあったから「悲しみは埼玉へ向けて」ができたと思うんです。それから「即興詩人」とかもね。

——うーん、わかるような気がします。

円丈　ぼくは視点がうんと低いんだと思います。（対象と）同じ視点でものを見てるというか。ぼくの中で、滅びゆくものというか、敗者に対するものすごい「憐れみ」があるんですよね。

——それはとても感じます。

円丈　それはぼくが「隼人族」という、大和朝廷に征服されてしまった人たちの末裔《まつえい》だからだと思いますね。

滅び去るものに対してとことん同情してしまうところに、ぼくのもう一つの原点があるような気がしますね。

狛犬をはじめたきっかけも、公園に捨てられた狛犬を見て、可哀想で可哀想で……ということか

らだったんです。（略）

（インタビュー・構成　大友浩）

２０１３年12月

「円丈にやらせたら……」

――先ごろ上梓された『落語家の通信簿』（祥伝社新書）が話題となっています。そもそものきっかけを教えてください。

円丈　企画は出版社からの持込みなんです。円丈にやらせたら面白いだろうということだったみたいです。

――企画を最初に聞いたときは、いかがでしたか。

円丈　よくわからないけど、やってみようか、って。落語家が落語家を評論するのはかつて誰もやらなかったからいいんじゃないかなと。芸を実際にやっているわけだから、やっていない素人の方による評論とはまた違うものになるだろうから。噺家にしか書けないこともあるでしょう。結局、七百席以上聴きました。だから、リスクもコストも払ったと思っています。

――書かれた演者の方から反応はありますか。

円丈　全員に本を送ったんです。こういう本は、他の人から「お前のこと悪く書かれてるよ」と言われるのが一番良くない。当人にじかに「こういうのを書きました」って送ったほうがいい。『御乱心』の時も中に出てくる人には送りましたよ。（五代目）圓楽さんにも。

——ええっ！

円丈　途中まで読んでバカヤロウ！って叫んで二つに引き裂いてくずかごに捨てたんだって。２時間後、続きが気になって、拾って続きを読んだらしい（笑）。

——いろんな師匠方との交友録的なところもありますね。あの時はああだった、というような。

円丈　ハイハイ。そういうところもありますね。

——師匠はご自分を美化しないですよね。かなりセコかったりするところも、さらけ出している。

円丈　自分のことを隠して他人のことを引っ張り出していたら、殴り合いになっちゃうよね。

——こういった本を書くときは、個人的な感情は排そうと努めるんですか。

円丈　いいえ、個人的な感情はいっぱい入りますよ。それを取っちゃったら、何も残らなくなっちゃう。

——それでいて通信簿、っていうタイトルが矛盾してませんか。こんなにえこひいきの激しい教師がつける通信簿はほかにないってくらい。

円丈　ただ、芸の見方とか、その中にある永遠不滅の何かはちゃんとありますよ。最後は好き嫌いになりますけど。そういうもんじゃないですかね。好き嫌いを取って落語は語れないんじゃないですかね。あの人は上手いけど……なんて言ったって何の意味もない。本当にいいなあと思っても、それは自分が思ったのであって、誰もがいいと思うわけではない。

——相対評価ではなく絶対評価ですね。私も自分が一席落語を覚えてやったら、噺家の気持ちの片鱗がわかるかしら。覚えてやってみるべきですか。

円丈　わからないな。僕は小4で落語やってましたからねえ。遠足の前日に、明日バスの中でやろう、って思った。ラジオ聴いて覚えて適当にやった。

——その時、受けたことが忘れられないとか。

円丈　受けたっていうか、よくわからんが面白いやつだな、っていうのはあったかも。アンツル（安藤鶴夫）さんなんか、好き嫌いでしか語っていないんじゃないかな。僕のこの本が一石を投じて、幅の広いいろんな落語本が出るといいよね。僕は波風を立てたいわけじゃないから。

——これを読むと、師匠が志ん生・文楽の世代から今をつなぐ最後の世代なんだなと思います。入門された年に、先代の（三遊亭）金馬師匠と（三遊亭）圓歌師匠が亡くなっていますね。

円丈　（三遊亭）百生師匠と先代の馬風師匠も。

——前座としてお通夜やお葬式のお手伝いをされたんですか。

円丈　入門したのは12月だからしていません。初席は手伝いにいきましたね……（小声で）お年玉もらった記憶がある。嫌な顔されましたね（笑）。今、落語協会は暮れから初席にかけては前座登録をしていませんが。

——師匠のお書きになるものは、語り口調でテンポが良く読みやすいのですらすらと頭に入ってきます。新作落語の台本をお書きになっていることと関係がありますか。

円丈　あるでしょうね。でも僕は逆にちゃんとした文章は書けないと思います。

古典落語にも「今」を

（略）

――近年は、昇太・喬太郎・白鳥師匠あたりを指す言葉として〈円丈チルドレン〉という言葉も誕生しています。

円丈　みんなもう大人になっちゃったから円丈アダルトだよね（笑）。

――次世代の次世代にも影響をおよぼしていると思います。

円丈　影響は……どうなんだろうね。いま「円丈らくご塾」というのをやっておりまして、そこから出てきてほしいなあというのはありますね。新作というのは、日本という国のせいなんでしょうけど、古典が主なんです。古典がちょっといまいちだなってときだけ、新作がちょこちょこっとでてきて、またなんか古典が充実してきたら引っ込んで、常にカレーの福神漬けのように付け足しみたいなものなんです。

――新作落語家だけが、真のクリエーターであると、以前のご著書『ろんだいえん』でもおっしゃっていました。

円丈　その考えはもちろん変わっていないけれどね。でも古典落語は滅びない。滅びてもいいのに滅びないいんだ（笑）。農耕民族ですから、毎年同じ事を繰り返すことに意味がある。「笑点」が長寿番組で高視聴率なのもそう。日本人は変わらないものが好きなんです。新作は変わりすぎるからだめなんだ（笑）。

――でも師匠も近年は古典も手がけられますし、大ネタと言われるものも次々と高座にかけていらっしゃいます。どういった心境ですか。

円丈　僕の中にいつもあるのは〈新作の円丈〉というのがメインなんですが、もう一つ、圓生の弟子で三遊亭の流れをくむという円丈だという気持ちもあるんです。そこで古典の最低限のベースを残して行かなくてはいけないなと思っている。自分はその流れの中にいるということを忘れちゃいけないし、持ち続けていないといけないものなんだと。そうなると最低限、古典をきちっとやって、教えるものは教えていかないとね。

――お弟子さんにはその思いも伝えているんですか。

円丈　うちの弟子はみんな新作やろうと思って入門してくるもんですから、古典に対する最初の取り組みが甘いんですよ。僕はもうそれは真剣になって教えるんですけどね。真剣に学べばそこその腕になるはずなのに、ついでにやっているみたいなんですよね。

――古典を手がけられるときに、クリエーター魂は疼《うず》きますか？

円丈　古典にも今がないといけないんです。若手が古いままにやりたい気持ちもわかるけど、それはもう違うだろうと。落語に今をどう出していくか。「長屋の花見」が受けなくなってきていて、今は卵焼きが高級だなんて誰も思ってない。そこのギャップですよね。「しっぽのねえほう」っていうのも、今は誰もたくあんのしっぽなんて見たことがないでしょう。今とつながっている物が出てこないと。

――古典のプロット、骨組みは残すということですね。

円丈　結局、落語というのは共感なんです。共感があればいいんじゃないですか。食べ物の中に見る側の共感があれば、それはそれで盛り上がるんじゃないか。花見じゃなくたっていいんだ、バーベキューだって芋煮会だって。

円丈ブーム、再び

――来年、師匠は生誕70年と芸歴50周年を迎えられます。併せてここへきて何度目かの円丈ブームがきている気がします。

円丈　自分がだいぶ老いたなという感じがあるんです、年取ったなって。

――高座は相変わらずパワフルでいらっしゃいます。

円丈　どうなんだろうか。年を取ると今にずれがあるんですよね。今若者の中で流行っている言葉を自分は使っているのかといえば、使っていない。2、30年の誤差があるんです。

――同世代に支持されればいいのでは。

円丈　僕の同世代はもうそんなにいない。引退したり定年したり、死んじゃったりする（笑）。自分のプラスマイナス10歳が受ける範囲だと思うけど、僕の場合は新作もやるから、20歳下までとみても50歳ぐらい。しかも最近仕事が減っているのは、仕事って同世代の人がくれるものだけど、もう働いていない。それをまたなんとかしなきゃいけない。

――若い人から大御所に頼みづらいっていうのはあるのかもしれません。

円丈　大御所とか言われてもうれしくもなんともないね。昔みたいにいぶし銀とか、年を重ねれば良くなる、なんて思っている人がまずいないからね。

――本でも書かれてましたが新作の先輩、（桂）米丸《よねまる》師匠や（三笑亭）笑三《しょうざ》師匠については。

円丈　お二人ともすごいですよね。米丸師匠だって、88歳になってもネタ下ろしができるような。受けても受けなくてもいいみたいな。米丸師匠みたいになれるといいですよね。僕は受けないと落ち込むんです。だめなときは「あ、だめだった」で引きずらず終わらせればいいのに。

――しっかり落ち込むのも、芸人の正しいあり方のような気がします。でも受けているのに、だめだって思っていらっしゃる様な気もします。

円丈　ハイハイ。僕は高座に上がるのがきらいなんです。自分に対するご褒美がない。受けても、この程度じゃだめだって思っちゃう。落語やることが面倒くさい。できればやりたくない。年に2回くらい落語ができて1回2千万円くらいもらって暮らせるというのが理想。

――楽しいのは落語を書いているときということですか。

円丈　そう、好きなんですよ。書いているときは、このギャグはつまんねーぞって思うことはないから、楽しいんじゃないですかね。僕のいけないところは、お客さんが笑ってないと、もうだめなんだって思ってしまうこと。

――じっと聴き入っている、とかではだめなんですね。

円丈　「オイ、なんか、みんなそれちゃってんのかよ……受けてねえよ……」って思ってしまう。

――決して自分が言いたいことを言って満足、ではないんですね。

円丈　作品の中で言いたいことは言うので、そこで表現として終わっているんです。あとはそれをどれだけ面白がってくれるのか、っていうことの勝負なんです。

――受けた、っていう目安はどこにあるんですか。受けているのに不満そうな顔で高座を降りてくるのを何度も見たことがあります。

円丈　（春風亭）昇太くんに言われたことがあるなあ。「円丈師匠はいつも満塁ホームランじゃないと気が済まないんですね。でもそんなことはありえないんだから」って。そこまでじゃないと思うんだけどね。

――受けたっていう体感の基準があるんですか。常にそこを目指している？

円丈　昔はね、全体的にもっと受けてました。鈴本演芸場なんか、一番奥の楽屋にいても、どーんどーんと、波のように笑いやざわめきが伝わってきてた。前座の時からずっとそうだった。だからそれを覚えているんですよ。受けるっていうのはあれくらいのことだ、って。それぐらいじゃなきゃだめだろうと思っている。どこの楽屋でもそうでしたよ。

――演者の力もあり、かつ、お客様もよく笑った、ということでしょうか。みんなが笑っているから笑う、みたいな風潮もありますか。

円丈　お客さんが女性化したね。男が女性化しているってこと。僕みたいに好戦的なやつというのは、だめなんですよね。時代にあわない。これはどちらかといえば男の本なんだ。僕の中に女性的な部分はほとんどないんです。女性のことはわからないですね。今はあらゆる職業に女性が進出しているでしょう、男に残されたたった一つの聖域はオカマだと思っていたけど、それすらも危ぶまれていると思う。女性がトップになったほうがいいのかもね。戦争がおこらなくなるだろうし。男はすぐにケンカして戦争をおこしたりするから。今は男の悪い面ばかりが目に付くね。ストーカーになったりとか。男ってろくなことしないっていうか（笑）。

――楽屋も劇的に女性が増えたのではないですか。

円丈　そう。どうしてもっとすごい（三遊亭）円朝みたいな女性の落語家が出てこないんだろうと不思議でしょうがない。

――師匠はまるでナルシシズムもないし、どちらかといえば自己否定しがちなご性格のように思えます。

円丈　どうなんだろうか。僕はもうずっと僕できたから……。人間は必ず自分を基準として考えてしまうと思う。そんなにとは思わないけど、厳しいのかもしれません。僕の心の中にいつのまにやら「楽しむことは罪悪である」みたいなものが、もしかしたら生まれたときからあったのかもしれない。それが強いですね。でも楽しまないと芸人はだめだろう、とも思っている。

――師匠は狛犬研究ですとか、犬を飼われたりですとか、趣味は多彩で楽しんでいらっしゃいますよね。

円丈　そうなんですけど、最近どうも楽しめないっていうか……だめですね。一所懸命に生きようと思うと68年生きるのは、なかなか大変なんですよ。いろんな面で総合点で人生をみればたぶん僕はハイスコアになると思うんです。家庭は一応破綻もないし、弟子も10人いるし、大して売れなかったけど、円丈が好きだと言ってくれる人もいる。でもこれから20～30年も生きるのはしんどいなって思うんです。

――そうはおっしゃっても、今いる前座のお弟子さんが真打になるまでは。

円丈　もちろん、そのつもりで弟子をとっていますがね。がんばれるのかな？　って思うんです。僕はいくつになっているんだろう……80ぐらいかな？

――お酒は召し上がりませんし、数年前からタバコも止められたとのこと。スリムですし、犬の散歩も毎日されているでしょう。

円丈　そう、健康なんです。それにこれからも本はまだ書きたいんです。小説を書きたい。自分と同世代が主人公のね。今の小説ってわかりやすいよね。純文学を書こうと思っているわけじゃないし。金があったら映画も撮りたい。

――来年は円丈イヤーにふさわしく、ワザオギからCD2枚組が出るとか、2冊同時に速記本が出るかもしれないとか、大友浩さんが円丈論を執筆しているとか聞いております。

円丈　いやあ、来年出るかもよくわかりませんけど、出せたらいいなとは思っています。どうがんばっていくか、考えているんですけどね……。でも来年はとにかくがんばります。わっとやろうと思っているんです。独演会で三席ネタおろしもやってみたいし。

七代目三遊亭圓生は……

――最後に圓生襲名問題ですが。

円丈　こんど（三遊亭）圓楽さん［六代目］とそういう会を立ち上げます。［三遊ゆきどけの会］

――「圓生は君だ！」みたいですね。

円丈　今、三遊亭がばらばらになっちゃったでしょう、だからここで再統合。

――数年前は、師匠ご自身が襲名したいと思われてたんですよね？

円丈　「鳳楽《ほうらく》さんがなるなら、オレがなったほうがいい」って思った。そのほうがうちの師匠も喜ぶと思った。円窓《えんそう》さんは、（春風亭）柳枝《りゅうし》の弟子だったけど「圓生の名前がほしい、ならせてくれ」って言ってくれたら譲るのに、なにも連絡がなかった。兄弟子なんですから一言、連絡くれたら納得するのに。鳳楽さんは僕と落語会で争った後、鳳楽の道を進むことにしたと聞いています。

――ふりだしに戻ったんですね。

円丈　誰かが継いだほうがいいんです。すごいやつが出てきてほしい。

――お弟子さんの真打昇進だけじゃなく、もしも誰かの圓生の襲名披露もあるのだとしたら、まだまだお元気でがんばらなくてはいけませんね。今日はありがとうございました。

（聞き手　佐藤友美）

第2章
高座の人気者たち、熱く語る
——現役落語家の本音

前口上

この章では、寄席や落語会で大活躍している皆様の声をご紹介します。現在の東京の落語界を牽引している立場の方々です。落語に対する思いや修業時代の思い出、失敗談など、多岐にわたるお話が満載です。

二ツ目時代の、初々しいインタビューを収録させていただいている師匠も。若い時はこんなことを考えていたのか！　という驚きや発見なども……。

師匠方の「ここだけの話」をお楽しみください。

柳家さん喬

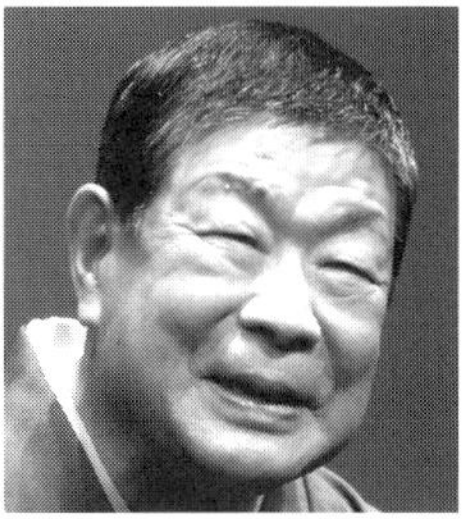
©武藤奈緒美

やなぎや・さんきょう　1948年、東京都生まれ。67年、五代目柳家小さんに入門、前座名「小稲」。72年、二ツ目に昇進し「さん喬」。81年、真打昇進。半世紀以上にわたり日本舞踊藤間流をたしなみ「藤間一寿生（かずお）」の名取名で舞台に上がることも。踊りで鍛えた高座姿の美しさに定評がある。2024年、落語協会会長に就任。

◆東京かわら版編集部よりひと言

上品な時候の挨拶から始まり、優しくまろやかで、みずみずしい語り口に定評があるさん喬師匠。照れからくるのか、高座に座るまで客席を一切見ず、うつむき加減に出てくる姿は、私が高座を見始めた三十数年前から変わっていません。

長く高座を見続けている師匠へ、初めてインタビューする時というのは、聞きたいことや伝えたいことがたくさんあって、あふれんばかりの意気込みが先走り、山のような質問リストと、相手の高座の魅力を賛美したい気持ちが全面に出ており、気恥ずかしさがあります。小学生が横綱に相撲を挑むような取材といいましょうか。

「演者にとって経験値の高さは必要か」とか「落語の形式を使って自分を表現する人について」とか、なかなか攻めた質問をストレートにしていますが、真摯に応えてくださるさん喬師匠の懐の大きさがありがたく泣けてきます。十二代目の落語協会会長としてのご活躍も期待しています。

（佐藤友美）

2006年12月号

（略）

落語に経験値は必要？

――このたび落語研究会で「ちきり伊勢屋」を3回にわたってなさるそうですね。演目は誰が決めたのですか。

さん喬　主催者です。以前、亡くなられた（橘家）文蔵師匠［二代目］にショートバージョンですが、教わってはいました。高座にはかけずにいましたね。

――「やりませんか？」って言われて「やりましょう！」って素直に受けられたのですか。ほかの演目がやりたいと提案なさらなかったのですか。

さん喬　楽をしたくないんです。自虐的なところがあるのかも。研究会の場合は自分からネタ出しをしたことは今まで一度もないなぁ。今の自分の芸は、研究会や紀伊國屋（寄席）のおかげなところはあります。自分の会だとお客様に甘えてしまうので。

――もともと「ちきり伊勢屋」に興味があったのですか。

さん喬　あの噺をどう動かせるのだろうかっていうことに興味があった。当時はもう文蔵師匠しかおやりになっていなかったと思う。僕らが気軽に教われるのは文蔵師匠だけでしたし。ああいう気さくな師匠ですから快く教えてくださいました。ショートバージョンっていったって45分はありましたよ。教わりながら「この噺実際にかけることはあるのかなあ」なんて失礼なことと思ってましたね（笑）。

――現代に通じやすいテーマですよね。病気で余命幾ばくもないとか……。

さん喬　そうなんですよ。非常にシビアなんです。死を宣告された人間がどう生きるかと考えると、ね……そこをやっていいものかどうか……。

――いろんな可能性を探ってたどりつくのと、ストレートにやって、同じ結果に結局行き着くのとは、噺の奥行きとか、密度に差が出るのでしょうか。

さん喬　あると思いますよ。

――演者は経験値の高さも必要なのかしら。

さん喬　ハハハ。それはうちの師匠のいう「たぬきをやるときはたぬきの了見になれ」っていうことなんじゃない？

――身を切るような恋愛のシーンをやるには、やっぱりそれなりの恋愛経験のひとつやふたつはあったほうがいいのでしょうか。

さん喬　フフフ（笑）。身を切るような恋愛ねえ……。あればいいですね。必要だとは思わない。あればあったで、また表現が違うと思うしね。本当に、こいつともう死んでもいいという恋愛経験があれば、「たちきり」なんて、もしかしたら違う演出ができるのかもしれないね。僕には今のかたちしかないですからね。身を切るような恋愛かぁ……うーん、難しいネ。譲れないところはおいといて、理想を追っていくのかもしれないね。

シンプルに行き着く

――今回のCDリリースも（柳家）権太楼師匠と同時の発売ですし、長らく二人会もなさっています。ライバル視されていますか。

さん喬　そういう時期はもう、はるか昔に通り過ぎちゃいました。でも今でも得るものは多い。権太楼さんて、やっぱりこの時代を担う人でしょうね。落語の面白さをアピールできる数少ない人だと思ってます。だから人情噺はやらないで（笑）。僕がやるから。

――お互いに触発されているのでしょうね。

さん喬　きっと一番仲の悪い噺家同士でしょうね。向こうもそう思ってますよ。一緒に酒呑んだりするの嫌いだし。S極とN極にいる正反対な噺家だと思う。だけどやっぱり、敵を知り己を知れば百戦危うからず、だっけ？　まさにそう思いますね。お互いにアドバイスをしあうこともあるし。

――いい関係ですね。ところで、師匠の噺をきいていると、抑えに抑えた、控えめな感じを受けます。そのことで逆に瑞々《みずみず》しさが映えてくるように思うのですが、テクニックなのか、落語家としての美学をそこにお持ちなのか、勘でなさっているのか、言葉にするのは難しいかもしれないのですが、教えてください。

さん喬　あー。うう一。う一一ん。若いころ、先代の（柳家）つばめ師匠に「くさい芸ってよくないんですか」ってきいたんです。そしたら、袴《はかま》を着けながら「きみねえ、若いうちにくさくなかったらどうするの」って、おっしゃった。くさいのがいいとか悪い以前のことだと。いろんな表現を身につけて、必要のないものを全部削《そ》ぎ落としてはじめて、そんなにオーバーに表現しなくても、おなじものが表現できるようになる。磨き上げたものがおなじになるって。

——ははあ、なるほど。

さん喬　うちの師匠が淡々としてて、どうしてあれだけすばらしいのか。若いときにいろんなことを駆使して演じ、そのあとどんどんどんどん削ぎ落として、シンプルな型に行き着いたからです。僕も感情を押し出すことに躍起になっていたことがあります。でも「それはお前の気持ちだろ。観客は望んでいない。お前の気持ちをなぜ人に押しつける」って師匠に言われまして、ハッとして、そのときは体中の鱗《うろこ》が全部落ちるかのような気持ちになりました。それまでは、自分でも息が詰まるような落語をやっていたように思います。今は押しているわけでも引いているわけでもないんです。この言葉をくれた師匠には、ほんとにありがたいと思ってます。

——今日はいいお話をありがとうございました。

（聞き手　佐藤友美）※取材協力＝落語協会

2014年12月号

（略）

言葉は道具である

さん喬　言葉って、人間の感情を伝える道具だと思っているんです。どこの国の人は泣くっていう悲しい感情がないとか、笑うっていう楽しい感情がない、というのはないんです。全ての人間には同じ感情があるんです。言葉という道具の選択を誤っていくと、噺の登場人物や自分の思いを伝えられない気がします。言葉の選択ってとても難しいなと思います。それが日本語の勉強にもつながっていくんですけどね。この頃思うんです。今の人間はメールとかスマホ、指で感情を伝えようとしてますね。指では感情は伝わらないんです。文字として成り立つだけ。指に感情はない、ここ（心）やここ（頭）にあるものですから。だから、メールでケンカしたり誤解がある。携帯（電話）もそう。出る前に誰からかかってきたかわかるでしょう。対処の仕方がわかってる。そこに人間の小ずるさが出てしまう。

――そうですね。

さん喬　昔は電話は「ハイ、さん喬でございます〜」って、誰にも失礼のないよう、愛想よく電話に出ていた。今は「あ、なんだ弟子か」って先にわかるから、無愛想に出たりする。ディスプレイのない対話が面倒になって、言葉が減って感情が伝わらなくなる。

――なんでもかんでも億劫《おっくう》がって楽な方へきてしまったんですね。

さん喬　そうでしょうね。落語もそうなってきていますよ。ディスプレイの落語。「今日のお客さんはこうやっていじれば受けるだろう」って。昔はそうじゃありません。いつ誰が、どこで聴いているかわからない。今はある程度、自分のお客様を相手にディスプレイが決まってしまっている。こういうふうにやればいいだろうと、だんだんとなっていく。だから不特定多数のお客様のいる寄席が怖いんです。寄席が修行の場だというのはそういうことなんですよね。昔は落語を聴きに行くのであって、演者を聴きに行くのではなかった気がしますね。今はありがたいことにさん喬を聴きに行くというお客様がいらっしゃる、人情噺をやればお客様は喜んでくださるだろうという対策が私ですらできてしまっている。良くないんです。みんなさん喬は人情噺がいいとか女性の出てくる噺がいいとかおっしゃいますが、僕は本当は滑稽噺も大好きなんです。

――需要があるから応えざるをえないのでしょうか。

さん喬　そうですね。お客様も演者もディスプレイがあったほうが楽だから、否定はできないんですよ。否定したら落語が止まってしまう。落語は継承文化です。四百年前にできあがった落語自体を継承していく。歌舞伎や能・狂言というのは、そのかたちを、より素敵に魅力的に見せていく。落語はもう初手から、どんどん変わっている。かたちは継承していないんです。継承させるためにディスプレイがある程度必要な面はあるんですね。僕たちが後世に伝えるのはさん喬の落語ではなく、先人たちが作り上げた落語というものを次の世代に合うものとしてお客様に見せていく。ある程度支持されているからこそ、こうして残っているのではないかと思います。みんな己の作り上げた落語を継承していけばいい。そうして面白くなっていくんだと思う。

――落語の形式を借りて自分を表現する方もいますね。

さん喬　それも継承のひとつだと思います。

――古典落語を次世代へつなぐお取次ぎの感覚でいらっしゃる。

さん喬　そうです。

――でもこれだけさん喬ファンがいるというのは、継承と言いながらも、にじみ出てしまう師匠の個性に皆が惹《ひ》かれているからだと思います。

さん喬　古典の登場人物を心情的に自分がどう理解したか、ということなのかな。何をどう個性的に変えたかというのは、自分の中では特にないんですね。うちの師匠に「お前の考えなんて誰も聴きにきちゃあいないんだ」って言われた時のあの感じ、いわゆる個人の色を出したい気持ちもわかるんです。そうすれば俺の話をきいてくれるよってなる。

　師匠はこうも言いました。「男も女もじいさんもばあさんも子どもも、みんな面白いと思うものが落語だ」と。それから僕は変わったんです。

――その言葉を師匠からもらっても、すぐに変われるものではないですよね。

さん喬　おっしゃるとおりです。

――その言葉を胸に秘めつつ……。

さん喬　そうですね、今でもそれは思っています。新しい噺を覚えるじゃないですか、この人物はこうやってみようか、と思うことがあるんです。でも、待てよ、って。まずはあたりまえにやってみて、それからだろうと。たまに「もとのはなしと全然違うね」なんて言われるんです。台詞も変えずに、きちんとやっているんですけどね。いつのまにか登場人物の中に自分が入り込んでいっちゃうんですかねえ。

――それはすごいことです。

さん喬　絵を描くことによって、お客様と共有できる。言葉で笑わせていくのにも絵がないといけない。うどんやが「そうですな」って言いながら、この人うどん食ってくれるのかしらと思ったり、

「長短」でも長々のんびりしゃべっているのが面白いんじゃなくて、脇で短七さんがイライラしているのが見えてくるのが面白いんです。「粗忽長屋」もそう。周りの絵があるからこそ面白い。

――観客は見えないところの絵を見ているんですね。

さん喬　そういう風に落語というものはお客様との一瞬の共同作業で、その場にいたお客さんだけが味わえるもの、だからお客さんはまた来ようと思ってくださるのかもしれません。

高座の美について

――師匠の高座の美しさ、綺麗さについては定評がありますが。

さん喬　美しくなんてないです。

――師匠が自分の高座の美しさにどれくらい自覚をもってこだわっていらっしゃるのか。

さん喬　よくね、自分の紹介文とか含めてそうおっしゃっていただくことが多いんですけどね、自分で意識したことないんですよ。「嘘だよ、背中丸まってるし、首は出てるし。美しい高座姿なわけねえよ」って思うんだけどね。

――綺麗でありたいというご意志が強くおありなのかと。

さん喬　これですから綺麗にはならないと思うんですけど。もし何かあるとすれば、やっぱり、踊りの影響かな。踊りってどうしても所作が綺麗なことが望まれますよね。でも所作は綺麗なことばかりじゃありません。舟長《ふなおさ》や見苦しい田舎の奴が出て来ることもある。いろんな人を踊りで表すわけです。でも容姿としては綺麗にやらなきゃならないですよね。絵を描くことを意識をするようになったのもたぶん踊りのおかげ。そこにいる惚れている男に怒っていたりとか、相手が架空の者としてそこにいる。

――なるほど。それと、師匠の噺に出てくる女性はみな美人に思えます。どうしてあれ程女性を初々しくみずみずしく、しかも器量よしに描けるのか。

さん喬　そうですか。

――清潔感があって芯があって楚々としていて。ああいう女性になりたいなって聴いていていつも思います。

さん喬　（笑）。

――師匠の女性の好みや理想が投影されているのでしょうか。

さん喬　僕は女性の好きなところは、顔かたちももちろん優先順位に入ってきますけど、一番は心情的な美しさでしょうね。内側が綺麗な人は美しさが表れてきますよ。美しさは内側のものだと思います。またお芝居を観るとね、いい女優さんや女形がいますから。そういうのも勉強になります。

――出てくる男性も男前で、噺の登場人物が、美男美女ばかりのイメージがあります。いろいろ試してみて最終的にやっぱりこれだなって行き着くものなんですか。

さん喬　そうですね。「腑に落ちる」て言葉あるじゃないですか。人の噺を聞いてるだけで腑に落ちることがあるんですよ。「そうか！　だからなのか！」って。「百年目」って噺があるでしょう。僕その噺、ずっと腑に落ちてなかったんですよ。こんな商家の番頭が遊び惚けてておかしいと思ってたんです。あるとき上方で「百年目」聞いたときに「この船場《せんば》では」っていう台詞を聴いて、はじめて腑に落ちたんです。江戸では商業規模は非常に小さい、十人もいたら大店ですよ。あちらでは五十人百人が大店です。だからそこの番頭さんですから、賄《まいない》はもらうでしょうし、お給金だっていくらでも遊べるだけもらっているわけ。江戸の規模だとどうしても理解がつかなかった。それが船場って言葉だけで腑に落ちた。それから「百年目」をやってみようって気になったわけ。ちょっとしたことだけど、やっぱり人の噺は聞かなきゃダメですね。権ちゃん（柳家権太楼）なんかと会やってるとね、聴いてて「なるほどね、こういう風にやりたいわけね」って思う。「権ちゃんさ、あのサゲこういう風にやった方がいいよ」って言ったりすると、あの人素直なところあるから、「それやらしてもらう」って、それからそういうサゲでやってるときありますよ。逆に自分も「あ、今、権太楼入ってる」って思うときあるン。

——（笑）。権太楼師匠も「あ、今、さん喬が入っちゃった」思っている時がきっとあるのでしょうね。

変わらぬ容姿のヒミツ⁉

——いつもどんなところでも全力でっていうか、お疲れの時もあるかもしれないのに、常にサービス精神のかたまりですよね。師匠が頑張れる原動力を教えてください。

さん喬　お客様に喜んでいただくのが好きなんでしょうね。お客様が喜んで帰ってくださるのが大事だと思っていますから、そこで俺は体調が悪いだとか、なんで三席やる必要があるのとかは考えない。

――疲れを回復させる方法はございますか。

さん喬　オフタイムの開放感かな。「今日はテレビが観られる」とか。

――なんてささやかな……日常の幸せでしょう。

さん喬　今日は落語のこと考えずに寝られるなー、とかね。そういう開放感。嬉しいなありがたいなと思いますね。

――ご多用ですから、そんな日は少ないですよね。

さん喬　そうですね。

――私がはじめて拝見した時の師匠が四十代前半ぐらいで、それから全く見た目が変わっていらっしゃらないんです。ずっとみずみずしい高木作左衛門［「井戸の茶碗」に出てくる若侍］のままです。

さん喬　（笑）。嘘だよ、変わってますよ。シワも増えてるし。

――太っても痩せてもなく、おぐしも豊かで、お変わりありません。

さん喬　そうですかねえ、ありがたいな。でも自分の中では、相当ロートルになってますからね。若々しくしていたいとか、そういう風には思っていないですからね。自分はこれだけはっていうのは、いつまでも前座でいたいっていう気持ちはある。前座みたいな初々しさというのではなく、いつまでも気働きができるようでいたいな。だから、俺、皆さんが評価してくださるような人間ではないんですよ、本当に。

僕は隅っこにいるのが気の楽な人間ですから。だからそれが若々しさにつながっているのであれば、うれしいですね。

（聞き手　佐藤友美）

五街道雲助

©横井洋司

ごかいどう・くもすけ　１９４８年、東京都生まれ。68年、十代目金原亭馬生に入門。69年、「金原亭駒七」で前座。72年、二ツ目に昇進して「六代目五街道雲助」。81年、第1回真打昇進試験により、柳家さん喬らとともに真打昇進。寄席での軽い噺から三遊亭円朝作品の長講まで、その持ちネタは多彩かつ流麗。２０２３年、落語界４人目の重要無形文化財保持者（人間国宝）となる。

◆東京かわら版編集部よりひと言

雲助師匠は、馬生一門の二ツ目さんとして「木挽寄席」の１９７６年４月の第２回に出演され、「天災」を掛けています。会は月一で34回続けましたが、この間14回の出番を数えています。当時は雲助なる名前が異彩を放っておりご自分で広めた名前のせいでＮＨＫに出られない、という噂が東京の落語界に蔓延《まんえん》し、若い女性ファンが直接ＮＨＫに問い合わせた事もありました。「木挽寄席」を卒業したあたりから、円朝ものに積極的に取り組むようになり、昔の速記本を読み込み色々と工夫を重ね、50年かけて雲助師なりの「円朝もの」を造り上げました。それらの成果が実り、２０２３年暮れ、落語界４人目の人間国宝に認定され、「落語」の存在を世間にアッピール致しました。師匠は本所《ほんじょ》に住んでおり、ひと頃体を鍛えようと、私が関わりを持っていた両国のスポーツクラブに、ご自宅から古い自転車に乗って足しげく通ってきていたことが有りました。

（井上和明）

1985年3月号

——「五街道雲助」という名前は、やっぱり凄い名前だなあと思うんですけれど、初めてのお客さんで驚かれる方もいらっしゃるでしょう。

雲助　驚かれるぶん、覚えてもらいやすくていいですよ。自分では気に入って付けた名前で別に驚かそうと思ったわけじゃないんですけど、付けてからまわりの反応が凄いんで、こっちがびっくりしちゃった。NHKが「雲助」が差別用語だから使ってくれないっていうのは、こっちでいいふらしていただけで、ちゃんと出して頂きましたしね。ただ、結婚式なんかの仕事は、さすがに来ないけど……。

——師匠は江戸っ子ということで、小さい頃から落語と接してこられたんですか？

雲助　いや、そうでもありません。小学生の頃はおふくろが好きだったんでよく鈴本（演芸場）へ連れてってもらいましたけれど、中学、高校はラジオで聞くぐらいで。大学で落研に入って、それで病付《やみつ》きになっちゃった。新宿の末広亭に弁当持って行って、一日中聞いてたり。（金原亭）馬生師匠がトリの時は、7日間くらい通いました。あとは雰囲気が好きな人形町の末広によく行ったなあ。池袋演芸場は一度もないんです。噺家になってから初めて行って、凄い所にあるなあと思いました。

——馬生師匠に入門した動機というのは？

雲助　当時、馬生師匠が一番いい時でね。昭和43年頃、ホール落語に志ん生師匠が出なくなって、代わりに馬生師匠がでてきたところで、師匠も認められようと思って一所懸命だったと思いますよ。とにかく、よかった。それで、もう惚れちゃってね。

――でも、学校をやめて落語家になるっていうのは、かなりタイヘンでしたでしょう。

雲助　ホント勉強しなかったんだね。まるっきり。1年で不可が八つくらいあったし、2年になっても試験にも行かない。これじゃあ、とても3年になれそうもないってんでね。当時は全共闘の時代だったけど、まったくのノンポリで関係なしで、休講になると喜んで寄席へ行ってた。

それで、馬生師匠のお宅へは3回ぐらい訪ねて行って、最初は師匠が留守で弟子に断わられて、次に師匠に断わられて、3回目に行った時に両親を連れて来いって。その時に、保証書をとられた。なんでも少し前に、ワリ（寄席の出演料）を持って逃げた奴がいたんだって。隣のおじさんに書いてもらった。

――師匠が前座の頃の思い出なんていうと、どんな話がありますか？

雲助　うーん、わりとしくじったりはしないほうでしたね。まあ、前座の頃は、しくじる奴ってえのは決まってましてて、こっちのしくじりも、その人の責任になっちゃったりして。

思い出といえば、文楽師匠を楽屋で聞けたこと。ホントに凄かった。お茶を出したりするのが怖かったぐらい。近寄りがたい存在というか、後光が差してましたよ。志ん生師匠は、今の志ん五さんなんかと一緒にお世話したんです。インチキ将棋の相手をさせられたり、色々ヘンな話を聞かせてもらったり。隅田川に三間もある鯉がいて、そいつが通ると川が真赤になった。よく見ると鯉に耳がはえてた、なんてえ話を、こたつに入りながら聞かせてくれました。

——今、師匠のやっている定期的な会というとどんな会があるのでしょうか?

雲助 「四季の会」が、年4回、本牧亭で。小燕枝［現・柳家さん遊］さん、さん喬さんと3人で、ネタおろしの会というかたちでやっています。あと、「円朝座」。こちらは年4回、四ツ谷倶楽部で、談生［現・鈴々舎馬桜］さんと一席づつ円朝ネタをかけています。

——1年何席というかたちで決まってネタおろしを出してゆくというのは、タイヘンな作業でしょうね。

雲助 うーん、それでも、ネタがふえてゆくってゆうのは、勉強になりますからね。ただ、ネタおろしとなると、前座の頃からずうっとやってるわけで、最近では、いいネタとか、やりたいネタっていうのが、だんだん少なくなってくるんです。ネタ探しに苦労しますね。そのうち、今までやってきたネタでオクラになっちゃったネタを虫干しするような会をやりたいんですけどね。「居残り」とか、「火事息子」、「芝浜」……それっきりにしちゃうには惜しいネタが随分あるんです。寄席のトリの時なんかやってみようと思うんだけれど、やっぱり不安なネタはかけられませんね。お客さんに悪いし……。どうしても、慣れたネタじゃないと……。

——「円朝座」というのは……。円朝ネタをやってみようというのは、何か理由があってのことですか?

雲助 ええ。私たちが入門した当時は、文楽師匠や馬生師匠といった人たちがいて、落語の本流みたいなものに憧れて入ってきたわけです。それが、入門してから、文治師匠のおもしろさがわかってきたり、キャラクターとか個性を持った芸が貴重じゃないかって思えてきて、そういう勉強をしてきたわけです。で、それなりに工夫したりして、一応雲助節なんて言われるような芸をつくってきたわけです。そこでまわりを見渡してみると、今度は正統派がいないという……。みんな、個性を持ったキャラクター派になっちゃった。これじゃあいけない。本当のところがいなくなっちゃうのは寂しい。私自身も、受けるこつだけ覚えて流される芸になるのは困る。落語本来の演じる芸、人間や感情や情況を演じるという基本にもどってみなくちゃいけないと思いましてね。そのためには、円朝っていうのは、たいへん勉強になる素材なんです。普通の落語はデフォルメして演じなければおもしろくならないんだけれど、円朝ネタはそのまま演じるものだから。怒る時は怒り、泣く時は泣き、侍は侍らしく、江戸っ子は江戸っ子らしく……。これが、でも、難しいんだ。実に辛い作業でね。やってる最中に受けるところもないから、お客さんの反応もわからないし……。ここへ来てくれるお客さんっていうのは、ホントにありがたいですよ。当然、円朝ものを見事に演じるのを期待してくれてるわけじゃあないし、私が円朝ものをやっていくうちに、どれだけ熟せるようになっていくのかを見に来てくれるという、昔の常連みたいな人たちだから。

円朝ネタは、当然他ではかける場所もないし、これをものにして商売にしようとは思っていませんね。円朝ネタをやっていくことが、勉強になればと思っていますから。ホントにやれる自信がついた時は、寄席なんかでかけてみたい気はするけれど、まだまだ、ずっと先のはなしですよ。

——この3月31日には、新しい会をはじめるそうですけれど……。

雲助　池袋演芸場の余一会で、今はあまり演じられることのない噺をやってみようじゃないかという企画がありまして、それに参加させて頂きます。一応、「九州吹きもどし」っていうネタをやる予定なんですけど……。最近では、（三遊亭）円馬師匠ぐらいしかやり手がいなくて、本によれば、円朝が手を出せなかったネタなんて書いてあるもので、これはどうしようかと頭を痛めてるんですけれど……。今はまだ資料を集めているところなもので、当日はどうなることか……。

あっ、この日は他に、末広亭で昼夜共、若手花形落語会もありますので、こちらの方もよろしくお願いします。恒例の住吉踊りもやりますので……。

――その他、今後やってみたいネタなんていうのは何かありますか？

雲助　馬生師匠が色々変わったネタをやっていたんでね、それを少し手をつけてみたいと思っています。「つづら間男」とか……。これは、若いうちにはやりにくいネタだと思うけれど……。あと、「お富与三郎」をやってみようと思っているんです。新ネタっていうのは、これをやってみよう、あれをやってみようって考えているうちは楽しいんだけれど、いざ会の当日が近付くと、怖くなるもんですよ。

――師匠の趣味なんかについて、聞かせて下さい。

雲助　趣味は、「禁煙」です。（と、セブンスターに火を付ける）いやね、のべつ「禁煙する」って言っちゃあ煙草吸っちゃうもんで、かみさんが「禁煙が趣味みたい」って言うんで、それはいいや、「趣味は？」って聞かれると「禁煙」って答えることにしたんです。

あとは、酒ぐらい。でも、最近はあまりやらないんです。昔は、新宿のゴールデン街に行きつけの店が5、6軒あって、それをとっかえひっかえ行ってたけれど、今は行きませんね。

人生でおもしろいっていうことは、その時々で色々あるんじゃないかと思うんです。昔は、酒飲むのがおもしろかったけれど、今、子供が2歳なもんでね。子供と遊ぶのが一番おもしろいんですよ。

（構成　稲田和浩）

2007年6月号

（略）

円朝の感触

――円朝ものの、めぐる因果とか、どろどろ系のストーリーはお好きですか。

雲助　いやぁ、好きじゃあない。しかし円朝を演る場合はおのずとそうなってしまう。殺しの場面にしても泥の匂い、血の匂いがしてくる。虚実というのがあって初代（古今亭）志ん生が得意にしていた「お富与三郎」はどちらかといえば綺麗ごとなので、虚が多い。虚が多い方が粋にできる。円朝は実が多いから、野暮になる。でもその人間のとらえ方、えぐり方というのは、ものすごく深い。この深さをきちんと描かないと円朝ものはヘンになる、面白くない。

――両立は不可能ですね。

雲助　円朝ものを粋にやるのは難しいよ。粋にやると浅くなってしまう可能性があるから。「やんま久次」という噺があって、円朝作と言われているんだけど、やってみてこの感触は円朝じゃないなと思った。詳しい方にうかがったら、やはり違った。初代の志ん生が得意にしてやっていたときいて、はたと気が付いた、そうだこれは初代志ん生の感触だ、と。そのときはっきり分かった。

——演者が実際に声に出してやってみて、円朝作品かどうか分かるというのは、リアルですね。リズムというか、何かを肌身で感じているんだなぁという気がします。私が読んだだけでは分からないような、微妙なニュアンスなのでしょうね。それはどういったところに感じるのか、もう少し詳しく教えてください。

雲助　ウーン。具体的には出てこないけど、やってみた感触としか言いようがないね。難しいネ。

——落とし噺でも、文献を辿ることをやっていらっしゃるのですか。

雲助　辿れればね。

——ネタおろしするときは、必ずそこからはじめるのですか。

雲助　大体そうだね。まずは速記からあさりはじめる。（初代三遊亭）円右（の速記）いいなぁ、からはじまって、こさえてゆく。現代の噺家さんから教わるというのは意外と少ない。

——そうすると、ここのこれはいいね、あっちのこの部分がいいねっていって、ピックアップしていくのですか。

雲助　あちこち取ってまわったら、訳が分からなくなっちゃうから、「あ、これだ」というホンをまず見つける。

——師匠には落語通のファンが多いですよね。その理由の一端が垣間見えたような気がします。

雲助　古くからの落語聴きには、はまるところがあるのかもしれないね。たとえば「付き馬」なんかもめくらの小せん（初代柳家小せん。明治期の落語家。30歳ごろ失明したため「めくらの小せん」と呼ばれた）の速記だと「築地まわりのボギー車が」とか言い回しが入ってるン。つい嬉しくなってやってしまう。そういうのはもうあたしの趣味（笑）。それが合う人には好んでもらえているのかも。

――「花やしきに行って、ゾウにパンをやる」とか（笑）。

雲助　「瓜生岩子《うりゆういわこ》（明治期の社会事業家。浅草寺境内に銅像がある）の銅像がある」とかね（笑）。

――師匠は落語おたくですね。

雲助　落語が好きなんだね。特に陽の当たらない落語が好きなのかも（笑）。

志ん生・馬生

――師匠である十代目の馬生師匠も色んなネタをおやりになってますよね。

雲助　数はすごかったよね。

――志ん生師匠もそうでしたね。

雲助　なんでも高座にかけちゃうんだね。でも……ぞろっぺえなんだな。志ん生師匠はあのキャラクターでもって何でも聴かせてしまう。あたしの場合はその役に入っていかないとだめで、ああいうやり方はできない。だからきちんと速記からおこしていって、人物の役柄だとか、そういうところから入っていく。あたしのほうが手間はかかってるね。

――志ん生師匠は完成度とかはあまり気にしないのかしら。

雲助　たぶんそうだね。うちの師匠もそうだった。目黒《めぐろ》に寄席があったころ、トリとってて「何やろうかな〜」なんてつぶやいて「ああ、そうだ長二長二」ってつぶやきながらフンフーンって高座へあがっていって、何やるのかなって思ったら「名人長二」かけてた（笑）。

――いきなり（笑）。

雲助　出来はまあ、よくはなかった。さらいもしないでやっているんだからね。でも平気でかけちゃう高座度胸があるんだな。

――あれだけの噺をぶっつけでやっちゃうんでしょうか。本当は家で猛稽古してたりして。何やろうかなってつぶやきながら、実はもう心の中ではとっくに決まっているのでは。

雲助　我々に稽古をつけてくれることはあっても、うちの師匠が稽古してるのは見たことはなかったなぁ。一度だけ、宇野《うの》信夫《のぶお》さんが師匠のために書き下ろした「初霜」という作品の時だけだった。普段はざっと頭の中にあらすじが入ってて組み立てて、もう高座にかけちゃう。

――師匠はその方法を試みたことはありますか。

雲助　「お見立て」を覚えはじめのころ、よく覚えていない状態からかけはじめて、かけるたんびに不思議な間ができてて、「ああ、こういうふうにかけていくやり方もあるんだなぁ」と思ったこともある。でもうちの師匠みたいに変幻自在になんてのはありえないな。

――憧れますか。

雲助　ある程度年がいって、そうなればいいね。「町内の若い衆」や「火焔太鼓」とかを、巧むことなしに、ぱーっとやってわーっと受けてすーっと高座を降りるというのは理想ではある。

ハラの必要性

——落とし噺と円朝の続きもの、両方やっていると、影響というか相互関係はありますか。

雲助　やっぱり落とし噺ばかりやってると、ハラを忘れてしまう。登場人物の葛藤《かっとう》の中で面白さが出てきてクスグリになるはずなのに、だんだんそれがただのギャグになってきてしまって、意味も考えず言ってしまいがちになる。それじゃあクスグリがクスグリでなくなっちゃう。そういう状態の時に、人情噺を稽古していて、あ、ハラがないといけないって気付く。人情噺はハラがないと絶対できないから。そのへんが落とし噺に還元されてきてる。ハラをもって落とし噺をやれば、どんなにオーバーにやってもくさい芸にはならない。戯画化しても大丈夫。……あのとき人情噺をやらなかったら、もしかしたら自分は今でもわけのわからない落とし噺をやっていたかもしれない。

——逆はいかがですか。

雲助　チャリ（滑稽な場面）は入れやすくなる。間は覚えるね。

——長講の人情噺にチャリは必要ですか。

雲助　……。場合による。場にもよる。人情噺を聞き慣れたお客様ばかりなら、必要ないなと思うし、聞き慣れていないようなお客様ばかりのところなら、ここで一息入れたほうがいいな、と思う。

——ストーリーは全部知っていて、分かっていて、そして……覚えるんですよね？

雲助　ウン。試しに一頁分覚えてみなよ、どれだけ大変か（笑）。

——頭の中が真っ白になってしまったらどうしようという不安はありますか。

雲助　不安があるから稽古しているんだろうね。円朝ものは、恰好《ナリ》に関する記述がずいぶんあるんだ。我々からすると恰好の記述ほど覚えづらく忘れやすいものはなく、難物なんです。そこをとばすという手だてもあるけど、とばすと味に欠けてくるような気がする。聴いてどういう恰好なのか具体的には分からなくても、全体からいい恰好なのか、綺麗な恰好かは伝わると思うので、味が薄まるようなことはしたくない。なるべく忠実にやりたい。

——噺を残すという義務感はお持ちですか。

雲助　これまで伝わってきているものを、今の噺家がやらないで廃《すた》らせてしまうことは、我々世代の噺家の怠慢だと思う。一応、自分の世代まではやらなくてはいけないのではないかという義務感……なきにしもあらずだね。

——残すべき秀逸な作品でもあります。

雲助　円朝作品が読むだけのものになったらそりゃあ寂しいよ。語りの芸だから、語られてこそ面白いと思うんで。読むだけじゃ情けないよね。

——円朝ものをはじめた当初と、キャリアを重ねた今、演るのとでは、いろいろ違うでしょう。

雲助　落とし噺は刈り込んでいって良くなるけど、人情噺は細かいところまで神経を行きわたらせて付け加えていくことで良くなる。付け加えるというのは、セリフを増やすことではなくて、ひとつのセリフの中にどういう感情を込めるのかといった、そういうことを目端を利かせ、すみずみまで行き渡らせるということ。初演ではそこまでとてもできなかった。何十回も演っているわけではないけど、少しずつ目がいくようになってはきているから、そのぶんはよくなっているかもしれない。

――それにしても師匠は軽い噺から重い噺まで、オールマイティーですね。

雲助　噺が好きなんだね。

――ちかぢか、ネタおろしの予定のある演目はありますか。

雲助　「動物園」「新聞記事」「芝居の喧嘩」かな。だいぶ前に教わってまだやってない。そろそろかけなきゃなーと。やるかまだわからないけどね。

――ぜひ拝見したいです。楽しみにしています。今日はありがとうございました。

（聞き手　佐藤友美）

2024年1月

二ツ目時代の奮闘

雲助　（表紙の絵馬に文字を書こうとして）書いてほしいオツな文句がありますか。

――「人間国宝」でしょうか。

雲助　やめてくださいよ、それじゃなくても国宝疲れしてるんだから。

――「国宝疲れ」（笑）。今現在はどういう状況なのでしょう。

雲助　官報に載ったのでもう間違いないらしいです。よっぽどひどいことをしない限りは（笑）。

――認定証はもらったんですか。

雲助　認定証交付式は11月29日。文化庁は京都へ移転したので京都へ行きます。

――交通費は出ます？

雲助　出ない。文化庁から電話がかかってきて「お連れの方は何人ですか」「私一人ですけど」「えっ？」みたいな感じで驚かれた（笑）。大勢連れてくる人もいるらしい（笑）。あたしは師匠の形見の紋付を持っていってそれを着て式に臨むつもり。少しは恩返しになるかしら。重要無形文化財保持者の名称は長いので、マスコミが名付けた人間国宝が世間では浸透しているけど、「ますます芸を磨き、それを後進の者に伝える、そういう立場になりましたよ」ということだから責任感が出てきてます。

――人間国宝という話が来た時、どんな感じでした？

雲助　突然に来る。ほんとにいきなり、青天《せいてん》の霹靂《へきれき》です。相撲の大関昇進を知らせに来るような、屏風を立てて紋付袴で待ってるところへ使者が来て「どうかお受けを願います」「謹んで受けさせていただきます」みたいなのはまるでない。電話一本。

――もしその電話がかかってきた時、いないとどうなるんですか。

雲助　他のとこいっちゃうんじゃない（笑）。

――箝口令《かんこうれい》を敷かれていた期間が1ヶ月くらいあったのでしたね。

雲助　そうですね。（柳家）小三治師匠の時は記者会見をやってるんです。だから私も落語協会に会見のセッティングをお願いすれば1回で済んだはず。でも喋っちゃいけねえっていうから、落語協会にも喋らないでいた。発表の当日になったら取材依頼が殺到。NHKの動画のニュースを撮ってたりもして。電車のモニターにそのニュース映像が繰り返し繰り返し（笑）。

――一躍時の人でしたね。

雲助　あの時はちょっと面が割れてたね。電車の中でいきなりおばあさんが寄ってきて、「おめでとうございます。一緒に写真よろしいですか」って言われたり、浅草歩いてたらどっかのおじさんが寄ってきて「師匠、おめでとう。本所《ほんじょ》なんだって？　俺も本所なんだよ。大したもんだよな。葛《かっ》飾北斎《しかほくさい》だろ、勝海舟《かつかいしゅう》だろ、五街道雲助だ。ありがとう！」って。そのおじさんのおかげでネタが増えた（笑）。

――師匠が人間国宝になったおかげで、また落語というものが一般に広まったことは間違いないです。小誌が今年で50年を迎えまして、師匠がこの世界に入られて五十数年。昔の資料をいくつか持ってきたので、その辺のお話を聞かせていただきたい。まず一つはですね、昭和50年の小誌に、浅草の木馬亭の落語の顔付けが載ってるんですね。当時、都内の定席は上席がやっと載っかるぐらいで、番組は全然載せられなかった。ただこの3か所、東宝演芸場と木馬亭と松竹演芸場は顔ぶれが早めに決まってたんで、掲載することができたんです。

雲助　松竹と木馬は噺家はあまり出なかったですね。一人か二人。

――東宝演芸場は名人会形式でほとんど若手の方は出ないと。

雲助　出られなかったです。

――師匠は木馬に出ていましたが顔ぶれは誰が決めてたんですか。

雲助　（むかし家）今松兄さんが木馬の人に頼まれて、若いのを入れてたんじゃないかなと思うんですけどね。木馬の人は噺家にどんなのがいるかもよく分からない。安来節の小屋ですからね。安来節が廃《すた》れ始めた頃なので、安来節は短いから「お前ら長くやってくれ」って。最低でも40分やるみたいな。こっちからすると高座があるのはありがたかった。お客さんはもう完全に木馬の安来節のお客さん。私が高座に上がってると、いきなり前に来て。知らん顔してやってるとしきりに手を振るの。なんだろうって見たら千円札が挟まってるの。「ほらほらほら」「どうもありがとうございます」って受け取りました（笑）。

――高座の最中におひねりをくれるわけですか。

雲助　そうですよ。どじょうすくいの合間にやるからそれと同じ感覚なの。今松兄さんがやってる時は、ショートホープを五つばかり（笑）。コウモリ傘を投げられた者もいます。

――今は木馬の2階は大衆演劇の小屋になってますけど、戦後間もない頃から安来節をやってて、調べたら昭和52年の6月まで安来節一座をやってたんです。最後の時にはゲストに談志師匠なんかも。

雲助　（資料を見ながら）本当だ。

――当時二ツ目の方が、一般のお客さんの前でやる機会ってなかなかなかなかった。

雲助　なかったです。自分たちでなんとかこさえるとか、そういうのしかなかった。だから、本牧亭で「若手花形落語会」というのをやってくれたのはありがたかったですね。あとは、井上（和明）さん（本インタビューの聞き手）が仲間とやっていた「木挽《こびき》寄席」もそうですけど、高座の機会を与えてもらえることが大変に嬉しかったです。その頃は落語だけじゃどうにもならないですから、随分余興をやったりしてたんで。今の若手は高座が多くて幸せですね。

――木挽寄席の第1回が昭和51年の3月に行われまして。3年弱、34回しかやってないんですけど、おそらくその3分の1ぐらいに師匠は出られてるんですよ。元々はぬう生（円丈）さんと小三太（さん遊）さんと馬太呂（馬好）さん。その3人の会をやってるメンバーが集まって、木挽寄席を始めようと。二ツ目さんの会を、みんなでやれないか、ということで何人か同人が集まって始めたのがこの会なんですね。当日の入場料で全て賄《まかな》うと。いつもゲストにお一人、大看板をお願いしたんですね。いろんな方が出てくださってるんですけど、記憶に残ってるのは馬生師匠（十代目）と、（林家）正蔵師匠（八代目）。馬生師匠のお宅に行って出演のお願いをして。ついては、御礼が少ししかご用意できないんですけれども、と話したら、師匠が「自分の弟子たちが面倒になってるんで、会に出ることは構わない。だけど、落語の会にその金額で出たっていうのは困る。だからもらわない」とおっしゃったんです。

雲助　なるほど。

――正蔵師匠は同じようなことでお願いしたら、黙って御礼を受け取って、帰りがけに「これは寄付だよ」って我々に渡してくれて。

雲助　ほう。（ネタ帳を見ながら）これは私の字だな。前座来たらず……って書いてある。

――師匠が円朝ものをやりだしたっていうのは、この少し後の時代になりますね。当時、円朝ものをやってたのは。

雲助　圓生師匠と、正蔵師匠（八代目）、うちの師匠ぐらいね。

――速記本とかそういうものを元にして。

雲助　二ツ目の身分で圓生師匠に教えてくださいなんてとても言えません。もちろんうちの師匠も林家（正蔵）にも。円朝全集の速記本から掘り起こすより手がなかった。二ツ目の頃に歌舞伎座の近くにあった町内会館の座敷を借りて、そこで「円朝勉強会」を始めたんですけど。最初はお客様が17、8人いたのが4回目か5回目で、ついに一人に。「可哀そうだから」って寿司食いに連れてってくれた（笑）。

円朝全集から掘り起こすってのはかなり大変なんですよ。言葉遣いが古いじゃないですか。読み下すだけでもかなり骨が折れるんですよ。同じネタでも名人橘家円喬《たちばなやえんきょう》の「牡丹燈籠」は読み下しやすいし、覚えやすい。これでやろうかなと思うけども、何度も読んでるうちに、なんとなく軽いというか、饒舌《じょうぜつ》すぎる。円朝の方は訥々《とつとつ》としてるんだけども、そうやってだんだん、だんだん掘り起こしていくと、ここからこうなるからこういうセリフになるんだろうなとか、こういう間があるんだ、みたいな気付きがある。奥が深いんだ。

――円朝全集は出版されてますけど、円喬師匠の速記本は。

雲助　「百花園」ですね。あの頃は国立演芸場の資料室にのべつ行ってた。貸出はしてくれないから資料室でコピーを取るんだけど1枚30円だか50円で高いんだよ。そのうち顔になって「じゃあいいですよ」って。コンビニへ持ち出して安くコピー取らせてもらった。資料室にはずいぶん世話になったね。

――円朝師匠の全集は、確か3回出てますよね。

雲助　出てますね。私、世界文庫の一番古いやつをなぜか学生の時に買ってるんです。戦後すぐのだから、質が悪くて活字がもう薄くなってる。

――それを元に円朝師匠のネタにアタックしようと。

雲助 そうですね。古速記から掘り出すという作業が面白かった。「宮戸川」なんかも、三代目春風亭柳枝の速記だと大概「ここから先は本が破けて読めません」で終わるところの、その先がずっとあって。芝居がかりのセリフが書いてあって、そこから芝居がかりの調子に持っていくというのはわかるんだけど、形はどうするとか、そういうのは自分でこさえるよりしょうがない。最初にそうやって、こしらえ上げたのは「宮戸川」ですかね。

――円朝ものを手掛ける気持ちになったのは何かきっかけがあるわけですか。

雲助 二ツ目の一番生意気な頃ですよ。どこかの会の打ち上げで「(三遊亭) 圓生師匠の落語なんていうのは、稽古すりゃできますよ、あんなもん」みたいなこと言ってたんですよ。そしたら、大学の助教授でかなりの圓生ファンがいて「あなたそういうこと言いますけれども、じゃあ『鰍沢《かじかざわ》』はできますか？『真景累ヶ淵《しんけいかさねがふち》』はできますか？」「いや」「やってからそういうことを言ってください」と言われて。それから本を漁ったりなんかするようになって。実はね、私の言ったことは間違ってなかった。圓生師匠がやってる噺は稽古すればできる。ただ、稽古の量が半端じゃない。普通の落とし噺を覚えるのの十倍以上かかるんです。これは大変だと思って。でもそういう噺をやると、落とし噺の方にフィードバックできる。

落とし噺でも、いわゆる漫画化するわけですから、絵で言うと抽象画みたいなもんですよ。デッサンもなしでいきなり抽象画を描こうとすると、わけのわからない、いい加減なものになっちゃう。

ちゃんとデッサンができれば、それを元に漫画化するから、肚のできた落とし噺になる。円朝ものでそこをきちんと勉強できたことがデッサン力になって落とし噺にフィードバックできたから、やってよかったと思います。

――御簾《みす》の外の人間から見れば落語は落とし噺がメイン。あえて連続ものや円朝ものをやらなくてもいいんじゃないかと思ってましたけど、それができて初めて落とし噺にも深みが出るんですかね。

雲助　だと思いますね。でもそれ以上に、やってみたら面白くなったというのはありますね。「宮戸川」にしてもそうだけど、なぜこの噺が宮戸川なのか、下げまでやらないと分からないってあるじゃないですか。「妾馬」も「替り目」もそうですね。そういうネタもちゃんと先があるわけで。その先がつまらないからやらなかったのかなと思うけど、けっこう面白いところもあったり。要するに、寄席の尺にはまらなかったから、途中で切っちゃったということなんでね。だから自分の会だったら、尺は長くてもいいわけですから。

――かなり腕を要するとも思いますが。

雲助　それはある。下げまでやると大変でウケなくなるからやらないという人も、いるとは思うから。やっぱりやり様次第。

噺家生活一番の思い出は……

――56年の芸歴の中で、最も忘れられない出来事はなんでしょう。

雲助　忘れられない出来事、なんだろう……真打試験ですね。とにかくもう嫌で嫌でしょうがなくてね。

――受かった時の喜びはひとしおで？

雲助　あの時はさん喬さんと私で抜擢《ばってき》で真打になるんじゃないかという噂もチラホラ流れてて「そうなるのかな」みたいに思ってたら、「試験になる」って。池袋演芸場で幹部連中がずらっと並んでいるところで。手も鳴らなければ、笑いもない。あんな悪い客はなかった。

――（笑）。

雲助　本当に嫌だった。試験が嫌で噺家になったのに。試験を受けなかった人もいますが、私の場合はうちの師匠が副会長だったんで受けないわけにはいかなかった。嫌な思い出ですよ。

――昔のネタ帳を拝見してたら、師匠が今でもやっている噺がたくさんあったんですけど、繰り返し同じ噺をやっていく中で、飽きたり新しい着眼点が見えたから、またこの噺が好きになったとかは。

雲助　噺によっては「ああ、こういうやり方もあるんだ」みたいな発見もあって。だから、落語に関しての経験だとか知見だとか、それから技量、そういうものは、私、今がベスト。ただ、それを高座で体現するだけの体力がどんどん落ちてる。晩年の芸は老いとの闘いというのは全くその通りで。圓生師匠がやってる「双蝶々」のビデオ見ても、サポーターはめたりなんかしてやってるわけだね。だから、こればっかりはどうにもならないね。

――思い入れのある噺はありますか。

雲助　落とし噺で好きなのは「明烏」。あんな洒落てて粋な噺はない。それ以外では、一応仕事として残せたなと思うのが「双蝶々」。芝居がかりの「権九郎殺し」の部分を復活できて、それを入れて通しのDVDを出せて、あれは仕事をしたなという気がした。

――落語界も変わったな、と感じるような大きな出来事はありますか。

雲助　ここへ来てガラリ変わってますよ。落語の中に女の人をちょっと悪く言うようなせりふはいくらでもあるでしょ。今はそれを「言っていいのかな？」みたいに、自分で控えてしまう。廓噺《くるわ》でも「お前、ひでえ器量だな」なんて普通に出てくるじゃないですか。

――客席に女性が増えてきたことも関係あるんですか。

雲助　今の風潮も、女流の噺家が増えてきたってのもありますよね。昔は楽屋なんてのは猥談《わいだん》ばっかりだった（笑）。それもできない。昔の方が良かったとは言えないわけね。変わった中で、どうやってお客様が抵抗なく聴けるようにもっていくかでしょ。ここに来てそれが激しくなったかな。

――昔は「教えてもらったものを変えるな」っていう風潮がありましたよね。

雲助　一門によってかな。圓生師匠のところは、一言抜けただけでまたハナからやるみたいな稽古で大変そうだった。私が幸せだったのは、馬生という門下に入ったこと。自由にやっていい、それが本当に良かったです。だから仮に目白、（五代目）小さん師匠のところへ行ってても、芸風は違ったろうな。ほんとに馬生という師匠を得てよかったなとつくづく思う。

――人間国宝の目的というか、やるべきことのひとつに後進の育成があります。後輩の方々に伝えておきたいということは。

雲助　落語の場合は人それぞれなわけで、100人いれば100通りあるわけ。一通りにならない。

だから、己の個性を活かす、ということよりないんじゃないかな。もっとも基本は押さえておかなくちゃ。押さえた上で自分の個性を活かすということじゃないのかなっていう気はしますけどね。お正月の誌面でこんな堅い話でいいのかしら（笑）。

──最後に、今、師匠が一番したいことってなんですか。

雲助　ウーン、何もしたくないっ！

──（笑）。

（2023年11月8日　浅草にて／聞き手　井上和明）

春風亭一朝

しゅんぷうてい・いっちょう　１９５０年、東京都生まれ。68年、五代目春風亭柳朝に入門。70年、前座となり、「朝太郎」。73年、二ツ目に昇進して「一朝」。82年、真打昇進。江戸前の語り口と美声の高座で人気を博す。笛の名手としても有名で、「鳳聲（ほうせい）克美」の名前で歌舞伎座の舞台に立ったことも。

◆東京かわら版編集部よりひと言

前座で１５０ほどの落語を覚え、歌舞伎座の芝居に参加されるほどの笛の腕前、ＮＨＫ大河ドラマや時代劇等で監修を依頼されるほどの江戸言葉の使い手である一朝師匠。インタビュー内の子ども時代の環境や、修業時代の話を読み返すと、噺家になるべくしてなった方なんだと納得しました。「集中するとご飯も食べずにやってしまう」の一言に「好きこそものの上手なれ」という言葉の真髄を感じたものです。六代目春風亭柳朝師匠や春風亭一之輔師匠をはじめ弟子は10名、孫弟子含めると15名の大所帯の主で、演芸界発展にも寄与しています。２０２０年7月号のインタビューは同年5月半ばの取材で、先の見えないコロナ禍真っ只中。取材場所に苦労しました。師匠のご自宅近くにある、師匠の御一門や他の落語会もやっていて情報を誌面に掲載している、こんにゃく閻魔《えんま》の源覚寺さんを思い出し、ご連絡したところ、ご快諾いただき、胸をなでおろした覚えがあります。

（岸川明広）

2011年9月

「僕、噺家になったから」

――師匠の入門のきっかけは（林家）彦六師匠がお父さんにそっくりだったからという話は本当ですか。

朝 ええ、感じがよく似てましたよ。正確には「素人寄席」っていうテレビ番組があって、高校生の時に出てたんですよ。審査員長が黒門町《くろもん》（八代目桂文楽）で「あなた上手いね。噺家におなんなさい」って言ったのよ。それを真《ま》にうけた。後で聞いたらみんなに言うんだって（笑）。

――（笑）。

朝 3年生の時に、学校の帰りに稲荷《いなり》町（彦六宅）へふらっと行ったんです。「弟子にしてください」って。「うちはもう前座が二人いるんで惣領《そうりょう》弟子に柳朝《りゅうちょう》（五代目）というのがいるんでそこでよかったらお入んなさい」って言われてね。

――それで柳朝師匠の一番弟子に。「落語家になる」って言った時、ご両親は。

朝 学校から帰ってきて「僕、噺家になったから」って言っただけ。「ん、何？　今お前なんか言ったか」って（笑）。そんな感じですよ。

――すごい（笑）。ただの雑談ですね。

朝 「なんだいそりゃ」って言うから、「だから噺家になっちゃったんだよ」「どういう事だい？」

「今弟子入りしてきた」「どこへ？」「林家正蔵のところへ」「!!」ってな感じでね（笑）。

――日常会話で人生を左右する大事な報告が済まされた（笑）。

一朝　親も「ああそうかぁ、しょうがねぇな」って。全然怒られなかったんですよ。３ヶ月くらい内弟子もやりましたよ。でも夜中に号令かけるって言われて（笑）。「お前級長やってたのか」「やってません」って。

――寝言で号令をかけるんですか。

一朝　そうらしい。それでおかみさんが飛び起きちゃうんだって（笑）。とても寝らんないから、通いになれって言われて帰された（笑）。

――珍しいパターンですね。なんだかいいなあ。

〝御輿〟より〝笛〟

――師匠の高座には、聴いていて心地よい言葉の流れがあって、師匠である先代の柳朝師匠にも通ずるところがあると思うんですけれど、意識して作り上げたものなんですか。

一朝　意識なんてしてませんよ。

――工夫しているわけではないと。

一朝　今の形が自分が一番喋りやすい形なんでしょうね。もしダメだったら直してると思いますもんね。

――噺の途中での息継ぎなどは気を遣いますか。

一朝　ないです。普通に喋ってるだけです。

——笛を長くやられていることで、人よりも息継ぎの間隔が長いとか、肺活量がすごくあるのではないでしょうか。

一朝　なるほどねぇ！　初めて言われたなあ。もしかしたらあるかもわかんない。今日は良いこと教わったな（笑）。笛はもうずーっと若い頃からやってますからね。

——笛を始めるきっかけは。

一朝　子どもの頃からお祭りが大好きで。他の友達はみんな御輿《みこし》のほうなんですけども、僕はお囃子のほうが好きで。

——そういう子どももいるんですね（笑）。

一朝　いるんですよここに（笑）。お囃子の真ん前で毎年、毎日見てるんですよ。そのうち「またお前いるな」みたいな感じで「打てるか？」って言うから「打てるよ」っつって、屋台上がって打たしてもらったらできちゃったんですよ。

——すばらしい耳の良さですね。

一朝　音感が良かったのかもわからないですね。だから落語の稽古も1回で「覚えました」って言うと「嘘だろ、やってみろ」ってやると「良く覚えたなそんな早く」って。僕は普通かなって思ってたんですけれども早いみたいですね。

——落語家にとって最高の天性ですね。

一朝　ひと月に十席くらい覚えたこともありますよ。

――足立区のお生まれですと、お祭りはどちらに。

一朝　千住です、千住の氷川様。ずっと笛吹いてました。

――師匠のご両親も音感が良かったんでしょうか。

一朝　そんなことはないと思いますよ。親父は日本刺繡の、母親は仕立ての職人ですから。

――師匠も手先は器用なんですか。

一朝　そうですね。僕、紋縫えますよ。そういった細工をするみたいなことは好きです。

――お囃子の中でも太鼓ではなく笛を選んだのは。

一朝　演り手がいなかったんですよ。太鼓は人がいっぱいいるから笛覚えてくれって言われて。噺家になって、正式に覚えた方がいいと思って、若山胤雄《たねお》さんという家元の所に稽古に行って、長唄とか全部教わりました。その笛の兄弟子にちょっと芝居に来ないかと言われて、それで歌舞伎で笛を吹くようになったんです。

――噺家になってからなんですね。

一朝　二ツ目になってからです、「鳳聲《ほうせい》克美」という名前で歌舞伎座で十年ぐらい吹いてましたよ。

――師匠は子どもの頃から関わってきた目や耳に入れるものの質が、きっと高いのだと思います。祭り囃子も、寄席も、歌舞伎も良い時代の芸が当たり前にあって、それを浴びる様に身体で吸収できたのでは。

一朝　そういう意味では噺家の環境として良かった。

「寿司でも取ろうか」

——柳朝師匠はどんな方でしたか。

一朝　すごく面倒見がいいというか。たとえば、僕なんか今そうですけど、前座さんとか見習いさんの名前が覚えられないんですよ。「誰だっけ君」「あのさ」とかね。でもうちの師匠は見習いの名前まで覚えてる。「おまえ」とか「おい」とか絶対に言わない。ちゃんと名前で呼んでくれる。

——素敵な方ですね。

一朝　師匠のところには子どもがいなかったんで、入ってからは本当に猫っかわいがりみたいな感じでした。だって僕は弟子なのに「おはようございます」って行くと「おう！　何喰おうか。寿司でも取ろうか」って。普通は弟子にそんなこと言わないでしょう（笑）。

——（笑）。

一朝　楽屋でも師匠がまず前座みんなに釘さすんですよ。「今度入って来たのはうちの弟子だからな。いいかおまえら、こいつをいじめたらぶっとばすぞ」って（笑）。

——可愛かったんですね（笑）。

一朝　それでも先輩にからかわれることはあったんですよ、そしたら兄弟子からうちの師匠へ、そして大師匠・林家の耳に入って、今度は林家が「てめぇかコノヤロー！　うちの孫（弟子）苛めたのは！」って。師弟で怖かったらしい（笑）。

——素敵な一門ですね。師匠の中に林家の一門である誇りというかこだわりはありますか。

一朝　そりゃありますよ。

——お弟子さんにも意識を伝えてますか。

一朝　噺家としての生き方ね、それがある程度は、師匠から僕に繋がっていると思うんですよね。噺家は粋でなくちゃいけない、野暮な人間じゃダメだとか。

——伝わっていくんですね。

寝っ転がって稽古

——高座でおかけになる「蛙茶番」とかは、やはり師匠譲りのネタなんですか。

一朝　僕ね、師匠に稽古してもらってないんですよ。稽古は普通、面と向かってやるでしょ、うちの師匠は違うの。寝っ転がってやるんです。冬だとコタツに入って、頬杖つきながら喋る。それを僕が隣で聞いてる。

——端から見たら茶飲み友達みたいですね。照れか、身内の甘えかしら。

一朝　そうなんでしょう。他のお弟子さんにはやってるのにね。ちゃんと教えてやんなきゃいけないという頭があるんでしょうね。直す時はちゃんとやってくれます、でも本息で教わってないんですよ。ほとんど高座でやってるのを聴いて覚えるような感じでしたね。

——高座を見て覚えてそれから見てもらう……。

一朝　僕にはその方がいいんです。「おい、今日あれやるから聴いてろよ」「わかりました」「覚えたか」「覚えました」って。「そいじゃもうやっていいよ」って、すごい乱暴な教わり方。

——面と向かって稽古を付けてもらう重要性はあるのでしょうか。

一朝　所作ですよね。一対一の時はきちっとやってくれるでしょ。台詞だけじゃなくて所作も覚えなくちゃならないから。それをうちの師匠は私が覚えてからあとでやるわけです。

――なんだか歌手が新曲の振り付け覚えるみたいな感じですね。

一朝　そうですね。

――師匠は所作も覚えるのは早いんですか？

一朝　そうですね。集中すると本当にご飯も食べないぐらいでやっちゃうんですぐ覚えられましたね。

――その集中力が培《つちか》われたのは？

一朝　何でしょうね、わからない。ただ子どもの頃、お囃子覚えたい一心でじーっとこう見てて、それが後になって覚え方っていうか、コツをつかんだんじゃないかなと思います。

――目を耳を全身を集中させて覚えるような、本当に落語家になる訓練みたいなことを自然と子どもの頃からやってたんですね。

一朝　好きなものはすぐ覚えちゃう。幼稚園の頃、幕内の相撲取りの名前全部覚えたりしてた。でも自分の興味の無いことは全然覚えらんない。

――全く覚えられなかったものってありますか。

一朝　勉強はダメだった。全然頭に入んない。高校の時、試験の1週間ぐらい前に勉強するでしょ、多分ここがでるだろうみたいな感じで、それを全部覚えるの。ヤマが当たった時は90点とか、はずれた時は20点とか。

――ばくち打ちですね（笑）。

師匠に似てしまう

――6人のお弟子さんの指導はどのようにされてますか。

一朝　どうなんだろうな。初めからあんまり型にはめたくないんで。最初はその子の持ち味っつうのかな、引き出してやろうと思って、直したりはあんまりせずにまかせてやらせてるんですけれども、それがある程度までいって「このままいくとまずいな」とか「もしかしたら面白くなるかな」みたいな見極めがありますね。うちの弟子だけじゃなくお稽古つけてる他の弟子たちにもそうしてます。

――言いたいところをぐっと飲み込むことも多いんですね。

一朝　普通は直しちゃう所も、その人の個性なので。そのせいか、うちの師匠の弟子も師匠に、僕の弟子も僕に似ていない。でもね、うちの師匠に教わった噺じゃないけれど、得意にしてた噺を違う人から教わってやるでしょ。そうするとうちの師匠になっちゃうんですよ。「柳朝さんによく似てるね」ってよく言われます。本息の高座を聴いてたから、どっかで覚えてるんでしょうね。その時の息の入れ方が出てくるんです。

――師匠に似てるというのは、具体的にはどういうところですか。

一朝　間ですよね。言葉が違っても間が同じだと師匠と同じになりますね。教わって覚えるものじゃなくて、こっちが聴いてて覚えるものだから、自然と身に付いちゃう。ずっと聴いてると知らないうちに出てくるんですよ。どっかで頭に入ってて、喋ってるうちにひとりでに出てくるんです。だからどんな噺でも、うちの師匠の〝間〟というものが出てくる。

――面白いですね。

「イッチョウケンメイ」の秘密

――師匠は時代劇で江戸言葉の指導をされていますが、それはどこかで学んだりして得たものではなくて……。

一朝　最初はＮＨＫの時代劇「半七捕物帳」だったかな、噺家の中で江戸の言葉を喋れる上手い人みたいな感じで紹介されて。ただやるからにはある程度ちゃんと知っとかなきゃいけないと思って、資料集めて勉強したことはしたんですよ。あとうちの師匠とか私のカミさんのお父さん（歌舞伎役者の五代目片岡市蔵）が、すごくきれいな江戸弁を喋るんですよ。そのお父さんからもいろいろ聞いたりなんかしたりして。お手本が身近にいたんですよね。

――千住のお生まれだったら周りがみんなそうですよね。

一朝　そうなんです。周りがみんな「べらんめぇ」ですからね。そういう面では環境の良いところで育ったんですけれども。

――最後にこれだけは伺っておかなくては。師匠のマクラでの定番フレーズ「イッチョウケンメイ」が初めて使われたのはいつ頃でしょうか。

一朝　二ツ目になった時に、はじめてやったんじゃないかな。最初は思いついた時に、５回に１回位の割合でやってたと思います。やると結構うけたんで何回かやって、それがずっときてるんでしょうね。

――二ツ目昇進が昭和48年だから40年近くになりますね。

一朝　そうか、40年近いか。

――言わない時もあるんでしょうか。

一朝　実はわざと言わない時がある。一度に二席やる時には、一席目では言わない。みんなが「あれ？　どうしたの？」みたいな顔をする（笑）。それで二席目に「さっきやるの忘れました」っつうとワー（拍手）って（笑）。

――言ってくれないと確かに客席は戸惑っちゃいますね。今日はありがとうございました。

（聞き手　佐藤友美）

2020年7月号

稽古は裏切らない

――芸術選奨受賞おめでとうございます。今の気持ちをお聞かせいただけますか。

一朝　賞をもらうのが目的でやってきたわけじゃないんですけど、僕が「この人いいな」って思っている先輩達がもらった賞を、自分ももらったというのは嬉しかったですね。自分もそういう人たちの仲間入りできたのかな、みたいなね。うちの師匠（五代目）柳朝と、お稽古をつけてくれた師匠方には感謝してもしきれないですね。

――柳朝師匠の教えとはどういったものだったのでしょうか。

一朝　うちの師匠は「お前を女中にしたんじゃないんだから、落語以外やらなくていい」って言うわけですよ。いろいろ本読んでて「掃除洗濯をやる、それが修業だ」と思ってたから、なんか拍子抜けしちゃってね。でもそのおかげで随分得しました。うちの師匠は「この噺はこの人に稽古に行け」と言って、自分からお願いしてくれるんです。当時若手有望株の小三治師匠、円窓師匠、扇橋師匠に「おい、ちょっとうちのアレ（弟子）に稽古をつけてくれ」とか。

――凄いですね（笑）。柳朝師匠が仲良かった師匠方に頼んでくださっていたんですか。

一朝　仲がいいと言うか、うちの師匠が「いいな」って人にね。僕が頼める分際じゃなかったわけですから、本当にありがたかったですよ。それも一対一の稽古で。

――なんとも贅沢《ぜいたく》な時間ですね。談志師匠とかも？

一朝　そう、談志師匠とか志ん朝師匠も。ありがたかったですよね。

（略）

――ちなみに一朝師匠は前座の頃すでに噺を百席以上お持ちだったそうですね。

一朝　百五十くらいありました。だってうちの師匠に会うと「今何やってる？　ちょっと演ってみろ」って言うんですよ。覚えていないと嘘ついたことになるし、それに「月に二つ三つ覚えろ」って言われてたから……毎回同じだとクビになっちゃうから必死ですよ。それがね、今助かっているんですよね。

――やりたい噺ばかりじゃ百五十はとてもいかないでしょうね。

一朝　そうですよ。とにかく自分からは覚えようと思わないような噺でも「他にないからこれやろう」みたいな感じで覚えるんです。随分あとになってから後輩に「この噺教えてください」って言われても、若い頃覚えただけだからほとんど忘れてたりするんです。でも不思議なもんでね、ちょっとさらってみるとこれが出てくる。逆に最近覚えた噺ってすぐ忘れちゃうし出てこない。うちの師匠には「若い頃覚えた噺は忘れないんだからどんどん覚えろ」とも言われてたんですけど、分かる気がしますね。「稽古は嘘つかない」ってよく言うけど「なるほどそうだな」って思います。

おしぼりにソース

――芸術選奨の授賞式は新型コロナの影響で中止になってしまいました。

一朝　そうなんですよ。時間があるからテレビっ子になっちゃって。詳しいですよ。ドラマが好きで1日4、5本観てます。かみさんに「稽古しろ」って言われてます（笑）。

――師匠は江戸言葉に精通されていてＮＨＫの大河ドラマ「龍馬伝」で江戸言葉の監修などもなさってましたが、監修したもの以外の時代劇もご覧になるんですか。

一朝　はい。時代劇ばかりですよ。昼間は「旗本退屈男」で夕方は「水戸黄門」とかね。

――気になる言葉遣いはありますか。

一朝　それはもうしょっちゅう。「こんな言葉使わないよ」ってブツブツ言いながら、クレーマーですよ（笑）。イントネーションもね。特にお金の単位は難しいですね。〝十両〟は相撲の〝十両〟

と同じです。

——イントネーションばかりは口で伝えないと伝わらないですもんね。

一朝　監修したとき、あまりにイントネーションを注意しすぎて監督に「もういいです。あまりやると（セリフが）分からなくなっちゃうんで」って言われました（笑）。

——文献を読まれたりもしたのですか。

一朝　調べました。でも僕の身の回りに江戸っ子がいっぱいいたんですよね。うちの師匠然《しか》り、かみさんの親父の（五世）片岡市蔵も大変なべらんめえで。僕の生まれた近所の寿司屋が、これまた江戸っ子でキレイな江戸弁使うんですよ。江戸言葉って聞いてると気持ちいいんです、本当に心地いい。こんな風に喋りたいなって子供の頃から思ってました。だから噺家は自分に合ってましたよ。

——師匠のお生まれは千住ですね。何人兄弟ですか。

一朝　三つ上の兄と二人です。兄貴は堅い商売でしたけどね。でも寄席は兄貴に連れてかれた。僕が中学の時に、向こうが高校で「お前、寄席行ったことある？　面白いぞ」って。それからやみつきになっちゃった。

——当時の千住はまだ〝おばけ煙突〟とか……。

一朝　ありましたよ。僕は大川町で隣は柳町って遊郭だったの。小学校の頃は女郎屋の面影が残ってたんです。そこ通って学校行ってました。いいですよ、風情《ふぜい》があって。赤い格子が並んでいてね、未だに覚えていますよ。友達に女郎屋の息子がいたから「うちィ遊びにこない？」って誘われると「行く行く」って。行くと幅の広い梯子（階段）があるわけ。そこをトントントントンと上がっていくと部屋が並んでいるんですよ。僕は「お前ん家《ち》いいな、部屋がいっぱいあって」って言ってましたよ。

――まだ営業してたんですか。

一朝　まだやってたの。たぶんね、すぐには止《や》まんなかったんじゃないかな。あと、親父と伯父さんたち4、5人がお茶屋に行くっていうのに付いてったことがある。それがまたいい風情でね。その時はじめて熱いおしぼりを見た。僕はこれにソースをかけようとして「食いもんじゃねえバカヤロー！」って怒られたのを子供心に覚えてます。

――そういう経験も大きな財産ですね。寄席などの客席で聴いているお客さんに、江戸言葉に対する心構えというか、「こういうとこを気にかけると違いが分かって面白いよ」という点などございますか。

一朝　結構意味がわからない言葉が多いんですよ、江戸言葉っていうのは。今の人が聞くと「え？どういう意味？」って。だから本当は落語の中にいっぱい残したいんだけど、意味がわからないと知らない言葉聴いてるみたいな感じになってお客さんが離れちゃうこともあるんで「これは直したくないな」っていうのは残しておいてあとは今の言葉というか、わかりやすいように直しちゃうんです。やっぱりどうしようもないですよ、こればっかりはね。

（略）

――師匠のお弟子さんは皆、十人十色で「誰のお弟子さんだったっけ？」と思うぐらい個性的です。

一朝　うちの師匠が「俺の教わったとおりにやってても何回かやっているうちに自分の色が出てく

るから、そっちを大事にしろ」って言ってました。だから自分の弟子にも「そっくり（そのまま）演らなくていいから、自分の色を出すようにお稽古しろ」って言ってます。

――一朝師匠の落語には、江戸言葉とか笛とか歌舞伎の素養が生かされていますが、それは自分が目指していた方向だったのでしょうか。それとも試行錯誤した末に辿り着いたものなのでしょうか。

一朝　不思議なもんでね、噺っつうのはその歳で変わってくるんですよ。自分の気持ちでというのかな？　どういう噺をやろうか、どういう構成にしようか変わるんで。逆に歳を重ねるにつれて、そういう気持ちが出てこなくちゃいけないと僕は思うんですよ。要するに五十代の頃に二十代、三十代の時と同じにやったら「物足りないな」って感じるんです。不思議なもんで稽古するんでも、二ツ目になりたての二十代は、よくこの人に稽古をつけてもらったけど、三十代になると「別のこの人の噺のやり方が自分に合ってるんじゃないか」とか、また四十代になると「こちらの師匠のやり方がいいかな」とかね。そういう稽古の積み重ねで、今の自分があるような気がいたします。だからその都度その都度自分にとって良いと思われるものだけを選んで、それを積み重ねていくみたいなね。

――毎日の積み重ねが大事なんですね。このコロナの影響でお仕事が少なくなってる若い方へのアドバイスはやはり「お稽古をしていなさい」ということでしょうか。

一朝　そうですね。それが一番だと思いますよ。だから変な話、落語さえきちんとやっていれば、何やったっていいんですよ。でも僕の場合、それができるのも「どんどん噺を覚えろ」とハッパをかけてくれた師匠のおかげ。すべては師匠柳朝のおかげですね。

（聞き手　岸川明広）

柳家権太楼

©横井洋司

やなぎや・ごんたろう　1947年、東京都生まれ。70年、五代目柳家つばめに入門、前座名「ほたる」。74年、師匠死去のため五代目柳家小さん門下に。75年、二ツ目となり「さん光」。82年、真打となり「三代目柳家権太楼」襲名。迫力ある高座とくるくる変わる表情で、常に客席を爆笑の渦に。寄席に、ホール落語に引っ張りだこの文字通りの大看板。

◆東京かわら版編集部よりひと言

寄席やホール落語のプログラムに「権太楼」のお名前があるとワクワクする、言わずもがなの大看板の師匠です。２０１９年の取材は五代目柳家小さん師匠も通われていたという池袋演芸場そばの「中国茶館」で行いました。ギロリと睨みをきかせた表情やくしゃっとチャーミングに笑ったお顔。その表情豊かな決め顔が、実は確信犯だという秘密をお聞かせくださったのが印象的です。演ってほしいと言われてもできない噺のひとつにあげられていた「ねずみ穴」を、インタビュー後わりとすぐにされたのにはずっこけました（笑）。お話を伺った時にはすでに準備されていたはず。後々伺ってみると、亡き落語研究会のプロデューサーからずっと依頼されていた噺で、取材後ようやく納得いく噺に練り上げることができたんだそうです。おいくつになられても挑戦し続ける姿勢に背筋が伸びる思いがしました。取材終了後に連れて行ってくださった池袋のスナック。師匠の歌声を聴けたのも良い思い出です。

（田中愛子）

2014年1月号

「妾馬」を実体験!?

――このたびは紫綬褒章《しじゅほうしょう》のご受章おめでとう存じます。いきさつを教えてください。

権太楼　9月の20日だったかな、午前中、文化庁から電話があって。

――事前に受章候補に入ってますよとか連絡はないんですか。

権太楼　ないの。いきなりいらっしゃいましたよ。「あなたが今年の紫綬褒章に決まりました、ついてはそれをお受けしますか」ってまず聞かれるの。「皇居に行く時は奥様もいらっしゃいますか」みたいな話になってって。閣議が10月にあって、そこで正式に決まるので、そのあとマスコミに発表するから、それまではご内聞に、って。

――皇居に行く日に仕事があったら行けないですね。

権太楼　夜の仕事だけだったからよかった。11月13日に如水会館に集まって、紫のリボンの付いた褒章を戴き、そこから皆でバスで皇居へ。そうすると文部科学省からは紫綬褒章の私たちなんだけど、消防庁とか国土交通省とか総務省とか各省庁の受章者が皇居の入口で集まるの。揃うまでバスの中で待機してた。

――黒紋付で皇居にいらっしゃったのですよね、なんだか「妾馬」みたい。

権太楼　そうなの、嬉しくなっちゃうくらいに八五郎の気分だったよ。中へ入っても、あっち行っちゃいけねえ、こっち行っちゃいけねえ、って言われて。庭があるのよ「わー、すげえなあ」なんて思って見てたら、まっすぐ前を見て歩いてくださいって言われて怒られた（笑）。

――皇居は思い描いていたようなところでしたか？

権太楼　うーん、どうなんだろうな。思い描いたことなかった。生涯そんなところに行くわけがないと思ってた。テレビでたまに見る、外国の要人がきた時にパーティーをやる豊明殿に集まって、受章者三百何十人とそのかみさんだから、七百人ちかくが一堂に集まって、天皇陛下がいらっしゃるのを待つの。

――陛下と言葉を交わしましたか。

権太楼　いいえ、天皇陛下はお話されるだけ。「国のために尽くしてくれてありがとう」って。俺も今まで浅草芸能大賞とか芸術選奨とかいろんな賞もらった。でもね、今回は（本名の）梅原健治がいただいたの。

――本名で賞をもらったのは、はじめてですか？

権太楼　いや……板橋区民栄誉賞、あれは本名で戴きましたよ。

――（笑）。2回目なんですね。

権太楼　これは権太楼さんがもらってるんじゃないのかな？　なんて思ったけど、公的なものだからね。

――今はどこに飾っていますか。

権太楼　和室に置いてあるね。いろんな業者からカタログが送られてくるの。賞状とメダルをあわせて額縁に入れませんか？　とか、地方の方の受章が多いから、東京にくるホテルの斡旋《あっせん》から全て、送迎も、奥様の着付けも貸衣装もあります、パーティーやりませんか？　その際の引き出物はここから選べます、ってトータルで。そういったダイレクトメールがたくさん来ました。

——そういったお商売も世の中にはあるんですね。

「鰍沢《かじかざわ》」の衝撃

——先日拝見した師匠の「鰍沢」の解釈には驚きました。今まで私は「鰍沢」は『ミザリー』（スティーヴン・キングによる小説で映画も90年に大ヒットした）に重ね合わせていて、雪山での恐ろしい噺だと思っていたんです。ところが全く違う世界が広がっていました。まるでロミオとジュリエットのような恋愛譚、二人の平穏な愛の生活が失われてしまう恐怖と切なさ。ここまで同じ噺が大転換してしまう経験ははじめてでした。

権太楼　「この噺のこの台詞はどういう意味合いで言っているんだろうか」とかを考えるのはずっと好きなのね。10年前にやっていた「鰍沢」は、雪の中でのサスペンス、大パノラマ、旅人が逃げ、お熊が追っていく、鰍沢の激流にぶつかっていく、この絵がこの噺の最大の山場だと思ってたの。多くの噺家は女郎上がりの月の戸花魁《おいらん》は毒を盛って善良な旅人を殺してお金を盗る、てめえの亭主まで死んでしまう悪い女だっていう解釈。私は「ちょっと待て、まず、このお熊と伝三郎の関係は冷めた夫婦なのかなあ？」って疑問をもったのね。心中のし損ないをして、それこそ本当に殺されるような、はきだめに捨てられるような、人から石をぶつけられるような、そういうところから手に手を取って逃げた。旅人は、セリフの中に「一昨昨年《さきおととし》の二の酉《とり》の晩に」って言ってる。年が開けて裏を返したらもういなかったって言ってる。事件はそこで起こった。

——なんだか紙に書いて時系列を追いたくなります。

権太楼　そうすると二人は、ここへ逃れてきて、まだ3年しか経っていない。月の戸花魁がもっとも恐れた事、それはきっと今のこの幸せを壊されることなんじゃないだろうかと思った。この旅人、江戸に戻ったら絶対言うって。花魁はスターですから、会ったことを言いたいに決まっている。噂が広がることを恐れたはずだ。この男をこのまま帰していいかな、って思うだろう。女だから絞め殺すとかはできない。毒薬しかない。それをたまたま亭主が飲んじゃった。この噺、一体誰が悪いの？　って思った。同時にこの物語、どこかで聞いたな？　って思ったの。偶然会って、過去のことをばらされそうになる、これって松本清張の『ゼロの焦点』だなって。

——まさにそうですね。

権太楼　絵解きができた。これって現代的な発想かな？　俺が間違っているのかもしれないんですよ。でもそれはそれで権太楼さんですから。

——久しぶりに演る噺はみな原点に立ち返るわけではないですよね。

権太楼　そうだね。「鰍沢」は、とても俺にはできないと思って。実は私のネタの中から一回捨てたの。主人公の旅人は被害者の善人にしておかなくてはいけないんだ。じゃないと救われたのは御祖師様のおかげ、にならないんですよ。

——そういえばそうですね。

権太楼　日蓮宗の噺ですよ。一本のお材木で、落ちないとだめなの。誰かを悪くしないといけない。俺は旅人だと思ってるの。悪くはないけど交通事故みたいなもの。たまたま行ってしまって、たまたま出会った。

——あそこで花魁ですか？　って聞くのも、目の前でお金を取り出して渡すのも野暮な気がしますね。

権太楼　あの旅人に少し無神経なところがあったのかもしれない。間違った親切心というか図々しさというか。死にそうな目にあって、普通の精神状態ではなかったのかもしれませんが。

噺を突き詰めすぎない

——どういったときに噺の発想、気づきが出てくるのでしょうか。

権太楼　四六時中ずーっと考えているのかもしれない。朝起きてから、どこというわけじゃなくつらつらと。9月に演ると決まってから「鰍沢」へ俺の心が入っていた。受章でばたばたしたけど、自分の現実論としては、「鰍沢」どうすんだっていうのが、受章の喜びよりも、はるかに立ちはだかってた。だからかみさんとけんかにもなる。

——一方でおかみさんは（贈呈式に着ていく）着物が帯が、って（笑）。

権太楼　パーマ屋さん予約したから朝5時起きだとか、帯がどうとか。

——常に頭に置きつつ、おかみさんと会話をし、生活をしている？

権太楼　散歩に出たりします。権太楼さんがもう一人の権太楼さんと話し合っている。どこをどうしたら純愛になるのか。伝三郎が死ぬとき、こんなところで、なんで、どうして死んじゃうんだ、私はどうするの、っていうところをくどくやらずに、ワンフレーズをぽんぽんおしていく。お熊はもう半狂乱でしょう、お前を殺したのは旅人だ、仇を取ってやる、って。……噺の中で言うつもりはないですけど、お熊はこれからどうするんだろう……。ひとつは自分も死ぬ、もう一つは伝三郎を茶毘《だび》に付して、旅人のお金を持って逃げるのか……そのへんは突き詰めていくとおかしくなるのが落語なんです。落語はどがちゃかどがちゃかでいいんだと思う。

――噺を突き詰めすぎないというのも大事ですね。

権太楼　聞き手の想像力にまかせる余地を残さないと。頭の中での空想を描けるように言うだけだから。空想させずに説明になったらだめで、「なんでここで死ぬんだよう」の一言で感じさせる。

――そのさじ加減、寸止め感覚こそが演者それぞれの噺の持ち味ですね。古典落語家はそのセンスが問われますね。観客をどこまで信頼するか。もしくは何も考えずただ享受したい観客にどこまで手をさしのべるか。師匠は観客を信頼していますよね。わかりあっているというか。

権太楼　わかりあわなきゃ、しょうがないじゃない。その省略のセンスの最たる人は志ん生師匠でしたよ。書き出してみたら、恐ろしいほど端的な言葉で言い表している。それはすごいですよ。

――いろんな演者のを書くんですか？

権太楼　カミサンがね。噺家のカミサンはそうするものだと思っていたの。

――それは勉強になりそうですね。

権太楼　そうだね。あとはね、台詞を覚えてしゃべるけど、みんなとっぱらってその時の感情でしゃべっていく。もう台詞は喋らなくていいや、って。言葉がどこまで必要なのかしら、って最近は思っている。「笠碁」をやっていて思う。ずーっと目で喋っている落語なの。訴えるときの目と愛嬌と、そうですか、の一言で全てが成り立つんです。間だけで、関係がみえる。台詞として覚えているのか、感情として出てくる言葉か、ではだいぶ違うんじゃないかなあと思う。だから覚えたら忘れちゃう。腹から自然と出てくるまで稽古するんだ。

――いきなり感情で演るのは難しそうです。

権太楼　できるとしたら創作をしている人なんじゃないかな。古典落語をやっている人にはできないはず。「鰍沢」に戻るけど、どこか変えているわけじゃない。人物の感情表現の仕方をちょっと変えただけ。心の動き次第で、どういう心持ちで、感情で喋っているのか。それは台詞じゃない。まだまだ私は「鰍沢」は稽古しないとだめなんだ。これからも変わっていくと思う。

――この2月に落語研究会で「鰍沢」を演ることが決まったことが、再び手がけるきっかけになったんですよね。

権太楼　以前から、ちょっと時間をください、って言ってたんだ。生涯つきあって、何度も稽古しないと噺に対して失礼だから。

――あんな「鰍沢」を聴いてしまうと、ほかの噺も視点がガラリと変わる可能性を感じます。

権太楼　そもそも「鰍沢」なんて、10年前に1回やって失敗して、それからまるきり興味なかったネタ。

――でも捨てきれなかったんですよね。突き詰める噺は好きな噺っていうわけでもないんでしょうか。

権太楼　好きではなかったんでしょう。失敗した悔しさ、かな。

――失敗もしてみるものですね。

責任のない落語

――逆に「宗論」や「代書屋」のような軽い噺はいかがですか。どういった位置づけをしていらっしゃるんですか。

権太楼　〈年寄りの噺家さんが、若い人が演る噺をやっているよ、という楽しさ〉につきるかな。寄席という世界にはそういう楽しみがあるんです。こんなくだらねえ噺してるわ、っていう。例えば、先代の小さんが「道具屋」とか「たぬき」だとか、軽い噺をちょこちょこっとやって、すっといなくなっちゃう、（春風亭）柳昇《りゅうしょう》師匠が出てきて「カラオケ病院」みたいな噺をずっと演る、「柳昇さんって面白いわあ～」っていうそれだけのことでしょう？　「宗論」はそういうネタですよ。「あ、権太楼さんて面白い」って思っていただければ。ストーリーを精査して突き詰めていくのとは対極にある馬鹿馬鹿しい噺。

――お座興の楽しさ。

権太楼　そう、落語の内容なんかどうでもいいことで。「面白かったねえ、どんな噺だったっけ、忘れたねー」っていうような（笑）。そういう落語もたくさんあるでしょう？　寄席育ちの人にしかできない、責任のない落語がやれる楽しさね。責任あるのはトリだけ。落語会は（高座に）責任がある。

――それも落語であれも落語であり、あれを演るのもこれを演るのも権太楼なんですよね。

権太楼　それがいいんじゃないかなあ。「鰍沢」や「芝浜」は四番バッターなんです。「代書屋」や「宗論」は打順でいうと二番か七番くらい。必ずヒット、送りバントみたいなのも仕事としているんだ。それは寄席という一つの世界。

――師匠はどこにでも出られて、なんでも出来ますね。

権太楼　どこにでも立てる噺家になれるように、落語協会は噺家を育成していると思う。落語協会の底力はそこですよ。打順で二番のところで、「幾代餅」とかやられちゃうと、空振り三振なんだよね。そこはそんな噺を演るところじゃない。あとはフラ、個性ですよね。「ガーコン」のおじさん（川柳川柳《かわやなぎせんりゅう》）は、どこで演っても「ガーコン」なんだけど、ちゃあんと二番バッターの「ガーコン」も出来るし、トリの「ガーコン」もできるんだ。

――そう、そうなんですよね！「ガーコン」だけを自在に操る川柳師匠もすごいですね。

今が一番面白い！

――最近はお身体の調子はいかがですか。

権太楼　おかげさまで、すっかりよくなりました。もちろん気を付けてはいますよ。無理をしない。やだな、って思ったら、そういうものから逃げる。

――ストレスフリーで健康に。

権太楼　それまでは疲れやすいのも年のせいだと思っていたから。癌になったときって、鬱《うつ》になっていくんだよね、「ならないように」って言われる度になっていくような気がして（笑）。躁《そう》状態になる楽しいことって何、って考えたら落語を演ることだった。寄席で気楽に「代書屋」やったとき「ああ、なんて楽しいんでしょう〜！」って思ったの。

——楽しい気持ちは客席にも伝わってきます。

権太楼　僕が最後に望むのは、寄席にはじめてきたようなご夫婦を面白かった、また来たい、って思わせて帰すこと。もう一つは子供の頃から憧れていた噺家になったんだから、圓生師匠や文楽師匠のようにてっぺんまでいってみたい、そのための努力は絶対したい、って思っている。どっちの山が高いということでもない、どっちもおんなじ。どちらが難しいですかと問われたら前者のほうかもしれない。聴きたいと思ってきた客と、もう二度と来ないかもしれない、ふらっと入ってきた客、再び来させる腕の方が確かだし難しい。

——それに燃える自分がいますか？

権太楼　ウン、いるね。よーし、絶対に受けさせてやるぞって思う。

——入門当時から仰ぎ見ていた憧れの名人の年齢に近づいていますね。

権太楼　1月で67になるんですけどね、今があたしの人生の中で一番面白いです。先輩方がおっしゃっていた「落語は年寄りの芸だよ」っていう言葉がやっとわかったの。まさにその通りだとおもった。五十代、六十代の人達は今落語をがんばってやらなくちゃいけない。

——若手には励みになる言葉です。

権太楼　そう、今、楽しいもん。「権太楼さんてなんでこんなに面白いんだろう」って、自分でも思うもん。終わったあと、あそこでタンメン食べようとか考えたりして楽しいの。

――なんだか（入船亭）扇橋師匠みたい。

権太楼　そうそう、ああなっていくんだよ。若いときの欲よりも、もっと身近な楽しみ。

――なんだか年を重ねるのが楽しみになってきました。今日はありがとうございました。

（聞き手　佐藤友美）

２０１９年４月号

歳を重ねるカッコ良さ

――前回（２０１４年１月号）ご登場いただいたのが紫綬褒章受章後で、５年前になります。古希を越えられてお気持ちなどに変化はございますか？

権太楼　私自身がね、70という歳を超えたならばいったいどういう高座の姿が見えるのか、客席の絵や、自分の姿とかね、そういうものにすごく楽しみを持ってたんだけど、72を過ぎてもまだ正直言って見えないの。要するに、どきどき感や、緊張感というか、ウケなかったらどうしようという不安感、それは前座の頃とおんなじ様な心境。だからずうっと変わんないんだね。

――師匠でも不安を感じるんですね。

権太楼　それはあるよ。緊張感と、高座で見せる姿は全然別なの。でもお客さんが落語に入り込んだならこっちのもの。

――肌で感じますか。

権太楼　うん。もっと言うと、おじさんが大きな声で笑ってる。これがある意味で目安ですよ。俺もそうだけどおじさんって声出して笑うってことがないんだよ。「面白くないの？」って聞くと「フン、面白いよ」って言うくらいじゃない。

――ニヤッてするくらい。

権太楼　そう。それと、おじさんが泣く。これも相当「この落語に入ってるな」って感じるところ。寄席っつうところはさ、明るいから隣が見えるじゃん。隣にカミさんがいて、その旦那が泣いてるってさ（笑）。それ見えちゃうわけ。

――見えているんですね。

権太楼　人情噺ってこっち側が冷静じゃないとダメなんですよ。こっちがものすごく冷静であるからこそ、落語ってのは出来上がる。それ〝笑ってくださ～い〟〝いい噺しま～す〟って言ってたら、おじさんっていう人類は引くんだよね。「圓生ならこう演《や》ってるのに」とか、そういう世界もあるからさ。自分がもし噺家じゃなくて、ただの観客だったらそうなってると思うもん。そういう歴史を踏んできて、噺家になってるから。だから冷静さっていうのかな、「こいつはどう演ってんだろう」って他を見てるところもすごくある。その比較が現存している落語家と、あたしの中に亡霊のようにある亡くなった人たち、「あの師匠だったらこうしてた」「あの師匠ならああいう目線をしてたよな」って。己の師匠だけじゃないから。あたしはどう考えても文楽、圓生、小さんで育ってきた人間なんでね。

――逃れられないんですね。ご著書の中の、文楽師の「鰻の幇間」、志ん生師の「幾代餅」はくっきりと「絵」が浮かぶ。でも自身が噺に納得いかないと、演る時にその情景が浮かばない、というくだりが印象に残っています。師匠にとって噺が自分のものになると喋りながら情景が視えるんでしょうか。

権太楼　俺が喋ってる時は目の前に浮かんでいる人物たちが勝手に喋り出す。今日の「お化け長屋」もそうだった。勝手にこいつらが自分の個性を出してくるんだ。

――李兵衛さんが勝手に喋り出す。

権太楼　そう、勝手にやりだしちゃうんだ。勝手にやらかしちゃうのはお客がね、やらせるんだよねぇ。

――客席の空気と噺がガチッと合う。そんな時は……。

権太楼　面白いでしょうねえ。あたしは失敗をしないんです、すごいねぇ（笑）。失敗しないためには稽古しなくちゃいけない。世間の人が「面白くないじゃないか」とか「あんな乱暴にしやがって」なことを言ったとしても、その落語に対して責任をとるのは俺なんですよ。落語に出てくる出演者である、八っつぁん、熊さん、ご隠居さんじゃないんです。責任はみんな俺。褒められるのも俺かもしんないけど（笑）。そのためには失敗をしないよう努力をしなくちゃいけない。それはカッコ良い言い方だけど日々の稽古しかない。

――積み重ねなんですね。稽古は歩きながらされるんですか？

権太楼　そう。この年になるとね、下半身が弱くなると高座に迫力がなくなるの。下半身に力があると力強い高座ができるのね。稽古はしてないこともあるじゃない。正直毎日はね。そんな一所懸命な芸人じゃないよ（笑）。そんな時はただ歩くんだ。歩いて、一人でずーっといろんなことを考えるの。一人っていろんなことを考えることができるのね。それに丁度今くらいから芽吹く花があるんだよ。ぱっと咲き出すと、いい匂いのする花。でもまだ小さいつぼみ。毎日そこを歩くと、「まだだね、頑張れよ〜！　また明日来るね」って心の中で声をかける。そういう楽しみがあるんだよ。歳をとってきて、今まで周りを気にもしないでまっしぐらに稽古して歩いてたのがそうじゃなくなってきて、「今日は権太楼さんブラブラあるこうよ〜」って。それってカッコ良いじゃん。

――素敵な歳の重ねられかたです。

確信犯のずるい顔

――「佃祭」や「鰻の幇間」「鰍沢」など、師匠ならではのオリジナリティある一席はどんな風にできるんですか。

権太楼　例えば「鰻の幇間」を喋ってると（頭の）この辺から〝よしおちゃん〟が出てくるの。彼は1回もセリフを喋ってない、登場人物としては出てこない人なの。でも「何、この子？」って思った時に、「名前付けちゃおう」って。

――ふっと思いつく？

権太楼　絵だよね。動画と言った方がいいのかな。「見えるでしょ？」って言いたくなっちゃう。

俺の思っている〝よしおちゃん〟はメンコをテーブルからぽんぽん落っことしてる。でもみんなの中にそれぞれの〝よしおちゃん〟が出てくるんですよ。俺は噺の「絵が見えない」って思うことがあるのよ。だから「この落語演ってください」って言われても、「できません」っていうのも随分あるんです。その中のひとつが「ねずみ穴」。演ってほしいって言われて、調べたりいろんなことするんだけど、あの兄貴の意地悪さが耐えられないんだ。噺なんだからそこまでのめり込まなくてもいいよって言われるかもしれないんだけどね。演る人は演ればいい。でも俺はできない。俺のポリシーで、落語家は全部の落語をやる必要はないし、できない落語まで演ることはない。演る人はたくさんいるんだから。

――演っても師匠が楽しめない噺もあるんですね。

権太楼　そう。「佃祭」もそうだった。「佃」もあのおかみさんが嫌なのよ。次郎兵衛さんが戻ってきて、みんなで良かったねって言ってる時におかみさんが、「女のとこでお酒飲んで！」って騒ぐわけですよ。そこが「今そういうこと言ってる場合か？　旦那に『生きてて良かった』って言うのが当たり前だろ」って。そこが俺の中で収まらないんだよ。でもそうなると、説教話になっちゃう。そういうことをずーっと考えてないと落語ってできないの。ただ上辺だけの落語を演るだけじゃない、裏にある人生をどう演るか。ある意味映画の監督みたいなもん。「ここカット」「全部いらない！」そういうの映画にはあるじゃない。俺もちゃんと三代目（三遊亭）金馬さんからの流れを教えてもらった。だけどそこで権太楼さんはあのおかみさんの一言にすごく引っかかったんだ。男も女もヤキモチはあるけど、ここでおかみさんにこの言葉を言わせるのは嫌だなって。そうなると抜かすか、切るか。そうすると今度噺としての軸はどこなのって……。そういうことをずっと考えていくのが稽古かな。

――その試行錯誤を経て「鰍沢」も「佃祭」も師匠の十八番にひっくり返る時が来るわけですよね。一発逆転ホームランになったというか。だから「ねずみ穴」も今後そういう可能性がないわけではない……。

権太楼　あれは俺の中ではない。もっと言えば「ねずみ穴」は「談志さんに任せよう」って。若い時に談志さんのスペクタクルな「ねずみ穴」を見たら誰でもそう思うよ。あれ以上のことできねえもん。あの圓生師匠のいやらしい「ねずみ穴」もカッコ良かったけども、談志さんのトントンってくる口調の良さ。その人その人の持ってる個性、フラというんですけど、人間って何でもできるもんじゃない。小さんはそういうことをわかっていたから、自分で滑稽噺というか長屋もの以外はあんまり手を出してない。文楽もそうです。口調の良さでいく志ん朝、志ん生系統は「鰍沢」もできるし、「火焔太鼓」もできる。天才ですから。小さん、談志が見た天才は志ん生だったと思うの。聞いたことないけどね。でも本読めばわかるでしょ、志ん生が天才だって談志さんは思ったはずなの。今でもCDとかテープを聞けば「うめえや、この人」って本当に思っちゃうんだ。敵わない。敵わない人がたくさんいるんだよ。でもだからいいのかな。

――師匠は元は上方の噺も得意とされていますね。「代書屋」は（桂）枝雀師匠のギャグも取り入れられています。師匠は産まれも育ちも東京ですが、上方の噺がニンに合っているんでしょうか。

権太楼　若い頃、一番好きだったのが（笑福亭）仁鶴《にかく》師匠だったの。

――仁鶴師匠！

権太楼　そう。大阪ローカルの「平成紅梅亭」ってテレビ番組のビデオテープを放送後すぐ知人が送ってくれてたの。その中でも仁鶴師匠はめちゃくちゃ面白かった。だから俺の噺には仁鶴師匠の影響もあるんだ。みんな枝雀師匠だと思ってるけど。あの頃は、「時そば」より「時うどん」の方が面白いぞ、なんて向こうの噺がどう演られてるのか分析してた。それはね、（柳家）つばめ師匠（最初の師匠）という落語人生の中での指標が早くに亡くなってしまったっていうのがあるんじゃないかと思うの。というのもね、俺が小さん師匠のところへ直でそのまま行ってたら、小さん系統の噺から動かなかったかもしれない。〝柳家〟ってのから。

――上方の噺も師匠のアレンジが効いています。師匠ご自身が納得するために噺を組み立て作り直したりするルーツはそこかもしれないんですね。

権太楼　そう、前座の頃からそうしてるかもしれない。あたしの落語って自分で言うのも何だけど、お客さんとして聴いてると絵や映像が見えるように、顔まで浮かんでくることない？「質屋庫」の定吉なんかさ、ずるい顔してるでしょ（笑）。昔、ずっと鏡見て色んな表情の稽古してた。

――ではムチュッとしたチャーミングなお顔も……？

権太楼　確信犯だよ（笑）。

――存じませんでした（笑）。師匠の頭の中で八っつぁん、熊さん、ご隠居さんら登場人物は異なる噺でも同じ顔なんですか？

権太楼　全然違う。

――名前は一緒でも噺によって全部顔は違う……。同じ噺だとその時々でも同じ顔？

権太楼　変わる。前ね、オランダ行った時にゴッホミュージアムへ行ったの。ゴッホの自画像ってたくさんあるんだね。『ひまわり』にしても自画像にしても一点しかないと思っていたんだけど何種類もある。ゴッホの気分によって描く度に違うゴッホになるの。でも目だけ一緒なんだよ。目ん玉だけが。だからダーンって塗ったくった「こんな暗いの？」ってのもあれば逆に「こんな輝いているの？」ってのもある。それ見た時、生意気な言い方すると「わかる！」って思ったんだ。

――時代も国も違うけど、同じ表現者として根っこの部分が同じなんですね。

権太楼　そうかもしれない。「何とか俺は」っていう、ゴッホの中にある鬱積《うっせき》や苦しみをキャンバスに塗りたくっていく情熱が表れてる。

――落語も絵も、自身があぶり出される点で同じですね。絵は後世に残るものだから現在ゴッホは高く評価されています。

権太楼　そう。落語は残らないんだよねぇ。

――落語はやっぱり生で観るのが一番面白いです。

落語はワインと同じ

――毎年お正月にご一門揃ってお写真を撮られてますね。

権太楼　あれはね……僕、つばめ師匠とのツーショットがないんですよ。あんな早くに師匠が亡くなるとも思わなかったし、師匠に「一緒に写真撮ってください」なんて言えなかった。小さん師匠とは真打になった後、一緒に話してる写真はあるんですけど、プライベートで「師匠、写真撮ってください」ってそこまでずうずうしく言えない。それだけが唯一自分の中で悔やんでいることだから、必ず正月とか何かの時に（弟子を）俺から呼んで「ツーショット写真撮ろうね」って。だから今日もほたる［現・柳家権之助］に「俺とのツーショット写真あった？」って聞いたら「ありますよ」って言ってた。いずれ俺はいなくなる、その時に師匠との、かしこまっているツーショットじゃなくて、ふざけてるツーショットがあればそれは君の財産だから、という意味で撮ってるんです。

——後のち宝物になりますね。

若い時によくかけていて、現在は演らなくなった噺もあるんでしょうか。

権太楼　そりゃあるよ。これは円蔵師匠から言われたんだけど、落語ってのはね、ワインとおんなじでね、若い時にやる噺と、歳とって仕込んだってダメな噺があるの。そういうことを考えながら落語をやっとけって。いい言葉だよね。だからもう演らない噺もあるんだ。若かった頃の勢いのある高座はあの時だけなの。お客さんはあたしたちが（どんな演目でも）演れると思っちゃうけど、職人は全ては出来ないんだよね。

——反対に年齢がいったからこそ出来る噺もある……。

権太楼　それはある。勢いで演ってた噺が勢いでなく演れるようになる。

（略）

（聞き手　田中愛子）

林家正蔵

はやしや・しょうぞう　1962年、東京都生まれ。祖父は七代目林家正蔵、父は初代林家三平。78年、父・三平に入門。前座名「こぶ平」。80年、師没後、林家こん平門下。81年、二ツ目。88年、真打昇進。2005年、「九代林家正蔵」襲名。2014年、落語協会副会長に就任。こぶ平時代よりテレビ・ラジオで活躍し、一躍お茶の間の人気者となる。名跡である正蔵襲名前後より軸足を落語界に移し、古典落語の研鑽に励む。

◆東京かわら版編集部よりひと言

2024年現在、落語協会副会長という重職を務められています。ご一門はもちろん、落語界全体のことを常に考えていらっしゃいます。皆様ご存知の通りご子息も噺家を生業《なりわい》とされていて、七代目正蔵、三平、九代正蔵、たま平・ぽん平と四代続く華麗なる落語一家の中心として、寄席・落語会でご活躍されています。

とても物腰柔らかい方で、どの現場でお会いしてもニコニコした表情で「いつもお世話になってます！」と声をかけてくださいます。小誌のインタビューでも丁寧に言葉を選びながら答えてくださる姿が印象的です。

ジャズや宝塚にも造詣が深く、様々なジャンルのお話でも我々取材陣を虜《とりこ》にしてくださいます。

あるお弟子さんが「(正蔵師が)高座に上がると客席に花畑が広がるように、パッと華やかな雰囲気を寄席全体に醸《かも》し出したんです。それで入門を志願しました」と。

高座のみならず、取材やインタビューでもその場の雰囲気が明るくなる噺家さん。私は常々そう感じております。

（井上健司）

2005年3月号

今月のお客様は林家こぶ平師匠です。

こぶ平師匠はこの春、九代目林家正蔵を襲名します。お茶の間でも親しまれ「こぶちゃん」と呼ばれている師が、古典落語に真っ向から取り組み始めたのが数年前。人気に実力がともなっての襲名です。祖父も名乗っていた大名跡「正蔵」を継ぐということは、落語界だけにおさまらず、マスコミの話題もさらっています。

テレビで見せる愛嬌あふれるキャラクターを一変して、高座に上がれば本寸法でひたむきな、りりしい姿形。最近ではそのギャップを魅力のひとつに転換してアピールするタフさも加わってきました。披露興行やそのプレ・イヴェントは、落語史上にかつてないほど、華やかで盛大なイヴェントになりそうです。

下町に恩返し

——この度は襲名おめでとう存じます。たいそう豪華なパレードや披露興行、楽しみにしています。

こぶ平　ありがとうございます。お練りは弟（林家いっ平［現・二代三平］）の真打昇進のときにやっているので、今回も、っていう流れはあったんです。そうしたらたまたま、アメ横の二木の菓子さんが、上野でもやってくださいよっておっしゃってくださいまして。

――それで上野でもやることに。

こぶ平　ならば上野と浅草を結びましょう、となり、色々あって、ありがたいことに上野駅や寛永寺さんでもということになりました。もうえらいことになってます。これ以上は申し上げられないんですけれども、派手なことになりそうです。

――もともとお生まれも台東区ですし、ご縁がありますね。

こぶ平　浅草っていう場所には思い入れがあります。一門会もやってるし、お盆興行でも初めてトリをとらせてもらって、矢来町のお師匠さん（故・古今亭志ん朝）が、住吉（踊り）で昼、夜が自分で写真が入口に並んだときには、泣くほどうれしかったです。あと、落語家になるきっかけ、私が中学2年のときにね、（浅草の）尾張屋っていうそば屋で祖母と天丼を食べてたらね……。

――お祖母さまっていうと、七代目正蔵のおかみさんの歌さんですね。

こぶ平　そうそう、よく知ってるね！　その歌さんがね、急にまじめな顔になってお願いがあるって言うの。「私の目の黒いうちに落語家のあんたを見させておくれ、おばあちゃんは、もう年だからそんなには長く生きていられない。お前のおじいちゃんもお父さんも立派な噺家だったからお前の噺家の姿も、孝行だから見せてほしいんだよ」って。おばあちゃん、先に死んじゃうから、早く落語家にならなくちゃいけないなって真に受けて、中学3年の冬休みに弟子入りしたんだ。それが入門のきっかけ。

――噺家の姿を見せることはできたんですか。

こぶ平　はい。それからさ、えらく長生きしたんだよね。「おばあちゃん高校出てから入門しても間に合ったじゃん、ぜんぜん間に合ってるじゃん」って大笑いした。そんな祖母の思い出もありますし、浅草や上野の下町に育てていただいた、っていう思いがあります。パレードが盛り上がって、少しでも下町に恩返しできたらと思います。

――師匠のこん平師は襲名に関しては何とおっしゃってますか。

こぶ平　話があったときから前向きに襲名をすすめてくださいました。だから（病気で）口上に並んでいただけないというのは、自分ではとても胸が痛むところでございます。夏場目指しての復帰に、めどが立ってきたかなという状態なので、それを待ちますが、心残りです。

父親の血をひいている

――古典落語とがっちり取り組むようになってきて、周囲の反応は変わりましたか。

こぶ平　落語のことばかり思ったり考えたりするでしょう、そうするとね、楽屋にいる、うちの一門とはまるでカラーの違う古典の兄《アニ》さん方がね、ちゃんと見ててくださって「こぶ、おまえ、あそこのそこはこうやったほうがいい」とか「兄さんね、あそこはああいうやり方もありますよ」とかって教えてくれるんだ。それがうれしい。コイツほんとに、言ってもちゃんと聴く耳ができてきたんだなって思ってくれたこと、それがすごくうれしいんだ。

――師匠の真剣な姿勢を皆が感じとった。

こぶ平　そうかもしれない。改めてやっぱりね、好きなんだぁ、寄席とか、落語、噺家が好きなんだね〜。うん、そこだけはうちの父親（初代・林家三平）の血をきちんとひいてるなっていう気がしますね。落語が好きだから、というようなことは、言葉にすると陳腐でしょ、簡単に聞こえてしまうんですけれど、そう言えるようになるまでが、私の場合は、ずいぶん紆余曲折があったり回り道をしたり、途中で転んだりしただけにね、そう簡単でもないんですよ、この言葉が出てくるようになったたっていうのは。

――それは、高座から伝わってきてます。中学のときから、志ん朝師の影響もあり、古典落語をちゃんとやっていきたいというお気持ちをお持ちだったのですよね。

こぶ平　そうです。古典落語をきちんとやりたい、そういう気持ちがずっとまずあって、でもテレビの仕事に追われて忙しくてままならない時期っていうスケジュールの調整がうまくいかなくて……。こぶ平という名前を知っていただきたい、テレビの仕事もきちんとやりたい、でも、古典落語もやっていきたい、自分の落語を作って行きたい……と、気持ちが揺れていました。

――もどかしい思いがあったんですね。

こぶ平　バランスがとれてなかったんですね、だから色んな師匠方と色んな会を始めては途中でやめたり、ネタが覚えきれなくて謝ったり、恥ずかしい思いをしてきました。今思うと、とてもとても胸がきゅーっと熱くなるような痛くなるような……。

――それがだんだん自分でうまくバランスがとれるようになってきたんですね。

こぶ平　少しずつ物理的なことが変化してきました。たとえば今までレポートの仕事で急に明日北海道へ行ってくれって言われたりとか、３日間海外へ行ってくれとか、そういう仕事が多かったのが、コメンテーターだとかレギュラー番組の回答者とか司会のものですとか、２週間に１回の収録で２本撮りみたいな仕事ができるようになって、そうするとお稽古に時間が取れるようになってきた。それと、落語に対する思いがうまくちょうどあわさって形になってきたかなっていう気がしますね。

――熱心なファンもついてきてますね。

こぶ平　そうなんです。ずっと足繁くあきらめずに見に来てくださり、いつかは立派にやってくれるだろうと、可能性だけを感じて、何年も見てくださってるお客様にはね、ほんとに、長い間お待たせしてしまったなという気持ちはありますね。まだまだ進化するんでこれからもずっと見届けていただきたい気持ちです。

自分を試してみたかった

――師匠がおやりになる「ねずみ穴」や「景清」や「一文笛」。どれもそんなに明るい噺ではありません。そういう噺を演るのは、師匠の好みなのですか。

こぶ平　「景清」は私がやってみたかったんです。ほかの噺については、いろんな兄さん方に相談して決めていきました。笑いがまったくなくて、たとえば40分、お客様に聴いていただけて、そのしーんとした緊張感の中で自分が耐えられるか、ということを試してみたかった。笑いを変なところで欲しがらずに、その噺の持ち味を、自分のカラーを入れつつ、どう聴いていただけるかなって。自分を鍛えてみたかった。

――そういう理由だったんですか。華やかな明るいネタを聴いてみたいという思いにもかられるのですが、今後お演りになるご予定はありますか。

こぶ平　次の段階としては、滑稽噺のほうへむかっています。ハートウォーミングなものは、根本として、自分のベースとしてはやっていきたいんですけど。芸域の振り幅が大きいほど、スケールの大きな噺ができるのではないかなと思ってます。

――なるほど。その通りでしょうね。

走るしかない

――はるか先にぼんやりとあった襲名がいよいよ目前に近づいてきて、心境の変化はありますか。
こぶ平　ここになってやっと具体的に動き始めていることが多くなってきています。気持ち的には前方になんだかすごく明るいものが見えている感じと、後ろをふっと振り返ると、ものすごい不安とか恐怖心みたいなものが、そびえたっているような感じ、身の毛がよだつくらい、冷たぁくて暗ぁくて、痛そうなものが、ぐーってのしかかってきているっていう、板ばさみ。今はそういう状況。
――その不安は、もう振り払うっていうか……。
こぶ平　前を見て走るしかないんだ。でも一生そうやって終わりそう、でもそういうもんなんでしょうね、きっと。あぁー!

――ご多忙な時期だと思いますが、息抜きというか、つかの間の楽しみは何かありますか。

こぶ平　人の落語を聴いているときが楽しい。仕事場で兄さん方のいい落語を聴けたとき。楽しいんだけど反面、自分は負けず嫌いでもあるので、悔しい気持ちにもなる。ストレス解消になってないかもね。

――ミステリを読んだり、ジャズを聴いたりと、おっしゃると思ってました。

こぶ平　今この状況で精神状態で、このミステリ面白いなぁ、もう手が離せないよ、っていうミステリがあったら教えてほしいくらい。同じくジャズもね。こればっかり聞いてたい、ってジャズがあったら紹介してもらいたい。今そんなことしてたら、バチがあたりますよね……ほんっとに今、こんな状態は人生でまずないですよ。いってみれば、お神輿にさあ、どうぞ、お乗りくださいっていう状況にさせていただいてますから。自分がちゃんとぴかぴかっとしてなきゃいけないですよね。

（インタビュー　佐藤友美）

2005年4月号

今月のお客様は先月に引き続きまして、こぶ平改メ九代林家正蔵師匠です。さる3月13日、雪のちらつく中、上野～浅草間に、14万5千人を集め、襲名披露パレードとお練りが催され、大成功を収めました。

楽しみだったちゃんぽん

――後に彦六になった八代目の正蔵師匠の思い出はありますか。師匠が入門したときはまだ、先代はご健在でしたよね。

正蔵　ご健在でしたねぇ。近寄りがたいような、かくしゃくとしていて魅力のあった方です。どこにいても絵になっていました。さすがにすごいなと思ったのは寄席での持ち時間のことですね。延びているときには、ぱっとこなして高座を降りる、また逆に時間がつまっているときは、同じ噺でも、たっぷりお演りになって、ちゃんと次の人へ渡す、ああ、さすがにすごいお師匠さんだな、と思いましたよね。すごい噺家さんでした、えぇ……。

――そのころは、いつか自分が正蔵になるというようなことが、頭をかすめていたりは？

正蔵　ぜんぜん全然ない！　それは全然なかった。お話をいただくまでは夢にも思ってなかったことですから。もうひとつ思い出を話すと、稲荷町のお師匠さん（＝先代の正蔵）の芝居（寄席の主任）のときは楽日に、昔あった長崎楼ってちゃんぽん屋さんのちゃんぽんや皿うどんが、差し入れで入るんです。食いしん坊な私としては、いつも楽日に「うん、食べられるな」って思って楽しみだった。長崎楼に名物親父がいて、その人が持ってきてくれるんですよ。ありがてぇ～って感じでしたね。

――食べ物の思い出って、味や匂いと一緒に鮮明に、よく覚えているものなんですよね。

出てきた七代目の映像

――先々代のお祖父様の七代目の正蔵師匠のいろいろなエピソードはご存じでいらっしゃるんですか。

正蔵　僕は、祖父には会ってないんですよ。父親（初代三平）が祖父のことを話した記憶もあまりないです。なぜ、どうしてなんでしょう。それはもし今父が生きていたら聞いてみたいです。

――七代目の音源を聞いたとき、私は三平師匠と声が似ているなぁと思いました。

正蔵　いや。それも微妙でねぇ。上っ調子な高い声で、軽い調子の噺家さんだったと、ずっと聞かされていたんです。実際うちの父がエネルギッシュで、こうやってさ、きっと祖父は軽くて、すぅって柳に風のような芸風なのかなっと思っていたんです。そうしたら最近、祖父の動く映像が見つかったんですよ！　3分間だけ。「相撲風景」をやってるんです。

――どこからか出てきたんですか。

正蔵　いわれのある映像でね。戦地でめっかったらしいんですよ。と申しますのが、戦地の慰問に行っておりましてね、芸人がとても危なくていけないといってた最前線のところに映画フィルムとして送っていたものなんだそうです。ですから、祖父の映像以外にも漫才の方とか、あったんでしょうけれども、運良く祖父の映像が、3分だけめっかったんでね、それを小朝兄さんとテレビの前に座って観たんです。

――よく見つかりましたね。ご覧になっていかがでしたか。

正蔵　腰が抜けた。んもうすごい。軽い芸だと思っていたら、そうじゃなかったんだよ！　エネルギッシュに動き回り、個性的で、調子がいい。今現在この人が、高座に上がっても、このままで受けるだろう、っていう芸だったの。

――お父様の三平師匠みたいですね。

正蔵　だから、その当時はものすごく受けたでしょ。最初は天狗連で、面白いからしっぱられて高座に上がるようになったぐらいだから。

――それは拝見したいですねえ。

正蔵　うちの父はきっと相当苦しんだんですよ。こんな面白い噺家さんの息子で、後を継いで自分は、噺家として自分のものを作っていくかって……苦労したはずです。

――やはり父親の存在がコンプレックスに。

正蔵　父親のことは、意外と突然変異みたいな形でバッと出てきたんだなぁ、って、ちょっと思ってた部分もあった、時代の風にうまく乗った人だって。

――それが違っていたと。

正蔵　父が祖父のところへ入門した2年後、祖父が亡くなってしまった。私も入門して2年で父を亡くした。シャドーボクシングです。もう生涯倒せない相手と闘うわけですよ。爆笑王という大きな影と、いつも闘っていなくちゃいけない。芸風が違っても、どうしてもどこかでいつまでも闘っていて……。

――逃れられないですね。

正蔵　三平さんの坊っちゃん、三平さんの息子。何ができるんだ、親父のものまねじゃないか、あぁ親父は面白かったな、なんだせがれはっ、て実際思われてたり、思われているんじゃないか、って思う自分がいたり。うーん、それはたいへんだった……。でもよいことのほうが多かったかもしれない。それはね、親父が前向きに生きてきた人でしょ。それを見てるから、前向きに生きられるんだ。後ろを向かないんだ。常にファイティングポーズをとれるんだ。負けることも多かったりするけど、それでも踏ん張れたり、前向きになれるのは、それはたぶん親父のおかげなんだ。

──同じ境遇で同じ悩みを三平師匠も抱えていらしたんですね。代々噺家をやっていくとなると、師匠の二人のご子息も同じコンプレックスを持つことになりますね。師匠がこれだけ有名で人気者だと、やはり大変でしょうね。

正蔵　こぶた［現・たま平］、よろこぶ［現・ぽん平］……いや、そんなことはないですよ。私のときよりは、あの子どもたちの方がハードルが低くなっていると思いますし。

──ご子息の高座を見れば、お父様の気持ちがわかるのではないですか。

正蔵　ときどきやつらの中に自分にはない、いいところが見えることがあってさ。おぉ、っと思うことがある。そりゃまだまだ子どもだからね。でも、それを感じるのはとても面白いことだよ。

今後に乞うご期待

──高座に関しては今後はどのようにしていこうとか、抱負はありますか。

正蔵　声の幅を広げたいっていうのがまずあります。それと自分の節というかリズムを持ちたいです。すごい人は必ず自分のリズムを持っているんです。だから自分の口調とかリズムを、早くこれだってのを、めっけたいです。

――高座を拝見していると、正蔵師匠独自のリズムが現れているように思えますが。

正蔵　それがまだないのよ。早く確立させたいです。足りない部分のひとつは歌舞音曲なんです。新内・義太夫・笛、それから、踊り、三味線……。お披露目がおわってから50歳までの約7、8年はしっかりと何でも仕込もうと思って。そして50歳から舞台で表現できてお客さまの前でできるものを、10年かけて仕込む。60歳でまたご披露できるように。いろんなやりたいことがあって、それぞれ10年計画ですね。

――壮大ですね。でも地道にコツコツと……。

正蔵　根が悔しがりやなんですよ、こう見えてもね。のほほんとしてて、争いごとが嫌いなように見えましょ？　ところが、あーあの人はうまいな、この人は受けてるな、っていう高座を見ると常に揺れちゃいます。

――負けず嫌いでいらっしゃる。

正蔵　柳に風で、動じなく見られてもいたいんですけれども、そんなところまで手が回らない。でもそういうところに身をおいているのは、すごく今いい環境に自分がおかげさまでいられるというのがありますね。一つ一つの高座をいろんな状況であがるでしょ。そのたんびに、更に今度は、またこの次は、またその次は、ってね、やりたいこととか足りないとことかね、たくさんみえてくる。

――具体的に今後の予定は決まっていますか。

正蔵　いろいろとチャレンジしたいです。たとえば昨年暮れに山田洋次監督に胸を借りてやった会もございましたし、落語以外のフィールドの方とのコラボ的な落語、それと7月には、（林家）正雀師匠に芝居噺の「鰍沢」を教わって大銀座落語祭でやりますし、また9月の東西落語研鑽《けんさん》会では、新作コンクールの入賞作品の新作落語をやる。やりたいことが正蔵になってから山積みで、ほんとにもうね、次から次へとやりたいことがあって。

――体がいくつあっても……。

正蔵　足りないです。あんまりここで話しといて、実際そうじゃないだろうっていわれても困るんですけども、少なくともふた月にいっぺん、できれば、ひと月にいっぺんはネタを増やしていきたいってのはあるんです。

――正蔵としての勉強会が、再び始まるということですか。

正蔵　やります。プランはいっぱいあるのですが、どれを現実にしていいのか、ちょっとわからない、ってことで、乞うご期待にしておいてください。

――楽しみですね。正蔵師匠がいらっしゃれば、落語界がこれから、もっともっと活性化につながっていくと思っております。

正蔵　がんばるよ、がんばるがんばる。でもね、どんどん新しい若手の方も増えてきているしね。「こぶみたいな若手ががんばってくれなきゃ」って矢来町のお師匠さん（故・古今亭志ん朝）に言われていたけど、もうそうじゃないよね……もっともっと若い人たちが、人材的にもどんどんどんどん出てくるんじゃないかな、って予感はありますよ。

（インタビュー　佐藤友美）

2014年6月

今月のお客様は林家正蔵師匠です。東京寄席演芸界の大イベントとなった正蔵襲名から9年。後進を育成するという役目を果たす一方、自己の研鑽を含め多忙を極める落語三昧の日々。今何を思い、どこへ向かっていくのか、お話を伺いました。

期待に応えたい

――今日のお着物も素敵ですね。

正蔵　好きなんですよ。親父がほとんど黒紋付に袴で、その反動でしょうか。

――今精力的に落語会をされていて、独演会や二人会などレギュラーの会だけでも十数種類あって、特にここ2、3年、熱心になさっているという印象があります。

正蔵　自分の中ではそんなには変わっていないんですけど、お声がけ頂いたりとか、これはちょっとやってみたいとかいうものがどんどん増えていった分だけ会が増えていったのではないかなあと思います。

――前回のインタビューが襲名の時（2005年）で、その時は「50までの間にいろいろ噺を蓄えて、50からはそれを出していきたい」と仰っていましたが、実際50歳を迎えてみていかがですか。

正蔵　一度かけてそれ以来演っていないものもあるし、かけ倒した噺でも、もっと違う風に出来るんじゃないかとか考えますね。演り倒してる噺でも、お客さんが良くて登場人物が勝手に喋り出しちゃうことがあるんですよ。その一言が出た時にドーンと受けたんです。それがここ何年かのうちで「うわー、嬉しい！」って思ったことですかね。今どきの言葉を入れるギャグでもなんでもなくて、ぽっと出た登場人物の一言が、他の方が入れてないようなことで「あ、こんなことあるんだ」って。かけ倒してた噺から、ようやくパスを頂いて次のゲートに入っていったみたいな感じかな。

——噺が染みこんできていらっしゃるんですね。

正蔵　あと、近頃は動揺しなくなりました。一時期はいろいろ自分の心がささくれだった時もあったんですけど、今はもうなくなりました。それと、出て行くと時々お声がけしてくださるお客様がいらして、そうするとお客様の期待に応えたいとも思います。「うちの方で小さい落語会やってるんだけども、出てくれないでしょう？」って言われることがあって、それが嬉しくて嬉しくて。「出ますよ出ますよ、呼んでくれれば伺いますよ！」。

——（笑）。演目で言いますと「景清」ですとか「一文笛」みたいなちょっと暗い噺をよくかけられますよね。そういう噺と滑稽噺みたいなものと、師匠の心情的にはどちらが演りやすいとか近しい気持ちとかいうのはおありなんですか。

正蔵　テレビに出ているイメージが強かったので「人情噺から入ったら雰囲気が変わるんじゃないの」って、先輩にアドバイスを頂いて。しかし本来の性分ですか脳天気な噺もものすごく好きなのです。滑稽噺に力を入れつつも人情噺も演ったり円朝ものを演ったり、今、幅を広げている感じですね。

——先輩方の助言や、（舞台）袖で聴いていて一言くださるっていうのは落語家の連綿と続く財産ですね。

正蔵　非常に嬉しいですね。この間も小三治師匠が一緒の時に聴いていてくださって、「だいたい噺ってのは3分聴けばその可能性が分かるような気がするんだけど、真打試験の時にお前を見てて、ぶきっちょだったけどもずっと期待してた。近頃やっと俺がいいと思うお前の噺を演りはじめたな。まだまだだけども、方向としては間違ってない」って言ってくださったのが嬉しかったですね。小三治師匠に限らず、いろんな先輩が見ていてくださって、アドバイスをくださいます。それが何よりの財産です。本当に有り難いです。

——先輩やお客様など、周りの見る目が変わってきたという実感はありますか。

正蔵　落語にのめり込み、稽古して寄席に上がって高座数を増やしていくと、周りにいる先輩方や仲間がより親身になってよくしてくださるんですね。うちの親父の徳だったのかもしれませんが、「なんかあったら教えてやるよ」って。舞台袖で見ていてくださって「あそこの言葉はこういう気持ちじゃないかな」とか「この演り様はこういう演り方もあるんじゃないか」とか。所作でも「ここはこうだよ」って教えてくださるんですね。これは二親に感謝なんですけれども、根がどちらかというとひねくれてない方なので（笑）素直な性格に育てられて、言ってくださったことがまるでスポンジのように体に染みこむんです。そういう皆さんのお気持ちを受け入れ、身にしていきたいですね。

——具体的にはどういうことでしょうか。

正蔵　ハードルの高さが変わってきました。「よく覚えたね」っていうところから始まって、今度はこういう解釈も出来るんじゃないかとか。三月《みつき》で越えることもあれば5年経って未だに越えられないものもあります。でも楽しくて仕方がないです。大きなところで演らせて頂くこともあれば本当に小さなところで演る事もあるし、寄席の代演でうかがうこともある。どこに行っても今楽しくて楽しくて。

——素敵ですね。

正蔵　自分の噺は（舞台）袖に小さなレコーダーを置いて録音して聴いてます。実はね、以前この巻頭インタビューで見た喜多八兄さんの「一席でも多く演らなきゃ駄目だ。演ってる奴には抜かされていく。お客さんの前で演って、自分の噺を聴く。それは嫌だし『よくそんなバカなことやってられるな』って言われることもあるけれども、自分を知らなきゃ上手くならない」っていう内容の言葉を自分の稽古帖に写して、ことあるごとに読むんです。

——客観的に自分の噺を聴くという行為ですか。

正蔵　だから、高座に上がる時はうきうきして、帰り道、自分の噺を聴くとがっかりして（笑）。今日意外と上手くいったんじゃないの？っていう時も、聴き直してみると、あれれ、って思うのが多いですね。逆にあまり受けなかったなっていう時に、あ、このフレーズはこういう言い方してたんだ、思い通りに出来てるな、ってこともあります。皆さんはあたりまえにやっていることなんですけど、今さらながら自分を知ることに重点を置いてます。

——今でもすでにたくさん会をなさってますけど、またこんなことをやりたいっていうのが出てくると新しい正蔵師匠が拝見出来るかもしれないですね。

正蔵　先輩方からもとても嬉しいお声がけを頂いていて、来年一つ増えるのは、これはもう言っていいのかな、さん喬師匠からネタ下ろしの会をやらないかって。

――それは楽しみですね。

正蔵　喜多八兄さん、菊之丞さん。萬窓さんとは小唄の会、馬石さんとは円朝作品、先輩では小満ん師匠と年一で横浜にぎわい座さんで二人会やらせて頂いてます。さん喬・鶴瓶・正蔵の会をかめありリリオで、大阪で志ん輔兄さん。あ、そうだ。先輩と組むと出番とネタを決められるので最近苦しんでますって書いといてください（笑）。

――（笑）そうですよね。

正蔵　「今日のネタはこれとこれ、トリはあなた」って決められちゃって。先輩がずっと聴いていてくださるのが財産なんですが、大変です。

――（笑）。

正蔵　昨年、さん喬師匠に「年末北海道なんだけど、スケジュール空いてる？」って訊かれて、たまたま都合よく日程がとれて、当日空港行ったらさん喬師匠と二人っきりなんです。前座さんもいない。

――濃密ですね（笑）。

正蔵　お弟子さんは知ってて「大変でしたね」って言うんだけど実に楽しくて。セーターがちょっとほつれていたら、さん喬師匠が「貸して」って繕《つくろ》ってくださったの。恐縮です。その日も「トリをとってね」って。

――縫い賃ですね。

正蔵　非常に嬉しいけども、苦しい気分。そりゃ師匠の後に上がるのですから。

――（笑）。寄席にもずっと入ってらっしゃいますよね。

正蔵　ヒルとヨル、またトリによって随分お客様の感じが違いますしね。時に厳しく聴いてくれるお客様が多い時もあるんですが、それはそれでありがたいです。楽屋も楽しいんですよ。

――楽屋が楽しいっていう状況は、師匠が落語に打ち込み始めたというか、落語大好きっていう気持ちが伝わっているからでしょうか。

正蔵　楽屋は落語が大好きな方が、いるところですからね。

――そうですよね。

正蔵　そこに落語大好きな、至らないけれどもやる気だけはある私みたいな者が入ったらいっぱい話をしてくださるっていうのはありがたいです。独演会の掛け持ちの間に寄席に上がったり、ちょっとお身体の具合が悪くても高座をつとめていたり、先輩が新しいネタを覚えてたりという、タフなお師匠さんを間近で見てるわけですよ。そんな師匠方や仲間や後輩の皆さんと一緒に居られて、こんな楽しいことはないですよ。

こんないい商売はない

――落語協会の理事になられて、後進の育成という立場にもおありですよね。

正蔵　自分の育成もしなくちゃいけないから「共に頑張ろうな」っていうところですね。昔と違って、理事といっても名誉職ではなくなりました。香盤や給金が上がるわけでもないけど、お忙しい師匠方が朝の10時半から何時間も、いろんなことについてクタクタになるくらい議論して。でもそれで落語協会を良くしようって膝詰めでいろんな意見を交わしているので、その中に居るからには、自分がどんなことでお役に立てるのかとかいろんなことを真剣に考えますね。

――マスコミでの活動も多い正蔵師匠にしかできないことも多々あると思います。

正蔵　今、前座会の係なんです。見習いさん、前座さんを見てるとね、いいですね。ぶきっちょな子ほど面白いと思います。器用に出来ちゃう子と、本当にぶきっちょで、でも一所懸命でって子もいるし、大丈夫かなあって。自分も多分先輩方にそう思われてるんじゃないかと思うんだけど。志を持ってこの世界に入って、同じ志を持った先輩が面倒見てくれる中で成長していって、こんないい商売はないってつくづく思いますね。

――今、7人お弟子さんがいらっしゃいます。

正蔵　みんな頑張ってますね。たけ（平）なんかちょっと頑張りすぎぐらいに頑張ってるなあ。体壊さなきゃいいけども。「お前、落語会いっぱいやりすぎだぞ」って言ったら、「東京かわら版」見て「師匠も同じくらいやってるじゃないですか」って言われてしまって。逆にあいつに「師匠の方こそ体大事にやってください」って言われてしまいました（笑）。

――落語会やネタ下ろしとかの前で、忙しくてあまり時間が取れなくて「もうすぐあの会来ちゃう、憂鬱だなあ」みたいな時もあるんですか。

正蔵　まさに今がそう（笑）。スケジュール表に、ネタ下ろしの50日前からカウントダウンしていくようにしてるんです。下手すると噺が五つくらい並んじゃう時があるわけですよ。胃が痛いですねえ。

――会をたくさん入れてらっしゃるのも自分を追い込んで稽古するためなのかなあとか、怠け者の自分に置き換えて勝手にお察ししていたんですけど。

正蔵　かなり追い込みますねえ。自分のお尻をドンドン叩かないとねえ。

――これだけたくさん会があるとわけがわからなくなっちゃいそうな。それぞれに多分コンセプトとか、同じネタであってもその会での役割みたいなものが違ってくるんでしょうか。

正蔵　お好きな方になると「この会の何日前だからこれをここでかけるんじゃないか」とかありますでしょ。

――ええ、そうですね（笑）。

正蔵　そうするとそのお客様に申し訳ないことが出来なくなってくる。

――集中して同じ噺をかけることができないということですか。

正蔵　いや、そうではなく、「ネタ下ろしの時も聴いたけれども次に聴くときはどう自分のものにしているんだろうか」と気になりますよね。だからネタ下ろしの時よりもさらにこなれて、より良いものになっていないと申し訳ない。「東京かわら版」見てチケット予約して楽しみに来るお客様に、がっかりさせないで満足して帰って頂かなくては、という思いの方が強いので、くたびれながらも頑張ってます、頑張ります。

――これから10年後20年後の姿は思い描かれていますか。

正蔵　この間（柳亭《りゅうてい》）小燕枝《こえんし》［現・柳家さん遊］師匠が高座に上がってたんです。浅草である師匠が小燕枝師匠の高座を見て「きれいなおじいさんになったなあ」って言ったんです。僕、小燕枝師匠の高座姿って大好きで、お歳の取り様が、実に粋で綺麗で、そういう佇《たたず》まいってのを大事にしたいです。私はそういう噺家になりたい。もちろんギャグをたくさん言って笑わせるっていう落語家も必要ですし、舌鋒鋭く切り込むっていう噺のスタイルもあるでしょうが、なんかこう、ぽかぽかっとした佇まいがいい、綺麗な噺家になれたらいいと思います。

根岸の正蔵

――師匠は文章のお仕事もなさっていて、ちょっとした食に関する文章も洒脱で魅力的で「これはねぎを多めにすると美味しい」みたいな一言から師匠の経験値の高さと知性がうかがえて、すごく信頼できるんです。

正蔵　根が悔しがりなんですね。特に台東区内の飲食店で知らないお店がピックアップされてると、もう居ても立ってもいられない。「今日浅草出番？　じゃあその前に行こう！」って思うわけですよ。

――書くことはお好きでいらっしゃいますか。

正蔵　子どもの頃お袋が、読みたい本があったら漫画や週刊誌以外は買ってくれましたから、本は随分読んでますね。本が好きだから、文を書くのが好きなのかもしれないです。

――要望によっては少し気取って書かねばいけないというような場面もありますよね。

正蔵　文章としてちょっと洒落てるといいなって思うぐらいで、それは落語とあまり基本的に変わりません。自分が思ってる楽しいとか美味しいとかっていう気持ちが素直に出ればいいかなぁと思って。飾らず、気取らず、おごらず、味付けができていればいいかなと思います。

――最近、師匠の高座を拝見していて、お父様に似てらっしゃるな、と思う瞬間があるんです。

正蔵　今、秋からクランクインする映画のために髪の毛を伸ばしているんですけど、そうすると「師匠に似てきましたね」って言われるの。それが昔は照れて恥ずかしかったんだけれども、近頃嬉しいんですね。今になってみるとやっぱりうちの親父はかっこいいなぁと思いますもん。ああいう芸は僕にはできないけど、いい師匠だなって。寄席が好きでお客様が大好きで楽屋も陽気で、頑張ってて。実に結構ですね。僕、お月様と太陽っていう例えをするんです。青白く光って、ちょっと触ると切れそうな、お月様型の師匠がいるじゃないですか、ピリピリした感じ。でもお日様みたいな師匠もいるわけですよ。僕はお日様みたいな噺家さんになりたいですね。

――お父様の三平師匠にしろ可愛がってもらったという志ん朝師匠にしろ、もう大変な稽古をされていて、二人の芸風は違うけれど結局高みにいる人っていうのは同じ精進をされてますよね。

正蔵　全くその通りだと思います。でも、登れば登るほど目指す頂上が遠くなっていくんです。不思議ですねえ。遠目で見てた時は近くに見えたんですけどね。

――おじいさま（七代目林家正蔵）やお父様がお亡くなりになった年齢に近づいてらっしゃって、健康面で気を付けてらっしゃる事はありますか。

正蔵　人間ドックに通ったり、散歩をしたりっていうことはしてます。あとは「あっ、この場所はダメだ！」っていう嫌な場所から逃げる事ですかね。

――（笑）。

正蔵　もちろんいろんなお付き合いがあるでしょうけども、極力、居たくない場所にはいない。そういうの、あるでしょ？

――なんだかこの空気は嫌だから早く離れようっていう。

正蔵　ええ、心の方もそうですし。ちょっと覗いてダメだなと思ったらもう。ヒャーッと逃げる。皆さんもそうした方がいいですよ。

――今日はとてもいいお話をたくさんありがとうございました。

（聞き手　田谷悠紀）

柳亭市馬

りゅうてい・いちば　1961年、大分県生まれ。80年、五代目柳家小さんに入門。81年、前座名「小幸《こゆき》」。84年、二ツ目に昇進して「さん好」。93年、真打昇進し、「四代目柳亭市馬」襲名。2014年、柳家小三治の跡を継いで協会史上最年少で落語協会会長に。2024年までその重責を果たす。美声の持ち主で、日本歌手協会会員として舞台に立つことも。「山のあな　あな　ねぇあなた」で2008年に歌手デビュー。

◆東京かわら版編集部よりひと言

落語協会前会長の市馬師匠。２００９年11月号・ご自身の表紙の小誌を眺めて、「俺が東京かわら版の表紙を飾るとはなぁ……」と嬉しそうにご覧になっていたことをよく覚えております。いつも小誌のことを気にかけてくださっていて、落語会はもちろん、取材やパーティーでお会いするたびに「かわら版にはいつもお世話になって……」と声をかけてくださいます。いまさら言う必要もございませんが本当に素敵なお声をされているので、まるで心が洗われるような感覚に陥ります。インタビューの際にはあのニコニコした笑顔に癒され、穏やかな空気の中で心地よい時間を共有することができました。

２０２０年は新型コロナウイルスの影響で、初めて寄席が休業しました。昇太師匠との会長対談が２０２１年1月号に掲載されました。その中で印象に残っているフレーズは「『寄席どうしようか』って言いながらスイーツ会談」（市馬師匠はお酒が飲めない為）

（井上健司）

2009年11月号

（略）

すべては“間《ま》”だ

――五代目の小さん師匠に入門するまでの経緯を教えてください。

市馬　中学、高校と剣道部だったので、剣道の先生の知り合いの紹介で入門しました。師匠は丁度おかみさんが亡くなって、もう弟子はとらねぇって言ってたところで、60過ぎてました。でも私が剣道やってたのと、その方の口添えのおかげでOKになっちゃった。だから師匠に会う前にもう弟子入りは決まってたン。

――剣道をやっている弟子が入ってきたのはうれしかったでしょうね。

市馬　師匠が暇なときは二人で剣道の稽古よくしてました。師匠がまたあの頃一日暇な時が結構あったんですよ。そうしたらもう二人で2時間位は。私は内弟子でいつも家にいるから、師匠の都合でどうにでもなる。

――どちらが強かったんですか。

市馬　もちろん師匠です。いくら自分が若くて元気だとはいえ、強い人には敵《かな》わない。剣道は間だから。自分の間さえちゃんとしてればいくら相手が大きかろうが、力強かろうが関係ない。強い人が強いんだ。

――小さん師匠と二人きりで向かい合うのはどんなお気持ちでしたか。お互いに師匠と弟子ということを忘れていた？

市馬　剣道ん時は遠慮なく打ち込んでましたね。師匠はどうか知らないけども、でも結構ムキになるとこはなってましたよ。若けえのに負けるかって感じで。

――剣道は間のものとおっしゃいましたけど、それは落語や歌にも共通することですか。

市馬　師匠はよく言ってたんです。剣道の間も噺の間も同じだと。間が悪かったらお客さんに自分の芸が通じず、相手に打ち込まれる。自分の間で行けば、お客さんをこっちへ引き込めると。最近喋ってて少しだけ、もしかしたらこれかな、この事かなって感じるときがあります。

――詳しく教えてください。

市馬　こっちの用意しない言葉がふっと出たり、あるいは言うべき言葉を言わないつもりではないんだけど、言わなかったりとか。そうすると何とも言えない、あまり普通には経験できない様な、お客さんの反応がある。自分の間なんて自分ではわからないけれども、これがもしかしたら自分の間なのかなぁなんて漠然と感じたり。それでも最近少し感じる程度。まだまだわからない。

噺の中に歌が鳴る

――師匠は新たに噺を手掛けるときに、この噺のここにあの歌を入れてみようとか思われるんですか。例えば「片棒」のときはいかがでしたか。

市馬　高座で演ってるときですね。いやぁもう自分でこう拵《こしら》えてるときにここで歌おうなんていう事を思った事はないです。「片棒」はもうずーっと昔から、自分の腹ん中では、あの音楽は鳴ってたんですよ。ただ口に出さなかっただけで。

――「お祭りマンボ」が鳴っていた。

市馬　口に出したきっかけは何だったか。ある日出ちゃったんだねぇ。最初はもうちょこっとだけだったんですよ。それがだんだん……今は全部歌っちゃうもんね。あきれ返ったもんだねぇ。ああいうのは師匠が死んでからです。

――小さん師匠に見てもらいたかったですね。

市馬　喜んだと思います。師匠は新しい試みには寛容でしたから……。無理して入れてる訳じゃない、自然にだから。「掛取り」にしてもね。

――これからやる噺ですでに頭の中に歌が鳴っている噺もありますか。

市馬　演ってみないと分かんないね。高座はぶっつけ本番が多いんですけど、ある程度やってる最中に、言ったらまずいかなって事も遠慮なく言っちゃって、間違えても失敗してもいいやっていうときがある。それが案外いい雰囲気だったりする事もある。そこら辺がね、噺ってのは面白いもんでね。

――はい。

市馬　いくら予想して、こうやろうと思っても出来ないし、逆に喋ってる最中に思いついて言った事が、我ながらこれはいいと思うときもある。ついこないだもあったな。「お見立て」だったかなぁ。

――先程おっしゃった「少しだけわかりかけてきた様な気がする」に繋がるのですね。

市馬　お客さんが普通に聞いてたのが、少しこう、乗り出して、つまりあたしの噺ん中へ入ってきてくれてるんじゃないかなぁと。今まではちょっと離れた位置で見てたのが、今は少し側へ来る感じ。

――観客がぐーっと寄っていく。

市馬　よく小三治師匠に言われるんです。「お前の噺は押し付けがましい、メッセージを客に投げかけすぎる」と。噺を、これはこういう作品ですよ、ここで笑ってください、感心してくださいって、演っているって。そんな事するなと。普通に喋れと。

――いつぐらいですか。

市馬　ずっと言われてます。1、2年前も言われました。

――それは図星なんですか。

市馬　図星なんですねぇ。知らず知らずに、声の張りとか、引きとか押しとかで、それをやっていた。普通に喋ってれば、お客は、あれ、何やってんのかなって覗きに来るから。お前の方から皆さん聞いて下さいって家へ訪ねて行くなって。向こうから来るから、普通にやってろって。でも、もっとウケさせたいから、こっちも反論するン。

――普通にやれという言葉は簡単だけれど、それが出来たら……。

市馬　噺家になって30年、真打になって15、6年でしょ。その年月が何となく手助けしてくれて……やっぱり噺家は年月だね。いくら若くて達者な奴でも、長くやってる人にあるところでは絶対敵わない。長くやってる人はやっぱり違うの。でもこれを、よみうりホールとか、千人のお客の前で同じ風にはまだ出来ないよなぁ。どこでも出来る様んなったら、それこそ、少しは小三治師匠の域なのかなぁなんて。その点、池袋（演芸場）はいいんですよ。

――大きい会場で同じ事をするのは怖いということですか？

市馬　ウケないと怖いでしょ。池袋であの人数なら、安心感がまだあるン。大勢んとこで、特にまた華々しいとこだと、「市馬って何かいいって最近聞くけど案外面白くないよね」とか言われたらどうしようって、まだそういう色気があるんですよ。だからこれから20年、30年経験を重ねて、気負いが無くなったらだいぶ違ってくると思いますよ。

――でもその入口に立ちましたね。

市馬　高座の数をたくさんもらえて、日々やってるお陰です。（略）

人情噺に挑戦

――師匠に「柳家の芸」という意識はおありですか。

市馬　あんまりないです。（柳家）喬太郎《きょうたろう》と話をすると、割り合いよく、柳家だからこうありたいとか言ってるね。

――結果として、小さん師匠のスピリッツを濃く受け継いでいるとお見受けします。

市馬　そらぁ、師匠が好きだからねぇ。師匠だったらばこうやったろうとか、こうはやんないだろうとかそれは常に基準として考えますけども。うちの師匠だって散々若い時分から悩んだり、考えたりした挙句が年取ってあの芸で、ああなったんだから。いきなり若いうちから年取った小さんを目指したってしょうがないから。ゆくゆくはそらもちろんね、えー、小さん、小三治から言われた様に。あれは究極の目標ですけれども。

――今後かけてみようと思っている噺はありますか。

市馬　えー……人情噺だね。なかなか出来ないんです。うーん……恥ずかしいんですねぇ。まだ若いって言うのと、自分のこの柄の大きさは、芸人にとってちょっと恥ずかしいんです。コンプレックスなんです。でもまあそろそろ50でね。だからまあ……自分で照れくさくなく出来る様になったらやりたいと思います。「芝浜」とかね。

――師匠の「芝浜」なんて、絶対素晴らしいに決まってると頭で妄想し確信してしまいます。

市馬　照れくさいね。若造のくせしてって思うんだよね、もう若造でもないんだけど、うん。自分の中では若造だから。

――じゃあ本当にやってもらえるように誌面に書いてしまおう。今日はありがとうございました。

(聞き手　佐藤友美)

2015年1月号

会長のお仕事

――会長に就任されて約半年、理事会などもあったかと思いますが、副会長時代と比べていかがですか。

市馬　毎回、会長は開催の挨拶とかするんですよ。仕切るほうへまわりました。皆さんの意見も活発ですからね。それをなだめたり盛り上げたり。たいへんですけど。

――五代目の小さん師匠は、四半世紀ちかく会長を務められましたが、弟子としてそばにいて、師匠は会長なんだなと感じることはありましたか。

市馬　自分の師匠でしたけど、協会員全員の師匠であるという感じでしたから、もっと師匠と弟子の関係が密な一門がうらやましいときもありました。でもやっぱりそれはもう〝ミスター噺家〟的な存在でしたから。また昔はちゃんとそういう人が会長になったんだ。

――小三治前会長が会見で市馬師匠を推挙した理由は「女性関係はどうか知らないけど、仲間に敵はいないところ」とおっしゃってました。

市馬　敵がいないことはないと思うけど、こういう性分なのであんまり感じないんじゃないかな。それに会長になろうと思って努力や精進をしたわけではないですよ。

――落語芸術協会のお祭りや、談志まつり、漫才大会など、交流の幅広さを活かした出演も含め、会長職のお仕事も増えていますね。

市馬　私があやって顔を出しておさまるところがあるのなら、どんどん行きます。

――入門された時、小さん師匠は会長で、みんなの師匠でもあった、とおっしゃっていましたが、今はご自分がそういう立場であらねばならぬことも出てくると思うのですが。

市馬　若いひとたちの、みんなの師匠になりきるのには、人気も芸も知名度も財力も（笑）、全部備わった人が今までは会長でしたけど、今は事情が変わって、そうじゃない私がやるようなことになったので、そういうねじれは感じます。でもそういうねじれ現象は覚悟の上。それは仕方ないんです。

——いろんな一門があって、小言を言う方も言わない方もいると思いますが、会長というお立場になると……。

市馬　これは言っておかなくてはいけないことだ、ということは以前から、他の一門だろうがなんだろうが、落語芸術協会だろうが立川流だろうが、関係なく言ってきました。そこは変わりません。

「俵星」のはじまりは……

——プロの歌手活動に加えて……。

市馬　プロったってシャレですから。歌手協会が大らかな気持ちで、噺家で歌やっている変わり種ということでね、色物ですね。時々、歌謡祭とか出させてもらっています。テレビもこないだやったんですよ。五木ひろしさんの番組。本物の歌い手さんの間にまじってね、違和感もあまりなくオンエアされてました。こんなに普通に歌うだけでいいのかしら、って（笑）。

——師匠が歌手でもあるということは演芸ファンで知らない者はなく、普通に噺をやろうとしても、どこで歌ってくれるんだろう、みたいな期待を客席から感じられますか。

市馬　やらないと「あれ今日歌わないの？」っていうのは感じる。ばんたび歌うというわけじゃない。以前は悪いなと思って無理矢理突っ込んで歌うこともあったけれど、今は、歌も楽しみに来てくださった方もいるだろうけれど、私の中じゃあもう歌は歌、噺は噺と。両方とも中途半端はいやですけど、歌は道楽の延長ですから。まず噺をちゃんとやる、歌が入るものは折り込んでやる、自分の後に出る方もいらっしゃいますから、その場をわきまえて、あんまり派手に流行歌を歌って、客席の雰囲気を壊すことのないように。

――考えていらっしゃる。

市馬　地方に行って独演会や二人会でしたら、まあ多少、お客様に甘えて歌ったりなんかして。でも決して歌を入れてするのがいいとは思っていませんから。大体ね、もともと歌いたいっていう気持ちはないんです。聴くほうが好きなんだ。みんなのイメージがそうなってるけど。

――君の「俵星《たわらぼし》（玄蕃《げんば》）」はいいねって最初に認めたのは小朝師匠だったとか。

市馬　そうですね。初舞台は円太郎さんの結婚式だったかな。小朝師匠と泰葉さんの結婚式のときは、御本家（三波春夫）が来てやったんだ。弟子の婚礼で本家は無理だったから私が（笑）。そのときはまだ二ツ目だったし、カラオケもなくてアカペラで。面白がってくれてお座敷がかかるようになる、そのうちにカラオケがあることがわかって、市販のものを買う、それでまたやるようになる。ねえ、弱ったもんですねえ。小学校の6年だったかなあ、最初に俵星を覚えたのは。

――一番記憶力がいいと言われている時期ですね。

市馬　そう、あのころに覚えたやつは絶対忘れないもんね。最初に覚えたのは「紀伊國屋《きのくにや》文左衛門《ぶんざえもん》」。それが5年生、11歳。いくつか覚えていく中に俵星もあった。レコード買ってくると全部歌詞が書いてあるから、端から覚えていったもんね。長いからドーナツ盤だけど、33回転だった。

――歌と剣道が師匠の芸人人生を切り開きましたね。

市馬　剣道は、そのおかげで弟子になれたっていうのがある。歌は……こんなに役に立つ日がくるとは思わなかった。役に立ってるのかな（笑）。

感情を込めすぎない

――ご著書『柳亭市馬の懐メロ人生50年』（白夜書房）の中でくさく歌うよりも、さらっと歌うほうがより心に染みる、と綴られていました。

市馬　噺もそうなんですけど、私の念願というか、悲しい噺をことさらに悲しく、感情を込めてやりたくないということです。好みですけどね。

――それは小三治師匠のおっしゃる「面白い噺をことさら面白そうにやるな」というのと同じことですか。

市馬　そうです。あんまり感情を込めすぎないということですな。

――感情を込めすぎないほうが人に伝わるのでしょうか。

市馬　私の好みとしてはそうってだけです。歌もそうで、内容は悲しいんだけども、歌い方は全然そうじゃない、スッと歌っているんだけども、じゅうぶんに気持ちが伝わってくる、そうありたいなといつも思っています。春日八郎《かすがはちろう》さんなんてほんとにそう。三橋美智也《みはしみちや》さんもそうです。悲しい歌を悲しく歌わない。かといって、陽気な歌をあまり陽気にも歌わない。それでいて、伝わっちゃうんだからしょうがないね。これはもう名人だね。

――聴く方に与える想像の余地が大きいほどいいんでしょうか。師匠が聴き巧者だからこそ、好感度にキャッチできるのかもしれないですね。

市馬　自分じゃわからないね。

――田舎のお大尽《だいじん》だと、良さがわからないというか。

市馬　そういうのがいいと言う人を非難もしないし、当然いるだろうなと思います。人それぞれですよね。芸もそう。みんな人それぞれ。だから何百年もこうやってもっているし、なりたいという人も後を絶たない。そこでしょうね。究極は何でもいいと思うんです。商売にした以上は、根底の、基礎の常識をふまえたうえで、時代や今日のお客に合わせて変えたりも、どんどんやるべきだと思う。でもね、ただ都合良くはいけない。本当の言葉を知ったうえで、言葉や道具をわかったうえで出したり消したり。伝統芸能である能や狂言は、おいそれと変えたりは出来ないと思うけど、落語は心得たうえでならどんどんやっていい。

――どんなジャンルでもすべての素晴らしい芸能というのは、笠智衆《りゅうちしゅう》さんの演技のように、すべてをあらわにしない、し過ぎないのではないかなと、お話しを伺っていて思いました。淡々としているところに、受け手の豊穣な想像力が喚起されるというか。

市馬　そう思います。共通するところはあると思いますよ。私も笠智衆さんに同じことを感じました。何気なく普通に話しているだけかもしれないけど、どうしようもない悲しさを、勝手にこっちが感じる。そうなると、芸ってものはね、どこまでそういきゃいいのか、ますます見当が付かなくなるんだけど、そんな深くて高いものを商売にしちゃったんだから、自分でもたいへんだとは思うけど嬉しくもある。これは生涯かけても追い付かないだろうけど、生涯かけてもやる値打ちがあったなあと思うんです。

——正解がないんですね。

市馬　正解もないし、頂上もゴールもない。でもじっとしてるとずるずる下がるだけだから。常に歩んでいて、やっと現状維持だから。止まったらもう落ちるだけ。因果な商売ですね。ただ好きでなっただけだったから、こんなことになるとは思わなかったけど。だんだん年をとってくると、大変さも良さも少しずつわかってくるから。よくこの商売に入ったなと思う。また師匠もよく入れてくれたなと。よく入れてくれたし、クビにせずにいてくれた。

——クビにされるようなこと、師匠にもあったんですか。どんなしくじりが。

市馬　師匠が夜中に帰ってきて、ピンポンピンポンピンポン押しているんだ。普段は鍵を持って出るんだけど、その日は持ってなかった。こっちは持っているものと思って悠々と寝てた。（柳家）花緑《かろく》の兄貴の（元）バレエダンサーで有名になった孫（小林十市《じゅういち》）が目をこすりながら、鍵をあけたン。あのときは怒ったよ〜。可愛い孫を2階から起こして、お前ら下に寝てるくせしやがって。バカヤロー！　って午前2時半とか3時ごろ、寝てるといきなり叩かれて。こっちはなんで叩かれているかわからない。

——当時住み込みのお弟子さんは何人でしたか。

市馬　小三太さんと二人。そんなことはしょっちゅう。でもクビだと言われたことはないし、まあきっと腹の中ではそうだったと思うけど、よく我慢しておいてくれたと思ってね。（略）

——師匠の高座を拝見していると人間賛歌ともいうべきスケールの大きさ、大らかさ。心がよこしまな人に、こんなふうな一席は絶対できない、と思ってしまいます。師匠のお人柄、生まれ育ちもあると思うのですが、その人格はどう培《つちか》われてきたのか。

市馬　わからない。人それぞれだから。人間てのはみんな考えてることが違いますからねえ。どれがいいとかわかったらそうするけどわからないですものね。

この世界に入ってきた人ですから、会派とか一門は違いますけど、みんな自分の後輩ですしね、筋を通していれば稽古もつけます。落語がやりたいなら、寄席の修業はあったほうがいいと思うけれども、やらないからだめだなんて、まったく思わない。やりたくてもやれない状況だってあるんだからね。寄席で名人のもそうでない人のもずっと噺を聴いて、受ける人、受けない人の噺をなぜだろうと考え、聴きながら仕事をして、体に染みていくのが私にはよかった。

気持ちよかった浪曲

——師匠は浪曲もよくしますね。こないだ沢村豊子《さわむらとよこ》お師匠さんの合三味線でなさいましたが、いかがでしたか。

市馬　気持ちいいよ!　フルバンドで歌うよりも数倍気持ちいい。

——そうなんですか!

市馬　フルバンドは譜面があって、やってるわけでしょ。私がちょっと間違えても譜面通りどんどん行っちゃうよね。お師匠さんは違う。全部私に合わせて、ここで行けって時はバーンッ!　て押してくれるし、普通にこう喋ってる時は、間を拾ってくれるし。で、畳みかける、節ンなるとすぐ入ってくれるし、全編背中を押されるような、「ここでもう一声行きなさい！」っていうような感じ。私が知ってる節ではここはこのまま流すんだけど、お師匠さんが「もう一声」って感じでこう、来るから、もう一つ上ンとこへやっちゃったり。だから終わって、師匠が「あそこ、（声が）うまく上がったね」って言うから「いや、お師匠さんがこう、するから」「いや、なかなかこっちがその気持ちでも通じないものなんだ」って。

——素晴らしい魂の邂逅《かいこう》ですね。

市馬　そらまあ浪曲好きだからねえ。「おっ」っていう感じで、出ない声だろうと思ったけど出たもんね。その一つ上の調子が、一つ上の音が。

——もう60年から弾いてらっしゃる豊子お師匠さんも手応えの感じられる相手、嬉しかったでしょうねえ。

市馬　浪曲ってのはその二人の呼吸だと思うんだよね。名人級の人をちゃんと演ってる人だから。やっぱ違うわ。この素人を上手くねえ、背中押したり抑えたり。

——スカウトされたと伺いました。

市馬　曲芸協会のパーティーの時かな、私が俵星演ったら亡くなった東家三楽《あずまやさんらく》師匠があの恐い顔でずーっとこっちの目ぇ見ながら上がってきたから「歌謡浪曲演ったから怒られるのかな」って思ったら、グッと手ぇ握られて「君、浪曲へ来てくれ。落語は大勢いるだろう」。

——（笑）。

市馬　そら大勢いるけども。そんなに力強く勧誘されるともう。そんなマジになることじゃないいんだけど、あまりにも三楽師匠が、マジな顔でマジな目で、グッと手を握るからね。

――（笑）。でもまた是非。

市馬　それも噺家の活動の余力として。それでもし噺家がそういうの演って「面白いじゃないか」って広がってってくれたら。落語のお客様に浪曲の良さも、わかってもらいたいんでね。

会長もネタ下ろし

――ネタ下ろしとか考えて……。

市馬　ええ、もちろん。どんどんネタ下ろししたいんです。

――ご自身の会「市馬落語集」も続いています。

市馬　今年は一つもネタ下ろしが出来なかったかなあ。だから来年はもうちょっと精力的にネタ下ろしをしましょう。自分の勉強会とはいえ「会長なんてのはあんなもんかよ」なんて思われたらどうしようとか考えなかったわけじゃないけど、払拭《ふっしょく》しました。会長ったってまだ53。それでネタ下ろししないなんてことないんだから。会長だけどネタ下ろしして失敗もあると。

――若い会長って事はネタ下ろしをする会長が見られるっていうことなんですね。

市馬　しますよ！　そいで失敗もしますよ！　「おい、会長噺を間違えたよ」って（笑）。

（聞き手　佐藤友美）

春風亭昇太

しゅんぷうてい・しょうた　１９５９年、静岡県生まれ。82年、五代目春風亭柳昇に入門、前座名「昇八」。86年、二ツ目に昇進して「昇太」。92年、真打昇進。日本テレビ「笑点」の司会者として、圧倒的な知名度を誇る。２０１９年、落語芸術協会会長に就任。新作落語ユニットＳＷＡ（スワ）のメンバーとして、林家彦いち、三遊亭白鳥、柳家喬太郎とともに精力的に活動。役者としてもドラマ、映画、舞台で活躍している。

◆東京かわら版編集部よりひと言

若手の注目株のころから、ＳＷＡ結成、笑点レギュラーメンバーからの司会者へ、落語芸術協会の理事からの会長へと、スターダムに駆け上っていく活躍の合間に時おりインタビューをし、勝手に併走している気持ちを抱いております。

今、読み返してみて「ゴキゲンに生きる」というスタンスに筋が一本通っていてブレがなく、そこに学ぶべきことは多いと改めて思いました。高座もゴキゲンで古典でも新作でもいつもアハハと笑い転げているうちに終わっています。魔法みたいです。

この世知《せち》辛《がら》い世の中に、プロの矜持《きょうじ》をもって仕事をし、お城や演劇、バンド活動など趣味や興味のあることにどんどんトライする姿勢がかっこよく、あれもやりたい、これもやりたい、という気持ちに忙しいからと諦めをつけず、叶えていけばいいことを教えてくれました。

インタビューの中では、七十代、八十代の高座はもっと面白いと予言する師匠。楽しみ過ぎる。これからも高座を追いかけます！

（佐藤友美）

2003年6月号　若手の星スペシャル

平成11年4月号の五街道佐助［現・隅田川馬石］さんより始まりましたこの連載も、おかげさまで50回を迎えることができました。それを記念して今月はスペシャルです！「若手と呼ばれてはや20年」の春風亭昇太師匠に会いに行ってきました！

●**自分**　すぐいい気になる。そんな自分が好き。「あーいい気になってるよ俺」と思う。もう一人の自分が冷静に見ている。次男だからずるかったのかも。長男というサンプルがあるからねー、同じ轍《てつ》を踏まないようにというか。子供の頃から先生に気に入られるタイプだったし、大人の反応には敏感でした。今の自分が心がけていることはいつも快適でいたいってことかな。毎日ごきげんで過ごしていたい。だから、嫌なことがあったりしても、気持ちの切り替えが上手くなりました。これはもう特技の域かも。

●**愛車の楽しみ**　トヨタパブリカ８００（昭和42年製）、日産ダットサンブルーバード３１２（昭和37年製）の2台所有してます。とにかくこの時代の車は格好いいんです。車だけでなくて家電なんかも洒落ている。日本製は優秀ですし。運転はきらい。むしろ休日に洗ったりしているほうが楽しい。最近は、夜「ラジオ深夜便」を聴きながら車でぐるぐる近所を徘徊《はいかい》するのが楽しくって。ほら、あの番組は昔の唄が掛かるから気持ちよくなっちゃって。

●落語と私　日本の文化って大概は想像させる芸能。風鈴の音を聞いて涼しくなったり、一本しか生けない生け花とか。落語は聴いて頭の中でそれぞれが映像化してる。人によっては海や山や宇宙、人生まで思い描いたりする。それは自分仕様だから、どんな作られたヴィジュアルより優れているんです。素敵な文化ですよね。だから、お客さんの人数分だけそれぞれ舞台があるんだから上手にしゃべらないと、と思う。高座が受けないとストレスが溜まります。客席の無反応が一番精神的にはつらいかな。いつも僕の高座を観に来てくれる方たちのことは、本当に有難いと思っている。でも、初めて落語を聴く人が客席にいたとしたら、その人達に向けてベストな高座を提供したい。エンタテイメントに徹したい。そうすると常連の人は同じ噺を聴くことになってしまうこともあって、悪いなーとは思うけど、僕はプロなので、そうせざるをえない。お芝居やテレビの仕事も楽しい。でも、こればっかりは本業がしっかりしていないとだめですね。全ての仕事の根本は落語ですし、やはり落語が面白くなければ他の仕事は来ないと思う。お芝居はいいです。皆で一つの物を作り上げる経験は落語にはないので。次回出演するときは、多くの人に観てほしいなあ。面白いマクラの作り方？　んー特にない。高座に上がると自然と口をついて出てくる。その時に受けたらそのマクラは残していくという感じかな。僕はきっとこんな感覚のまま年を取りますよ。そしてこれからまだまだ落語が上手になると思う。70～80歳になった時、元気だったら、きっと僕はものすごい爺さんになってます。もう「落語」そのものがねー、面白すぎるんですよ。職業だから大変なんだけど、でもやっていてすごく楽しい。自分にあった職業に就けて、非常に幸せだと思っています。

●DNA　初めてのデート？　デートって二人っきりの？　え～もう忘れた。昔のことなので……。

好みの女性のタイプは自分の仕事を持っていて、それを熱中してやっている人。仕事に自信をもってやっている格好いい女性がいい。活動的でクリエイティヴな女性を自然と好きになることが多かったかな。結婚はしたくないとは思っていません。でも結婚したい気持ちが高まっていた二十代の時は、お金もないし修行中だし出来なくて、今はこの生活が楽しい。基本的には一人が好きだし。ただ、このまえ（林家）彦いちクンに詰め寄られたんです「ＤＮＡを残さなくていいんですか！アニさんのＤＮＡは残すべきですよ！」って言われて、ああーそうか、そういう考えもあるのかとも思った。自分が死んでも血は生き続けるのも、悪くないかもね。ちょっと考えてみようかな……。

（聞き手　佐藤友美）

２０１５年４月号

ゴキゲンに生きる

――４月にはＧＳのバンドマンに扮する舞台「ザ・フルーツ」の再演、５月には独演会「オレスタイル」、６月には「熱海五郎一座」の舞台が予定されていて、もちろん全国での独演会や本を出されたお城の講演、はたまた「笑点」をはじめとしたテレビ出演等とてもお忙しいですね。それぞれのスイッチの切り替えはどのようにされているのですか。

昇太　そんなことはしていないです。どれも同じです。実際落語やってた方がね、生活にはいいんですよ。特に小劇場でやるような芝居は、収入ゼロですから。だけど、まあ、僕が落語一筋なんて似合わないし、それじゃあつまらないと思ってる。やっぱり僕がゴキゲンな状態で落語を演るのがお客さんにも一番いいはずで、それには好きなことをするのが一番。お城を見に行って、芝居やって、ギターも弾いて、お酒も飲みに行ってという中で、落語をやった方が絶対にいい。

――逆に好きなことができなくなる方が、忙しいことよりも機嫌が悪くなってしまうのでしょうか。

昇太　そうです。本当は一ケ月のうち、半分落語で、あと半分は趣味の時間と好きなことをする時間にあてる。それが僕の理想なんだけどね。年を取ったらできそうな気がするんですよ。

――落語界が師匠を暇にさせとかないと思います。

昇太　まあ、先輩達を見ているとものすごい量の仕事をしているんですよね。それこそ、（桂）歌丸師匠や（林家）木久扇師匠は、休めばいいじゃないか、って思うぐらい。やっぱりすごいなって思うもんね。だけど、僕は他にやりたいことが沢山あるんで、引き続きいろいろなことをやりつつ落語もやっていきたいなって思う。また、歳を重ねたらほかにもやりたいことが出て来るんじゃないかなあ。

――理想の生活サイクルにはなかなか突入できそうもないですね。

昇太　自分でもたまに、やり過ぎだろうって思うし、落語だけやる時期があってもいいんだけど、そういうわけにはいかないんですよ。体が元気でも事故とかありますからね、いつ死んじゃうのかわからないんだから。落語はベースでしっかりやりつつ、あっちこっちの好きな事も闇雲にやりまくる。

――いつかは死んでしまうっていうのはみんなが思うと思うのですが、それをモチベーションにするのはなかなか難しいと思います。

昇太　それを実行出来る環境にあるかないかだと思うんです。まずは落語家なんだから、いろんなことをやる前に、落語を頑張らないと。だって落語が全然面白くない人に、今度一緒にやりましょうって言ってくれるわけがない。だから落語が上手く行けば他の人生の楽しみもすべて増える。お芝居が好きだから、観に行くと当然声がかかるので友達が増える。打ち上げで他の役者さんや演出家とかと話したりすると、今度どうですかって言われて仕事になったりする。それは（柳家）花緑ちゃんや（柳家）喬太郎君なんかも一緒じゃないかな。

――好きなお城関係にも影響していますか。

昇太　もう今お城なんて堪《たま》らないですよ！　だって、僕が若い頃、読み漁ってた本を書いていた歴史学者の先生と話をしたり、「昇太さん今度このお城一緒に行きませんか」とか、「お城の調査がありますから、行きましょう」とか言ってくれるんですよ。また、まだ未発表の最新石垣情報とかもどんどん入ってくるんです。

――いろんな秘密を握られているんですね（笑）。

昇太　握ってます。だから落語を頑張っていれば他のいいことがいっぱいついてくるんです。

「長短」のような噺が理想

――２０１１年まで８年間活動されたＳＷＡ（創作話芸アソシエーション）の活動を停止し４年経ちました。

昇太　ＳＷＡが終わったあとＳＷＡの活動に刺激がありすぎたから、全然噺を作る気がしなくて。何本か書いてみたんだけど全然たいしたものではなかったし。それに良いか悪いかわかりませんが古典落語の需要が多くなってきて、新作落語を書かなくてよかったのもあります。でもようやく最近書く気が沸いてきて、そろそろ動こうかなと思っているんです。ＳＷＡじゃないんですけど、ご近所の彦いち君と世田谷ＳＷＡみたいな感じでお互いに新作を考え合う時間を作ろうと思ってます。

――ＳＷＡのような構想は昔からお持ちだったのですか。

昇太　落語ジャンクションとか新作落語の会で、直前まで楽屋でネタを作ることが多くて。同じように楽屋で書いている人達のアドバイスを聞いて、それがすごく上手くいくことが時々あったんで、組織的にやってしまおうと思ったのがきっかけです。ただ、人をピックアップするときに、僕が意見を言いやすい人。僕も意見を言われやすい人間でいたいと思うし、実際僕って人間的に薄っぺらく見えるじゃないですか。親がこういう軽薄な人間に産んでくれて感謝しています（笑）。

――ご自分で突き詰めて書いていくより、他の方と一緒の方が作りやすいですか。

昇太　一人で突き詰めて書くのも好きです。でも、やっぱり一人だとどうしても偏《かたよ》るからね。あと僕は人と何かを作るのが好きなんですよ。

――演劇がお好きなのはそういう理由もあるんですね。師匠の噺はどのようなところからヒントを得てるんですか。

昇太　なるべく突拍子のない事柄で書かないように注意しています。古典落語で言えば「長短」のような噺が理想だと思うんですよ。気が長い人と短い人が話をしたらどうなるかっていうだけじゃないですか。それだけじゃあ、ドラマや芝居にはならないんです。それが出来るのが落語の凄いところ。いい落語とはって聞かれたら僕はそういう落語だと答えます。「長短」みたいな噺で受けるのが僕の理想。まだ、とてもじゃないけど受ける自信はないんですが。

——師匠にあった噺だと思います。いつか聴いてみたいです。最近は何度か「鷺とり」を伺いました。

昇太　上方の噺は好きなんです。あの人智を越える大らかさがいいんです（笑）。このごろは「猿後家」を演ることが多く、「時そば」「愛宕山」も演りますね。

——やってみようと思う古典落語の基準のようなものはございますか。

昇太　ほかの落語家さんがやっているのを常日頃聞いているわけで、たとえば自分ではあんまりやろうと思っていなかったネタを聞いていて、こういうやり方したら受けるんじゃないかなっていうアイデアが沸いてきたらやってみます。実際やってみると大概受ける。

——師匠の高座は常に客席に笑いが起こっています。

昇太　よく自分の高座を観に来てくださっている方には大変申し訳ないんですけど、とにかくそのとき自分が、これで受けたい、確実に受けるっていうネタをひたすらやり続けています。だから前後に出る人のネタで演るものがかわってくるから、そういうネタをひとつでも多く増やしていかないといけないですよね。そうなると新作落語の場合は、一回冒険しなくちゃいけないんです。

——お客さんの反応を確認すると。

昇太　そう。だけどその一方で絶対的に受けたいっていうのがあるから、ネタおろしの会でも冒険するのがちょっと精神的に大変になっていまして。（桂）文枝師匠とお話しさせていただくと、とにかく書いてはお客さんの前で演っていて、その前向きな精神にはすごく勇気が沸いてきて自分も書かなきゃいけないなって思うんですけど。今は新作を気楽にやれる場所が欲しい。料金も下げていっぺん聴いてみてくださいと、会員制で新作ネタおろしの会なんてやりたいですね。

落語界での役割

――最近は落語芸術協会会長の歌丸師匠の代演を務められたり、中心的な活躍をされています。

昇太　歌丸師匠の代演は病気をされてたからね。笑点の人が休むと他の笑点メンバーが務めることが多いから、うちの協会だと（三遊亭）小遊三師匠か僕になるでしょ。

――落語芸術協会内でも理事でいらっしゃいますし、今後さらに重要なポジションを担っていかれる予感がします。今年から立川談幸《だんこう》師匠も入られましたが、今後はどのような考えをお持ちなのでしょうか。

昇太　やっぱり協会の役割っていうのは協会員の活動がよりしやすくすることだと思いますが、あくまでも協会は協会員の集合なので、協会が良くなるのは協会員の努力が全てだと思います。特に若手は全力でやってもらいたいですね。

――より良くなるっていうのは色々な方と仲良くなるということも含めて……。

昇太　まずは今いる落語芸術協会員のことがすべてなので、今後どうなるかわからないんですけど。でも、僕は談幸師匠のような方に入っていただいて良かったなとは思っています。まあ、僕が協会に対して出来ることは、落語芸術協会員のプライドを持って落語やることが一番ですけどね。

――（笑）。師匠は、現在お弟子さんが7人いらっしゃいますね。

昇太　全然取る気なかったんだけど……しょうがない。

――お弟子さんを取られてみていかがですか。

昇太　難しいですね。弟子に全然慣れなくて、何か僕が恥ずかしいんですよ。

――稽古は一対一ですか。

昇太　本当にたまにです。僕もウチの師匠（五代目春風亭柳昇）から噺を付けていただいたのは二席だけですけど、ウチの師匠からは芸人としてどう生きるのかというプロ意識を教わった。僕もそれを伝えられればいいかなって思っています。

――具体的にどのようなことでしょうか。

昇太　ウチの師匠は絶対に受けようとしてました。僕もお客さんにはお金を払って来ていただいた分、楽しんでもらうことを一番に考えています。だから、ネタ選びにこっちの都合はどうでもいいし、お客さんに合わせる。僕の手帳には「トリネタを気取るな」って落語をやるときの注意書きがあります。トリとかとると何か大きなネタをと思っちゃうじゃないですか。そういうことはウチの師匠・柳昇から学んだことです。弟子にも「高座に上がる前に勉強させていただきますって言うな」って言ってます。「結果出してきます」っていうならいいけど。お金払ってね、勉強なんかされたらお客さんは堪りませんよ。

――弟子の昇吉さんの本『東大生に最も向かない職業』（祥伝社）に書いてあったのですが、昇太一門の破門三箇条（罪を犯す、努力しない、師匠を尊敬してない）があるそうですね。

昇太　うん。弟子にはするけどこれは守ってと最初に言います。

――お弟子さんには小言を言われるんですか。

昇太　前座の頃は言うようにしています。言わないとわからないでしょ。でも怒鳴ったりするのは得意じゃないので冷静に怒る。それがかえって怖いらしい。こう見えて弟子には結構恐れられているんですよ（笑）。

――冷静に怒る師匠、怖いです……。

昇太　でも二ツ目になったら何も言わないようにしてます。二ツ目っていうのは自分の力で仕事をするのを許された人なのでね。ただ三条件の「努力しない」ってことを怠ってたら、真打だろうが「君、辞めた方がいいよ」っていいますね。やっぱり大事なのは、プロ意識。今は落語家もいっぱいいるし、全国にはアマチュアで落語をやっている方もいっぱいいるじゃないですか。

――どちらも増えています。

昇太　アマチュアだってネタ決めてやっていたら、上手い人はいっぱいいますよ。要するに前の人が何をやるかわからないだとか、様々なお客さんの前でやるとか、あまたある条件に合わせて受けさせていくっていうのがプロの落語家なんです。

面白い生き物になりたい

――数年前の落語芸術協会新真打の記者会見のときに、柳昇という名前が話題になりました。そのとき、昇太師匠は「訳のわからない人が継ぐぐらいなら自分が」とおっしゃっていたのですが、いずれは継がれる考えをお持ちなんでしょうか。

昇太　確かに言いましたね。訳のわからない人っていうのもどういう人かわからないけど（笑）。弟子だから師匠の名前を継ぐっていうのは到達点の一つではありますけど、現実はとくに、柳昇の名を誰それにっていう話は今のところないんです。そのでもね、名前ってタイミングもあって、柳昇ねえ、うーん、難しい……どうしたらいいんでしょうか（笑）。

――師匠は「笑点」にも出られて昇太っていう名前が広く知れ渡っていらっしゃいますし。

昇太　師匠とか呼ばれるよりは、昇太さんとか昇太君とか呼ばれていたいんでね、昇太っていうのはなんとも軽いでしょう。この感じが好きなんです。何か考えが変わってきたら名前を変えることも考えることもあるだろうけど。「春風亭昇太」の千社札が切れちゃったときとか。

――そんな理由でいいんですか（笑）。襲名披露とかお祭りになって。師匠が楽しそうにされているのも目に浮かんできます。

昇太　パーティーとか苦手なんだよね。細々としたことは真打披露でできないことがわかったから。

――今後の展望などございますか。

昇太　ありますよ。20歳ぐらいからずーっと考えているんですけど、僕は多分、六十代ぐらいの頃あんまり面白くないんじゃないかなって思ってるんですよ。

――今のご活躍からは想像がつきません。

昇太　今はまだ若干若々しさが残ってるとしても、その頃は容姿も随分おじいちゃんになって、しゃべりもアイデアもどんどん衰えてくるはずです。でもね、それを超えた70とか80になった僕はものすごい面白いおじいちゃんになってるんじゃないかなって気がするんです。これだけ好きなことをやって、好きに生きてるんだから。70、80歳ぐらいの春風亭昇太は楽しみですよ。どうしようもないダメなジジイになってる可能性もあるけどね。

――柳昇師匠っていうお手本がいらっしゃいます。

昇太　ウチの師匠の晩年は、食事に行って、そばをすするのを見ているだけで相当面白かったの。動物園を見てるような感じだったね。だから、僕もいるだけで面白いと思われる生き物になれればいいな。

（聞き手　岸川明広）

立川 志の輔

たてかわ・しのすけ　1954年、富山県生まれ。83年、立川談志に入門、前座名「志の輔」。同年、師匠・談志が落語協会を脱退したため「寄席を経験しない弟子1号」となる。84年、二ツ目に昇進。90年、真打昇進。2024年、落語立川流代表。古典、新作、どちらも評価が高い。正月恒例の渋谷パルコ公演は毎年1万人以上を集客する落語界前人未到のイベント。

◆東京かわら版編集部よりひと言

立川談志師匠曰く「立川流の最高傑作」である志の輔師匠。1ヶ月の渋谷パルコ劇場公演、下北沢本多劇場「怪談牡丹燈籠」通し公演はじめ「歓喜の歌」「大河への道」の自作落語の映画化など前例のない活躍をみせています。その公演を支える万人を魅了するエンタメ性の高い「志の輔らくご」は試行錯誤の連続で創作されてきました。1990年1月号、師匠が35歳のときの巻頭インタビュー初登場では「志の輔らくご」完成への手応えを語っています。掲載の2005年2月号は51歳のとき、そして2016年6月号は師匠にお誘いいただき食事をしながらの取材で、上機嫌で忌憚《きたん》のないお話を伺いました。師匠が62歳のときです。師匠はゲラをご自身でしっかり目を通される方で、粘り強く何度もやりとりをする中、「志の輔らくご」への取り組み方の一端を覗いたようでした。2020年6月号（師匠66歳）では、弟子の立川志の春師匠の真打昇進記念対談が実現。コロナ禍真っ只中でコロナ対策に神経を尖らせていた我々を、クッキーのお土産で労《ねぎら》ってくれました。

（岸川明広）

1990年1月号

賞というのは一つのイベントだから多くの人々のエネルギーが集まる一つの点である。どう解釈しどう受けとめるかでこれからがずいぶん変わる。未来という駅に向かって伸びる線路の転轍器《てんてつき》であるとも言える。

平成元年度の芸術祭賞を二ツ目のうちに受賞したと喜んでいたと思ったら、さらににっかん飛切落語会奨励賞を春風亭愛橋《しゅんぷうていあいきょう》［現・瀧川鯉昇］さんと一緒に昨年に続いて2度目のダブル受賞となった立川志の輔さんに話を伺いました。

志の輔　最初は、宮内庁から電話だって言われて礼宮さんと紀子さんの結婚式の司会の仕事が来たか、と思ったんですよ。そしたら文化庁からで賞が内定しましたって。ああゆう係の人の喋り口調というのは実に事務的で感情を露わに出さないでしょ。だから、参加賞だろうと。でも、内定しましたという言い方は参加賞じゃないよな、と。新聞の取材を受けて、初めて本当に芸術祭賞をもらえたらしいことに気付きました。新聞に名前が載っただけで、電報は届く、花が来る、酒が来る、電話が鳴りっ放しになる。えらく大変なことらしいと徐々に気持ちがもりあがってきて、地方へ行くともう大変。富山テレビのレギュラー番組で局へ入ると、僕がどんなライブでどんな評価を受けたのかという内容に対しての質問は何もなくて、ただオメデトーだかなんだか知らないけどオメデトーなんですね。お国から頂いた賞なんだから、という感覚で極端なこと言えば天皇陛下からもらった賞くらいに考えちゃってるんじゃないかなー。

思わず、受賞式は皇居かな、なんて。

――十数年ぶりに昔の友人とも話ができたとか。

志の輔　ええ。どこかで見たんでしょうね。祝電打って来たヤツがいて。あいつ、まだ生きてたのか、という発見がありました。これで今まで履歴書の賞罰のところに〝二ツ目に昇進〟しかなかったのが、一行書けることになりました。

師匠談志の一言が凄かった。「もらえるものは何でももらっとけ」。

――賞の対象になったライブは渋谷ジァンジァンでの「かってにSINOSUKE COLLECTION」でしたよね。

志の輔　はい。清水義範先生原作「アネモネ化粧品春のキャンペーン」「花里商店街月例会議」「インパクトの瞬間」をそれぞれ現代落語にしつつの作品と「五貫裁き」でした。

一人もゲストなしの出ずっぱりで、夏からひきつづけの風邪も直らず、髪をとかす間もなく、ようやっと終えて降りて来たらスタッフに「とにかく最后までよくやった。偉い」なんて言われて内容にまで反省に頭が回らなくてボォーッとしていたあの夜が思い出されます。

ライブというのはほんとになまもので、その時、前にいるお客さんの拍手と笑顔だけが頼りで後に形に残るものといえばアンケート用紙だけ、その点、テレビやラジオ番組なら本数が多くなれば、時流に合ってるのか、多少はうまいのか、キャラクターが受け入れられているのか、ともかく受けてるんだということがわかるし、稼ぎも増える。けど、ライブはお客さんの数が増える、という以外に客観的に測る物差しが一切なくて、やったという自己満足、ウヌボレ以外に何もない。

今まで、赤字こいて、究極的には自分のために20回くらいライブをやってきてるけど、この賞をもらったってことで、客観的に評価されたってことが一番嬉しいですね。

それだけ、今、世の中が必要としているものにより近づけたのかな、と。

この賞一つで、今までやってきたライブがムダじゃなくなったんだという区切りができました。それぞれのライブの方針のたて方から、ゲストの人選。ビデオの編集、チラシの制作、スケジュールの調整、本、照明、音響、受付、打ち上げと、ほんとにスタッフが一緒によく動いてくれて。ファンのお客さんも、驚くほどよく見てますもんね。いいとこを突いてくる。

二ツ目になった時のささやかなパーティーで師匠が、いいお客を持ってる、ってほめてくれたことを今さらながらに思い出します。

――自称〝おしゃべリスト〟ということで、いろんな分野での活躍がありますが、何か気持ちの中で区別はありますか?

志の輔　高座とライブとテレビ・ラジオの仕事と営業と、それぞれ語りかけ方、こちらの姿勢が違いますね。疲れてくるとその切り替えがうまくいかない。何かになりきらなきゃいけない時と、地でいかなきゃいけない時、パーソナルに話す時、マスに話しかける時、おのずから話法は違ってきますよね。それらを実験してるのが今、面白くもあります。

でも精神的にも肉体的にもまいっちゃった時はもうやめたい、このまま夜逃げしちゃお、と思うことあるけど、性格的に逃げっぱなしでいられるわけないし、逃げたらあとでもっと後悔することになる。スタッフの一人が言うんです。「やりましょうよ、いいじゃないですか忙しくたって。死んだらゆっくりできるでしょ」。その一言が支えになってまたやろう、って。

――ビデオモニターを何台か使ったステージもやってますね。

志の輔　お金のない時に25万円かけてビデオ機器を買って初めて下北沢の町を歩いたのが昭和60年の秋でした。NHKのドキュメントにまるで違うナレーションをつけてみたり、短かい落語を逆さまに喋って演じてその場で逆転してお客さんと一緒に爆笑するのとか、評論家に扮した三人の志の輔のモニターと本人が大討論会をやるのとか、三台を縦に並べて等身大の志の輔を二人つくり本物との三人で歌をうたったり、今年の博品館劇場では、談志・圓楽・志ん朝に扮したモニターの志の輔と、円蔵に扮した実物の志の輔の四名で『朝までお好み演芸会』をやったり。お客さんをあげてシリトリをやってバッチ狙い通りにはまった時はもう大爆笑。快哉《かいさい》を叫びましたよ。コレ、人が思うほどにむつかしいことではないんです。僕ら、落語の中で何人もの役をやってるでしょ。それをモニターに分解するだけの話ですから。ただ、膨大な手間と時間はかかりますよ。これ、お金かかりすぎるから仕事にはなんないし。実に非生産的です。

――今、非生産が一番生産につながるのかも。

（構成　木村万里）

2005年2月号

全てを非日常空間に

――パルコ劇場での公演も大盛況でしたね。拝見して落語が映画やお芝居に全く引けを取らないエンタテイメントだと再認識しました。そして次回、来年1月のパルコ公演は何と1ヶ月におよぶロングラン公演とのことですが。

志の輔　ちょうどパルコ公演が10年目を迎えるんです。私本人だけでなく、9年もの間、関わり続けてくれた劇場・スタッフ・関係者全員の、最多動員数に挑戦してみようという気概が最高潮に達しています。

――ちょうど10年目ですか。さぞや感慨もおありでしょう。

志の輔　ひとしおですね。10年前に初めてパルコ劇場の舞台に立ったときの緊張と感激を、まるで10年前の事のように覚えてます（笑）。渋谷のど真ん中でやるなら、ライブに演劇的な雰囲気を加えたいな、と思って最初パルコのスタッフに相談したんです。そうしたら、演劇は専門でも落語にはあまり詳しくないことが、かえって良かったんですね、思いもよらないアイデアが次から次へと出てきて、面白いセットや演出が誕生しました。

――それがあの斬新な舞台のきっかけだったのですね。

志の輔　ですからいつもパルコ公演では、創り上げる楽しみと、高座での興奮と、そして終わったあとのまるで抜け殻みたいな、祭りの後のさみしさみたいなものも感じます。

落語は落ちで完成ですが、そのあと「大落ち」としての演出の数々を、来年の1ヶ月公演ではできるだけお見せしたいと思っています。

――師匠の会に行くと、エントランスからにぎやかで、おっ、何かありそう、楽しめそう！　というワクワク感に包まれます。全体の演出も意識されていますか。

志の輔　お客さんが会場に入った瞬間からそこを出るまで、舞台もロビーもできるだけ全てが非日常であるべきだと思うんです。落語は、ありとあらゆる無駄をそぎ落とした芸能ですから、だからこそ高座以外は、なるべくお客さんが居心地のいい空間を作りたいねと、スタッフと話し合います。とにかく私にとっては、毎日のようにやっているライブですから、日常なんですけど、お客さんにとってみれば年に何回かしかない非日常の時間・空間であることは間違いないですからね。できる限り「ハレの日」にしたいですね。

――落語を聞きにいくことがハレの行為に。

志の輔　「なんにもないけど、なんでもある」というのが落語ですから。お客さんが自分の頭に映像を浮かべる楽しみですよね。このシンプルの素晴らしさを伝えるために、エンタテイメントを加えると、もっと落語を楽しんでもらえるような気がする。

――寄席に出演なさらないことも影響しているのでしょうか。まさに寄席は日常であり「ハレ」の対極の「ケ」ですが。

志の輔　入門したときからずっとホールとの付き合いですので……。ホールって何もないただのまっさらなハコでしょう。コンサートやら映画の試写会やら、借りた人がどんな空間にでもできる色の無い、マイナスを言えば「気」が無い空間なわけです。その無機的な空間を、一晩だけ演芸の色に染めるのを楽しんでいるわけです。あたかもここで毎日おこなわれているんじゃないかってお客様が錯覚するような、お祭り気分が漂う空間にしたい。でも妙に格式があって、ホールの雰囲気が「まじめにやれ」って言ってるようなところもあって、お客さんとよりもホールと戦わなくてはならない会場もある（笑）。

——その雰囲気作りのためにも、スタッフの協力は必要不可欠ですね。

志の輔　そうなんです。お客様以前に、照明、音響、舞台監督のスタッフたちが面白がってくれないとライブは長く続けられません。新宿の明治安田生命ホールで毎月21日にライブをやって6年目に入りましたが、ここでは開場を1時間前にして、ロビーゲストと称していろんなジャンルの方々に演奏やパフォーマンスをやってもらってるわけです。

——会場に「気」が漂いはじめる……。

志の輔　ロビーが華やいできて、それが私の楽屋まで伝わってくるんです、皆が楽しんでいる空気が。その勢いも借りて高座で喋る。終演後の打上げでスタッフの正直な感想を聞くのは楽しいですよ。ですから私のスタッフはヨイショはしません。本当は少しはヨイショしろよって言いたいんですけどね（笑）。とにかくスタッフは一番近い観客です。

——素晴らしいチームワークですね。

古典と新作のバイリンガル

——新作落語も創っていらっしゃいます。

志の輔　苦しいけど楽しい作業です。前例がないものを一から創るわけですから、小説家の気分、映画監督の気分、役者の気分、全部丸ごと味わえます。新作に挑戦すると、古典落語のクオリティがものすごくよくわかってくるんです。先人達の練りに練った完成度のおかげで古典落語は時代を超えてきたんだなあ、ってことがあらためてわかる。だからあらためて、出来上がってたつもりの自分の古典に、またいろいろと手を加えるようになって、新作のための古典なのか、古典のための新作なのかもうわからなくなってくるのよ（笑）。

――そもそも新作を創るきっかけは何だったのでしょう。

志の輔　ひとつには、現代と古典落語の背景に大きく違う部分を感じたからですね。師匠談志が「古典落語のベースは飢えと寒さと貧乏だ」と分析してます。だとすると現代は「物に踊らされてる豊かさ」なわけです。

――もう少し詳しくお聞かせ下さい。

志の輔　長屋の住人たちのやりとりを楽しむ古典落語がありますね。でも現代は携帯電話のコミュニケーションも加わって、とんでもなく豊かのようで、でもとんでもなくやっかいで、それに気がついてるようで流されてる。ちょっと前まで、物を手に入れるのに必死になっていた時代があった。テレビや冷蔵庫や洗濯機を手に入れるために懸命に働いていたのに、気が付いたら今は古くなった冷蔵庫を、なんとか人に知られないように捨てるにはどうしたらいいのかを考えている（笑）。本当に変なんですよ。その変な感じを笑う。だから大雑把《おおざっぱ》に言うと、人間の変わらない部分を伝えたいときは古典をやって、知らず知らずのうちに環境に左右されてる現代人の面白さを伝えたいときは新作をやってる、ってことですかね。バイリンガルですか（笑）。

――なんだか古典と新作が表裏一体のようですね。師匠のおやりになる古典落語は「この噺久しぶりに聞くけど、こんなに面白かったっけ」と思うことがよくあります。たとえば「小間物屋政談」とか「帯久」。演じる古典落語をセレクトするポイントはどこにありますか。

志の輔　その古典落語の時代と一番つながる部分を増幅すると面白いですね。よく見ると、新聞に毎日のように古典落語とそっくりのニュースが載ってますからね。この前も、道に倒れてる人を自分の兄貴だと勘違いして、警察を呼んで大騒ぎして、葬式の手配までして兄貴の家へ行って見たら、兄貴がコタツに入ってテレビ見てた、なんていう事件が（笑）。去年本当にあったんですよ。

――粗忽《そこつ》長屋そのもの！（笑）

志の輔　私ね、今一番会いたい人は、この弟さん（笑）。どんな気持ちで行動してたのか聞けたら私の「粗忽長屋」は大きく変化するでしょうね。

――それはぜひ聞いてみたいです。

集結したエネルギーのすごさ

――最近、落語に関心をもつ人が増えてきているそうです。師匠のご活躍もそれに寄与していると思います。

志の輔　ブームという言葉は好きじゃないですが、確かにちょっと前の落語界とは違うなって感じはありますね。最近の落語界は、まとまりがでてきた。今まではそれぞれがばらばらに動いていたのが、繋がり始めたような気がします。

――個々の活動のつながりが、波というか、うねりになってきているのでしょう。

志の輔　動いている落語界に世間も注目し始めて、観客も動き始めたのは確かだと思います。私の周りのマスコミの人たちも、最近本当によく落語界のことを話題にするんです。おお、落語界の動きが伝わってるなと実感しますよ。

――「六人の会」も、活動が盛んですね。師匠もメンバーのひとりとして、手応えをお感じになりますか。

志の輔　それぞれの世界を持っている人たちが集結した時のエネルギーはすごいなと思います。それがまたそれぞれ単独のライブへのエネルギーになっていく。

――とてもいい循環ですね。

志の輔　その輪っかをぐるぐる回転しながら目が廻りそうというのが、今の私です（笑）。

（聞き手　佐藤友美）

2016年6月号

（略）

ワンカップとカンテラ

――師匠は、入門して半年で談志師匠が落語協会を脱退され、場を自分で探すことが必要な状況から色々な会場で公演をなさってます。

志の輔　そうですね。二ツ目になったばかりのころ、定員60人の下北沢ロングランシアター（現OFF・OFFシアター）で、それも本公演が終演した後の夜10時から1時間を貸してもらい毎週水曜日1年間、しゃべる場を作りました。50回のうち満席になったのは初回と最終回だけ。友達もすごいもんで、そこだけは埋めてくれたんです（笑）。それ以外の会はよくて10人、最低記録はゼロの経験もありますから（笑）。

ある会の日は3人のお客様と当時珍しかったワンタッチでお燗ができるワンカップをスタッフに4缶買ってきて貰って、4人で本当に熱燗になるか試してみたことも。当時350円のワンカップ。入場料1000円だったので3人のお客さんは得したんですよ（笑）。お燗がつくまで、お客さんにどこに住んでるの？　とか質問して。

何を求められているのか、何をやって良いのか分からないから、卑怯な手もどんどん覚えていきました（笑）。

——お客様との距離を自分で何とかしないといけなかったんですね。

志の輔　お客様に「今日は来てよかった」と帰り道に思ってもらえることしかなかったですね。

——お客様を楽しませるために、他にはどのようなことをされていたのですか？

志の輔　ミスターマリックさんや小室等さんなど違う分野のゲストの方に力を借りたり、銀座博品館では、出し物も一人芝居やビデオ装置など使って、最後は落語……そんなことばかり労力を費やしてるんだから落語の稽古をできるわけないんだけど（笑）。

——落語だけではなくいろいろなアイデアをお持ちだったのですね。

志の輔　スタッフや周りの方からのアイデアを取り入れつつ演じるものを決めていました。そのあたりに対応できたのは、広告代理店や劇団にいたことも役に立っていると思います。

――そのころからアイデアの源泉をたくさんお持ちだったことも、現在の文楽や狂言とのコラボレーション、ひいてはパルコの大掛かりな舞台設営などにも繋がっているんですね。

志の輔　光や音の重要さはホールでやってきたことで学びましたね。どんなに演劇っぽいアプローチをしようが、最後には落語に行き着かせていました。師匠・談志は私がやることに対して何も言わなかった。でも私が行くべき方向はカンテラで灯してくれていたんだと思うんです。ただ、どのように来るかは弟子それぞれ違うと考えていて、本人にゆだねている。私の場合、基本的に何をしても構わない、でも、最後は落語に返せなきゃダメだと師匠は言っているんじゃないかと思ってた。実際、時事ネタやろうが、ギター弾こうが、替え歌作ろうが、最後は落語に帰ってくればいいんだと言っていましたよ。

肩の力が抜けてきた

――「志の輔らくごin パルコ」も今年20周年を迎えましたが、どんな思いですか。

志の輔　18歳で上京して、生まれて初めて生の演劇を観たのが当時〝西武劇場〟といっていた〝パルコ劇場〟ですからね。

でも、不思議なことにそのとき「いつかは自分もこのステージに立つな」って思ったんですよ、いや本当に。結果、実現したわけですが、実際は舞台に立ったと言うより、座ってましたけどね

（笑）。パルコ初演は１９９６年11月でしたけど、もううれしくてうれしくて「座布団の上に浮いてる感じ」で、もう（笑）。

もちろん1年限りだと思って演ったんですが、2年目、3年目と続くうちに気がつけば10年。そしたら、なんと劇場側が「1ケ月やりませんか」って（笑）。

「1ケ月って、そんな馬鹿な」とは思いましたけど、10周年の記念だからと死んだつもりでやったんですが、結局は1ケ月公演11年、通算20年（笑）。我ながら呆れてしまいますね（笑）。

——出演者は1人、落語だけで1ケ月公演。それが20年、しかも一度も病気などで休演しなかったって、改めてすごいです。

志の輔　ありがとうございます。

でもねえ、1ケ月間、構成も演目も同じ、同じ落語3席に、マクラさえも基本的なところはほぼ毎日同じ、もうね、だんだん神経が麻痺してきて、間違えてないのか間違えてるのかもわからなくなってきてね（笑）。

毎年、何かしらの新作をこしらえるようになったのは、そんな私に、キザな言い方しますが、パルコ劇場の神様が「なあお前、もっともっとこの劇場に似合う落語を創ってみなよ」と言ってくれたからなんですよ。あ、笑ってますけど、ほんと、聞こえたのよ、私には（笑）。

——パルコ劇場も建て直しが決まって、お正月の1ケ月公演もいったんお休みということになったわけですが、最後に、これからの志の輔らくごはどうなっていくのか、お聞かせください。

志の輔　さあて、どうなんでしょう、うーん……わかりません（笑）。ただ、他のジャンルも含めて、いろいろなものから影響を受け続ければ、自ずと変化していくでしょうね。そうで無いとつまらないし……。

——先日の独演会（4月25日、銀座ブロッサム中央会館）を伺ったのですが、いつになくリラックスされていて、ことに「紺屋高尾」では会場が一体化しているように感じました。

志の輔　あれ？　ってことは、今まで、ずいぶん緊張させてましたか（笑）。

——いえ、そういう意味では……。

志の輔　でも一部、当たってますよ。というのも、私自身、還暦を過ぎてからか、少しずつ肩の力が抜けてきたかな、っていう感じがしますね。自分で自分を盛り上げる的な、「思いっきり力入れてます」的な部分が少し減ったかなって……あっ、これ、決して油断じゃないですよ、油断じゃ（笑）。

——多岐にわたり興味深いお話をありがとうございます。

志の輔　こちらこそ、ありがとうございます。（略）

（聞き手　岸川明広）

柳家花緑

©馬場道浩

やなぎや・かろく　1971年、東京都生まれ。87年、祖父である五代目柳家小さんに入門。前座名「九太郎」。89年、二ツ目となり「小緑」。94年、最年少の22歳で真打となり「花緑」。洋服姿で椅子に座って喋る同時代落語やバレエとのコラボレーションなども行っている。祖父の五代目小さんに加えて六代目小さんが叔父という落語界のサラブレッド。発達障害の一種である学習障害であることを公表、講演も行っている。

◆東京かわら版編集部よりひと言

サインをお願いすると、イラストやフレーズを添えて、１枚１枚本当に丁寧に書いてくださるお姿が印象的です。何事にも気を抜くことなく、常に全力で取り組まれている花緑師匠。

２０１７年12月号のサンタクロースの表紙写真撮影では、カメラマンの橘蓮二《たちばなれんじ》さんもノリノリで、師匠も爽やかな笑顔ですぐに撮影者の要求に応えていました。

また常に新しいことに挑戦され、落語を「座布団の上の宇宙」と表現されたり、「シンクロニシティ（共時性）＝意味のある偶然の一致」についてお話されたりと、素敵な時間を共有できる取材が多いなと感じております。バレエ作品やシェイクスピア作品を新作落語にアレンジしたりと、チャレンジ精神にあふれている方です。

五代目小さん師匠のＤＮＡを色濃く受け継ぎ、お弟子さんも10人を超えています。ご自身のことのみならずご一門のことでも常に全力投球の師匠。次の取材ではどんな景色を見せてくださるのか、今から楽しみですね。

（井上健司）

1994年3月号

プレッシャーを越えて

――最初に真打のお話を聞いたのはいつごろだったんですか。

花緑　去年の2月の中ごろですね。理事会がありまして、そこで決定ということで……。

――何をお感じになりましたか。

花緑　「うわァ、これから大変だなァ」っていうのが……。出た言葉はそれですね。

――責任感みたいなものが。

花緑　とにかく漠然と大変なんですよね。ここまで来れば、色んなことが具体的に形になってきたんで、どう大変かってのがわかるんですけど、まだ1年前だし、知識がないところへいきなり来ちゃったから、ただただ漠然と大変さがこのへんにどーんと……。

――心の準備みたいなものはまるっきりないところへ来たんですか。

花緑　そうですね。アセりましたよ。去年の4月5月から夏あたりまでは、一番辛かったですよ。

――辛かったというのは？

花緑　高座へ上がるのが負担ですよね。「落語のピン」へ引っ張られたりとか、小朝師匠の会の話が来ちゃったり（注＝去年、小朝師が毎月安田生命ホールで開催していた「小朝の感心な心がけ」

という独演会に、小緑さんは毎回出演)、取材も来たりとか、いきなり掻き回されちゃったから……。

——すいません、今日も取材で(笑)。

花緑　いや、ここまで来ればね(笑)。今はもう、落ち着きましたね。だんだん形が見えて来たんで、不安が消えてきたということだと思うんですけど。

落語会が、去年の暮あたりずーっと、忙しかったんです。もう一つずつこなしていくしかないんだと。それで力をつけていって、自分で自信をつけていかないと……。どうしても自信が持てないんですよ。ボロばっかり目立っちゃって。真打になるとこのレベルまでは持っていきたいってあるじゃないですか。それにとても遠いし。色んな注文をつけられても、とてもこなしきれない状態で。それが今はだんだん整理がついてきて。

——最初はとまどいもありましたか。

花緑　とまどいもありましたね。ただもう、断り切れないものでしたからね。どうしても通らなくちゃいけないと。

——抜擢《ばってき》されるということは、何にしろ、芸人として商品価値があるということだから、いいんじゃないですか、堂々と受けて、利用していけば。それを何も引け目に感じることはないと思うんです。周囲に対して気をお使いになるとは思いますが。

中学で噺家を志す

――花緑さんはもちろんお若いけれども、芸歴としてはそこそこありますよね。

花緑　9歳からですから、13年。

――13年というのは、真打になるための芸歴として、極端に短い訳じゃないですね。

花緑　そうですね。中学ぐらいからうちの家事は全部やってたんですよ。中学の頃にさん弥［現・柳家さん福］兄さんが二ツ目になって内弟子がいなくなっちゃったんで。今だにぼくがゴミ捨てをやってるんですよ。変に修業だとかって思っちゃうと、負担になりますけどね。自分のうちでもありますから、苦にならないですよ。

――その頃から噺家としての意識というのはあったんですか。

花緑　中学ぐらいからは、もう噺家になろうと思ってましたから。9歳の頃は、ただただ、やりなさいと言われてやり始めて……。だから中学3年ぐらいまでは、友達と映画も見に行ったこともなかったんです。もちろん部活動もさせてもらえなくて。その代わり稽古事を随分やってましたから。日本舞踊やって、三味線やって、クラシックバレエも習ったりなんかして、ピアノもやって。中学の頃は二ツ目勉強会とか前座勉強会なんかを、うちの道場でやってましたんで、それに毎回出てたりなんかして。あとは家事手伝いですよね。ですから前座になっても、あんまり違和感はないんですよね。学校へ毎日行ってたのが、毎日寄席へ行くようになっただけであって。うちの中の生活は何にも変わらなくて。前座になるまでに、噺11個あったんですよ。

――はあ。しかも直伝ですからねェ。

花緑　一番最初は叔父の三語楼［現・六代目柳家小さん］に教わって。あと小はん師匠にも教わったし、小三治師匠にも教わりました。そのほかは全部うちの師匠（小さん師）に教わって。中学生が「大工調べ」やってましたからね（笑）。もうなんでもやっちゃうン。ネタの大きい小さいも知りませんよ。今から見れば丸暗記です。どれだけ似てるかってんで、やってるだけですからね。噺の内容なんかもちろんわからない。うちの師匠には、間とか呼吸みたいなものを教わったんです。小学生に感情がどうだったってわからないから。おばさんが出てくるところは「あそこの酒屋のおばさんをイメージしてやってみればいいんだ」っておふくろに言われてね。そういう感じの稽古ですよね。

——花緑さんの前には二つの道が開けていると思うんです。一つは小さん師匠流に本寸法の古典落語をきちんとやっていく道。もう一つは「らくご奇兵隊」のように反則をしてもいいから今のお客さんに受けていこうとする道。ご自身としてはどうお考えですか。

花緑　ぼくは、自分の大きな筋としては、古典落語だと思ってるんですよ。だから行き着くところもそこだし、そのためにぼくは落語家をやっていると思ってるんです。それが幹だとすれば、枝葉として今は色んなことをやっていく。その一つが「奇兵隊」であったり、「小緑パフェ」だったりと思ってるんで。だからそういう噺の崩し方というのはしていくと思いますし。その辺は切り換えがつくじゃないですか。その会のためにその噺を作るみたいな感じで。そういうんで一つ一つ作っていけばいいかなと思ってるんですけどね。

——この一年、随分いろんな会にお出になりましたけれども、特に印象深かった会はありますか。

花緑　やっぱり「奇兵隊」ですよね。自分の中で一番影響力があったのは。刺激が多かったですよ。自分の範囲じゃないわけですよね、立ちで何かやったりとか。仲間と接してるわけじゃないですか。やりとりが……、キャッチボールがどうしてもできなくて。切り返しが利かなくて、（立川）談春《だんしゅん》兄さんにけちょんけちょんにやられちゃって（笑）。今だに強くないですけどね。変わりますよ、今年から来年にかけて。あそこで鍛えられて。

今年1月に国立演芸場でやった「奇兵隊」では、面白い企画をやったんです。8分・10分・15分・20分・25分の枠をくじで引きまして、ネタは既に出してありますから、8分を引いた人はそのネタを8分に詰めなくちゃいけないんです。で、8分で「時そば」をやらなければいけないことになりまして。途中で切っちゃいけないんです。長かったら罰金、短くし過ぎても罰金なんです。しょうがねえから「そばぅ～」って上がっていったら大爆笑になりまして（笑）。いつものように食べるところはきちんと食べて、オウム返しになるところで、あと1分以内という合図の太鼓が鳴っちゃったんです。しょうがねえから、最初食って「ああ、まずいっ！」って言って丼を投げて（笑）、「いくらだいっ！」って言ったら、お客さん大爆笑だったんです（笑）。

――（笑）そりゃ面白いですね。ほかに印象的な会はありますか。

花緑　円楽一門の方の「両国寄席」にも出させていただきました。月に一度ぐらいですね。あそこは普通に落語ができるんで、負担じゃないんですけど。

あと小朝師匠の会（「小朝の感心な心がけ」）ですね。あれは師匠の方からネタ指定というか、「こんなものをやってみた方がいいんじゃないか」というのがあって、かなりそれを覚えていったんですよ。「祇園祭り」であるとか「反対俥」であるとか、ぼくがやって合いそうなのを小朝師匠が出してくれて。あの会は「小緑ちゃんアンケート」というのがあって……。

――皆好きなことを書くでしょ（笑）。

花緑　書きますよ（笑）。だって見る人は小朝師匠を見に来てるんだもん。そっからしてレベルが高いのに、こっちはネタ下ろしだったりなんかして、そりゃ書きますよ。一回「たがや」やったときに絶句しちゃって（笑）。大変でしたよ、あん時は。言い訳が面白かったのか、やたら受けちゃって。言うことが全部ハマるんですよ。気持いいぐらい受けるんです。アンケートを回収して、「これで親しみが湧いてファンになった」という人もいたんですよ。自分が出たんでしょうね、ある程度。逆に、五十代ぐらいのおばさんで、きれーいな字で「真打はご辞退なさった方がよろしいかと……」（笑）。

（略）

（インタビュー・構成　大友浩）

２００８年６月号

日々変化する落語

――最近、師匠の高座を続けて拝見しまして、以前よりも師匠の高座のスタイルというか方向性が固まってきているのかな、とお見受けしました。ご自覚はありますか。

花緑　僕自身……ないですね。どちらかといえばまだ広げてる、拡張し続けてるかなっていう感じが自分の中にあります。ただ、うちの祖父から受け取ったいろいろなものが、今、やっと本当に解りはじめてきた。それによって、目に見える大きな変化はない。でも固まってきたかどうか自分じゃ自覚ないなあ……。

――模索中ですか。ああやったり、こうやってみようみたいな段階。

花緑　段階かどうか分からないですけど、模索し続けています。その作業が楽しいんですよ。たとえば「笠碁」は、うちの師匠のフレーズももちろんあるけども、自分で何ヶ月も考えて、いざノートに書いてみようと思ったら、書き上げるまで丸一日格闘してしまったり。それでもね、演るたびにノートを見ちゃ、書き足したり削ってみたりしてます。

――まだまだ変わって行く可能性があるということですね。

花緑　大いにあります。だから、落語に対する集中力が必要ですね。そこが衰えればこのままだろうし、高まって行けば全部変えて行くなんてことになるんでしょうね。きっと自分があるステージに立った時に、全部を編集作業し直したいということが起きるんでしょうね。

――恐ろしく膨大な作業になりますね。

花緑　そうすると前の噺がやれなくなっちゃう。この間、鈴本のトリの時「中村仲蔵」を演ろうと家で稽古してたら止まっちゃったんですよ。演れなくなった。自分で作ったノートを見返しても何だか全部違うなと。しっかり作り込む時間を改めて持たないと。

――演じる方も日々変わっているんですね。五代目小さん師匠の落語は、視線を動かすだけで、登場人物の全てを表現しきる感じというのは、緻密《ちみつ》に計算されていたものだったんでしょうか。

花緑　よく自然にやっていると言われますが、とんでもない。やはり師匠は細かく人物の様子を描くために計算していたと思います。談志師匠は現代に置き換えるとはどういうことか。壊していいところと壊してはいけないところがあると仰ってます。うちの師匠と同じことを言ってますよね。

——この噺はどういうものなのか、見極めているんです。

——談志師匠の方が、その手の内を明らかにしてますよね。

花緑　そこなんですよ。論理的に説明してる。祖父は論理的にしなかった、でも実に明確でしたよ。

——お弟子さんにも言わないのですか。

花緑　言わない。稽古も理論的ではない。自分が何度も喋って聞かせるやり方です。あとは弟子にまかせた。自分がそうして噺を作っていったからです。演る人間がその噺をどう思うか。そのために必要なことは自分で研究しろということですよね。

——教わる側次第なのですね。

花緑　芸の世界はそういうものだという祖父の考えでしょう。師匠と弟子というのは学校の先生と生徒ではないということかな。僕が祖父の考えをわかったのは、亡くなる2年前、新聞の連載でインタビューをしたときです。その中で「ちりとてちん」の回があったんですよ。うちの祖父は、最初に出てくる金さんが、お世辞ばっかり言って本音を言わないから「こんな人と飯を喰いたくねぇな〜」と言ったんです。もっと面白いのは、後に出てくる六さんの心理ですけど、途中で旦那が自分を騙そうと遊んでるということが分かるというんです。豆腐が腐ってるのも分かってて食うんです。旦那に仕事をもらっているからか、良い関係でいたいのか、先々の付き合いがあるから食う。

それを聞いたとき僕、嘘〜って言いましたもん。亡くなる1年前に聞いた話ですよ。

——そういう大事なことは早く言ってほしい気もします（笑）。

花緑　そうなんですよ。でもよくよく、旦那と出入りの職人との関係を突き詰めてみると、師匠の演出は深いです。その時代の人間関係がよく見えてきます。

全てが高座に繋がる

——花緑師匠もお弟子さんを持つようになってだいぶ経ちますね。今は5人いらっしゃる。

花緑　祖父が最初に言ったのは、教えることは学ぶことだから弟子をとりなさいと。頭ではわかってたんですが、実感できるようになったのはここ2、3年です。祖父も30人以上弟子を育てて実感し、そこから学んだことを伝えたんだと思います。僕も弟子から学びました。弟子と自分は合わせ鏡なんです。「弟子は師匠なり」と思ったら、ちょっと変わったんですよ、尊重するようになったんです。なぜって弟子は自分を育ててくれる大事な人間ですから。「芸は人なり」を、知っているだけの噺家ではなく、実践する噺家になりたいと思う。これは大変なチャレンジで、宣言だと思います。さてどうするか、それは目の前にある今を大事に生きるしかない。

——どうしても気持ちが前向きになれないときはありますか。

花緑　瞬間的にいらつくようなことはありますが、長引くことがない。落ち込めない身体になりました。プラス思考が習慣になっていると考えがポジティブにどんどん解決していくんですよ。

——そこの考えに至るまでは。

花緑　大変でした。何度も死のうと思ってますから。真打になるちょっと前、20歳すぎたぐらいからこれじゃあだめだと、人に言われる「お坊っちゃん」の意味がわかったってことです。そこからですね「小さんの孫」って言われることがつらくなって自立したくなって。経済的な自立が一番だと思ったので家を出ました。それから25から30歳までの5年間、色々な本を読みあさりました。僕みたいなのは一番宗教にはまりそうだけど、どこにも入りませんでしたよ。まあ、落語協会には入ってますけど(笑)。それから読んだ本の知識を、実践しようと思いはじめた。弟子との接し方も変わってきた。

――師匠は何か悟ったのでしょうか。

花緑　んー、どうでしょう。先日、NHKに山田洋次監督とご一緒したとき、何かの話題で山田監督が「僕は小さん師匠のこと、お坊さんみたいだと思って見てました」と仰ったんです。自慢話をしない、人の悪口を言わない。徹底してました。突きぬけすぎちゃって、色んなことをあんまり口にしないので、凄さが目立たないけど、中にもっとたくさんの言葉を持ってました。そこは弟子がみんな心で受け止めてます。だから、どういうセリフを自分が作っていくか、祖父の表現が一番だと決めてしまうと、自分の世界が作れなくなってしまう。でも、祖父の演った噺は演りたいなあ。

――どんな噺を演りたいですか。

花緑　弟子だからこそ、師匠の十八番である「笠碁」や「うどんや」「猫の災難」にも挑みたい。弟子である宿命と言うか、無視できない気になる噺はたくさんあります。

――それは今後が楽しみです。

花緑　自分のカラーで演りたいですね。自分の間合い、自分の気持ち、自分のセリフで、小三治師匠がすべて成功させているじゃないですか。祖父のものを全部自分のものに編集している。そう言った理想は、小三治師匠を見て思います。だから本当の柳家というのは、心意気にあると思いますね。その心を僕がどう実践しているかというと、日常が一番で高座は二番だと思うことです。あくまで高座は結果です。日常の集大成が高座に出ると思ってます。

――繋がってるものなんですね。

花緑　その通りです。切れてないんですよ。言葉にしても態度にしても実践したいんです。それができた時に新しい落語の形になるかもしれないし、それが本来の落語の形なのかもしれない。実践して行くと深いところに行けるような気がするんです。まだ36（歳）なんで、この歳でこの作業ができるのは恵まれてると思います。時間があるって意味で落語家としての猶予が残されてるじゃないですか。ラッキーなことですね。落語とは何か、落語家とは何か、師匠から教わってだいぶ分かってきたということもあるんでしょうね。だからこれからは弟子や後輩に教わったものをきちんと伝えるという役目もあると思います。

――お話を聞けば聞くほど、全ては高座に繋がっていきますね。

花緑　だから普段が一番なんです。毎日が集大成であり日々の告白であり、祖父は生涯現役という言葉を使いました。談志師匠はプロセスを見せるという言い方をしました。二人は同じことを言ってるんです。生涯現役というのは、上り坂も見せれば、下り坂も見せるということでしょう。そして、ジャッジはお客さんですよね。

――そういうところを観客が感じとってお客さんが受けとめているからこそ、師匠の会にはお客さまがあれだけいらしているということですよね。

花緑　そう言ってくださるのは嬉しいです。レストランに例えれば、僕はシェフであり、創り手側ですから。美味しいと思ってくれる人が多いということが一番です。そうでなければ僕は味を変更しなけりゃいけないんです。自分に正直に、心から伝えるって大事だと思います。お客さんは頭じゃなくて心で聴いてるから。頭で聴くというのは、たとえば今違う言葉を使ったとか、評論家的なものを持ってしまうこと。その楽しみもあるかもしれない。でも、まず先頭をきってプレイヤーが心を開いて喋るというのが大きいと思いますね。そうすることで、聴く人に変化を与えられるかもしれない。

――お客様の反応をみてると、きちんと師匠の考えが届いていると思いました。演者としての実感もおありなのではないですか。

花緑　高座で「こんにちは」って挨拶をすると、その日のお客様のテンションがわかるんです。そんなことをなぜやるかといえば、お客様と一つになりたいからです。僕はお客様と勝負をしません。あくまで己と勝負したい。自分の記録を伸ばすため。アスリートと同じです。最近、僕思ったことをノートに書き留めてるんです。「芸人はシステムを超えなければダメだ」と書いたんです。裏切ることもしないとだめですね。

――なるほど。

花緑　えらい商売ですよ、落語ってのは。そのかわりプラスに考えると面白い商売です。言いたいこと言えるんだもの。でも恐怖も背中合わせですよ。

――終わりのない作業……。

花緑　そうそう。終えたら終わっちゃうもんね。落語は宇宙のように無限だなと僕は思うんです。まだ知らない星や、銀河系がたくさんあるんですよ。

――大変なぶん、見返りも大きそうですね。続けていくしかない。

花緑　はい、続けていきますよ、落語がそこにあるかぎり！

（聞き手　佐藤友美）

2017年12月号

見えないものを信じる

――新著『花緑の幸せ入門』（竹書房新書）ですが、とても前向きな本ですね。読んでいて自分のシンクロニシティ（共時性）にも思い当たることがありました。

花緑　日常の中に実は奇跡みたいなことって起きてるんです。「小説より奇なり」って実際に起きてるから、そういうことをもうちょっとみんなで喜びあったらいいんじゃないかなって思うんです。笑ってみたり感心したり驚いてみたり。楽しいことに一喜一憂するのはいいですよね。

――スピリチュアルとか、精神的な内面の話というだけで敬遠する日本人は多いように思います。こういう話題をためらわず口にしたり記したりすることに勇気はいりませんでしたか。

花緑　いりました。昔からスピリチュアル好きだったので隠していたわけではないのですけど、空気を読んでました。今は時代がそういうものを求めてると思う。ただやっぱり弊害もある。嘘もたくさんあって、つまりいわゆる偽物に会うってことですが。見えない世界は確かに怖いです。でもだからといって全否定する、0か100かってことではなくて、偽物がいるってことは本物もいる。見えない世界は見えないからこそ探求するのが面白いんですけれども、注意も必要です。この本は僕の中ではかなり地に足の着いたところを出したんです（笑）。

――読んでいるとわかります。

花緑　人の心も見えないでしょう、見えないものを信じることを幻想だっていうかもしれない。でもそうしたら僕らは人の外観に向かって噺をしてるのか、脳に向かってただ信号を送ってるだけなのか。となるとやっぱり演る方は目に見えないものを信じてないと、自分のハートを通じてお客さんのハートに働きかけられない。だからやっぱり僕は信じていたい。その思いが、たとえば落語界の先人に感謝をするとかの行動になる。名人上手って言われた人たちのやってくださったことが今こうして僕らに下りてるんであって。もちろん宇宙人も霊も好きですよ（笑）。でも一番大事にしているのは普通に生活する中で目に見えない心っていうものを大切にするっていうことなんですよね。

――そうありたいです。

花緑　今やってることが自分の未来を作ってると思うんですよね。そう思う心が何にあるかっていうと、人間が体験できるのって結局今しかない。今日寝て起きたらまた今日だから。自分のやった事が返ってくる。そう考えると、自分が起こしたことに責任が出てくる。みんながそれぞれ成長をしていくわけだから、希望は常にありたいですけど。

――おっしゃるとおりだと思います。

花緑 自分と違うからって「この人嫌い！」じゃなくて、自分とは違うけど「こういう考え方もあって、この人はこの人でいいよね」って許せるようになれば、負のものは最初から生まれてこないんじゃないか。この本は考えに考え抜いた挙句、幸せ入門編なので、僕自身もまだ幸せになる入り口に立ってる所なんです。だからそのうち「花緑の幸せ実践編」を書けるようにならないといけない（笑）。この本は実践をしていく宣言なんです。10年後くらいに、実践したらこうなったっていうところまでいけたら僕自身楽しいし、面白い報告ができたらいいなあ。

――本当ですね。

花緑 小朝師匠にこの本を読んでいただいたんです。褒めてくださって、「小さんという名前は、もうおじさまが立派に継がれてるから、君は安楽庵策伝《あんらくあんさくでん》を継いだらどう？」って。思いもつかなかった、そんな巨大な名前（笑）。誰も襲名しようと思わない。師匠に思わず「その手がありましたね」って返しました（笑）。

――（笑）。寄席の看板に円朝と安楽庵策伝が並ぶ日がくるかもしれませんね。

オフがオンに？

花緑 僕、人生で掃除がとても大事だと思ってるんです。物を取り出しても、片付けるっていうのはみんな面倒くさいじゃないですか。だから意識を片付ける方に使うんです。たとえば旅から帰ってきた時の荷物も、僕はその日のうちに全部しまいます。だから帰ってきてもソファーでぐうたらしないんです。うちのカミさんが「休めばいいのに」って呆れてるんですけど。

――素晴らしい夫ではないですか。

花緑　オフでも実は家で全然ゆっくりしてないんです。誰かに手紙を書いたり、頼まれた色紙にサインしたり、髪の毛を切りに行ったり。オフは次の準備に入ってるっていうことなんです。グチャグチャのまま、次にいかれないので。すぐ(仕事に)取り掛かれるための準備が片付けには入ってる。だから僕の中ではそこにテンションが上がるんですよ。逆にスタートしてるんですね。終わりとスタートが重なってるというか。

――アスリートのようです。

花緑　調整するっていうか、全部を整えていくにはそういうふうにやっていかないと。でもそうすると飲みに行ったり、誰かと遊んでる時間が少なくなっていくんですよ。

――そんな休日はオフとは言わないのでは……。

花緑　そうなんですよね。

――本当にぐうたらすることってないんですか。

花緑　ぐうたらする時は具合が悪い時ですね。本当に動けない時はソファーで「今日映画観たかったけどやめて2時間寝よう」とか。お陰様で忙しくさせてもらってるっていうことの方が僕にとっては宝のような日々なので。仕事に依存してるといえばそうなんですけれども。もちろん、好きな演劇や映画を観に行くとか、カミさんが行きたいカフェに一緒に行くとかもしてますよ。

花緑流・弟子の育て方

——お弟子さんが11人いらっしゃいます。

花緑　たとえば墓参り。弟子に「行ったか？　行っとけよ」とか「行ってないのかお前は！」なんて言いたくない。恐怖政治を敷きたくないんです。教えることは論を尽くすことじゃなくて、僕はうちの師匠とか先輩方を見てて思ったのは、自分が実践者かどうかってことなんです。言葉で何を伝えるかも大事だけれど、それよりもっと大事なのは、自分が何をしているのかだと思うんです。その方が大きなテーマだと思います。

——まず自分ありき。

花緑　そうなんです。自分が実践できてないことは教えられないんです。大事なのは弟子を通して自分がどうするのか？　その実践を見せる事が一番の教育だと思うので。だからいつもまだまだ自分は半人前だと思うんですよ。言うほど出来ちゃいないよって。ということは、なにも弟子に教えられないんだなあと思うし、教えてること自体が口幅《くちはば》ったい。ともに成長していくというのがベストに近いのかなあ、と。

——後ろ姿を見せる。

花緑　ええ。だから弟子を持てば持つほど自分に課題が多くなるんです。自分が師匠でいるならば、彼らから見て恥じない師匠でいたいと思います。

——お弟子さんって増えるほど大変になりますか。

花緑　増えたから大変とは思わないですね。ただ、たくさん弟子がいると1人と一緒にいる時間が少なくなることはある。もちろん弟子には稽古もつけますよ。その稽古がすごく楽しいんですよ、演劇をやらせてもらったからでしょうね、演出家気取りで。教えて、良いほうに変化していくのは嬉しい時間です。

――ただ教えるのではなく、その人にふさわしい演出をつけると聞きました。

花緑　どうやったら解決の糸口があるかっていぅのを見つけていく。「どう思う？　俺はこう思うんだけど」って課題を伝えて、あとは自分で工夫するきっかけを与える。だから稽古はディスカッションですね。

――親切な指導です。

花緑　「だからお前はダメなんだ」みたいな稽古は単なる小言になっちゃうから嫌だった。ちょうど同じ噺をやるときは、自分も変われるんです。問題提起があるから、解決に向かえる。逆もあります。誰かがやってるのを見て「それいいね、俺次からやらしてもらう」って（笑）。だから稽古が盛り上がるんです。

――面白そうです。

花緑　演劇をやったおかげです。だからか目線とか仕草は細かいですね。仕草って難しいんです。我々はまず覚えることがたくさんあるから、喋ることに気を取られて、仕草は後付けになるんですよ、でも実は同時なんですよね。全身で演じてるわけですから。

――確かに五代目の小さん師匠なんて、目と目で「長短」の二人が大親友だってことがわかって泣けてしまうくらい、目の使い方とか重要ですね。

花緑 目が使えてるってことは本当になりきってるってことなんで、しっかり芝居をしてるってこと。なりきるにはどういう人なのかっていう取材が必要。奥が深いですよ。

——五代目の小さん師匠は落語の中で演劇的手法とかを意識されたことって……

花緑 ないと思いますね。

——昔の名人って事も無げになぜできるんでしょうか。

花緑 うちの師匠の言葉で言えば「了見になりきれ」って言い方。「らしくやんなさい」っていうシンプルな言葉に集約されている。シンプル過ぎて若い時にはあまりにわかりにくかった。でも、もし今演劇の演出家とうちの祖父が話をしたら、共通点がいっぱいあったと思います。

——そうですね。テクニックを言語化してないだけで。

花緑 肚《はら》ん中で思ってることは同じなのではないかと。だから僕にはその演劇の演出家の言葉がわかりやすかった。これからもっと祖父の言ってることがストンと落ちるようになるのかもしれない。

——そうですね、つながるんですね。

花緑 祖父もやっていく中で、いろいろ影響を受けて失敗を繰り返しておそらく作っていったんだと思います。

未来の落語

——これからどういうふうに歳を重ねていきたいですか。

花緑　未来を確定的に決めないっていうのが、僕の生き方。そのほうがいろいろ飛び込んできて面白い。ただ、二十代のときは全体の完成度が低いとか、もっととっ散らかってたはずなんですよね。今、46歳でするチャレンジは違うのかもしれない。それでもまとめに入るよりはチャレンジし続けて死んでいくほうがいい。弟子がそれを受け継ぐとか、後の人がそれを受け継いでもっと更にいいものに昇華してくれたり。

——後世のことをきちんと考えているんですね。

花緑　洋服を着て椅子に座ってやる〝同時代落語〟をやらせてもらってますが、夢がありますよね。今後、多くの噺家に真似してほしいと実は思っているんです。椅子に座ってやるのは歳をとったときにいいですよ。みんな膝が痛いんです。

——確かに皆さん苦労されてますね。

花緑　だから、椅子に座って演る落語が市民権を得るといいなって（笑）。それに洋服で椅子になれば、僕はグローバルになると思ってるので、世界の人がひとつの演劇の形態として落語という表現方法を選ぶっていう、スタンダップコメディならぬシットダウンコメディじゃないですけど（笑）、世界中でやれる。もっとオシャレにいろんなことを、現代に放り込んでやれるようになる。これはひとつの僕の夢ですよね。

——すごいチャレンジです。

花緑　僕は椅子でやることに対して、今はもうなんのストレスも違和感もない。

——繰り返してそのスタイルに慣れましたか。

花緑　テレビのレギュラー「温故知人」で2年半やったので、慣れるとなんの問題もありません。お客様のほうも見慣れれば。大事なのは中身。その作品がつまらないと、「こんなことしてるからダメなんだ。普通にやってればいいのに」って言われるんです、だからこそ同時代落語をやるときには、いつも以上に稽古します。落語が伝統芸能を超えて、談志師匠が言ったように「伝統を今に」になるんじゃないかと。談志師匠だってスーツ着て、立ち姿でやったそうです。でも僕は座って喋るってところがポイントなんじゃないかなぁと。それでもちゃんと落語になったと思うので。自分が亡くなるまでにグローバル化したり、若い人が真似してくれたり、聴く方もそういうものだと思って聴いてくれたら嬉しいですね。現代物も着物を着て皆さん語っておられますが、古典も本当は洋服で出来るはずなんですよ。出来ても今は演りませんが、談志師匠いわく、「その人間が圧倒的に〝落語〟だったら褌《ふんどし》一丁でもいいだろう」って仰ってました。

――確かに見慣れることは大事で、今は女性の噺家さんも違和感ないです。

花緑　そうそう、確実に市民権を得てますよね。

――慣れていくってああいう感じですね。

花緑　だから僕はチャレンジし続けて人生終わったら面白いんじゃないかなあと思います。自分の後も時代に合った面白い芸人が絶対出てくるでしょう。悲観的になってないです、逆に楽しみです。自分が長生きして、そういう人を目《ま》の当たりにできたらいいな。（桂）宮治くんや（神田）松之丞［現・伯山］くんとか、新しいスターが出てきてるじゃないですか、（春風亭）一之輔さんが出てきたときもそうでしたけれども、ああいう人を見ていきたい。見てるだけじゃなくて一緒にやらなきゃいけないのが辛いところですけどね（笑）。大変ですよ〜、一之輔さんに前で爆笑させられたお客さんが笑い疲れてハァハァしてる後に出て行くって。でも同時代を生きてそういう後輩を目の当たりに見られるの、僕は愉しいですねえ。

――ご著書でも、今お話を伺っていても、高座でも、格好つけず偽るところがなく率直に思う所を言ってくださるのが、嬉しいです。

花緑　自分でも、どうしてこんなに正直にものを言うのだろうと自己分析したときに腑に落ちたことがあって。やっぱりもともとの悩み、小さんの孫ということで特別扱いをされたり、色眼鏡で見られたこと。もちろんプラスもたくさんあったけど、自分の中心が取れないでいた。だから自分で自分を剥《む》いていくというか、心を見つけていかなければならなかった。客観的に自分を見たかったし、お客さんに「見てほしい」っていう気持ちもあるんです。「これで僕を腐《くさ》してください」って。素の部分で腐されるなら結構。世の中は好き嫌いだから。だから今回の本も、『落語家はなぜ噺を忘れないのか』（角川ＳＳＣ新書）の時もそうですけど、あそこまで徹底的に書かないと僕自身気が済まない（笑）。

――なるほど。

花緑　あそこまで書いたほうが読み手が面白いだろうと思うので、自分の恥ずかしさを超えるんです。もうひとつ、自分自身も客観的に、「これが僕なんだ」って確認したいのは、小さんの孫をやってきた自分の決着の付け方です。これも。だからこれからも玉ねぎの皮みたいにどんどん剥いていきますよ。

――嘘は言わない、書かない師匠だということがよくわかりました。

花緑　でも、まだ自分は正直に自分を出し切れてないんじゃないか、偽物なんじゃないか。突き詰めると「そこまで求めてないよ」って方もいると思うけど、理解者も増えてくると思う。これなら花緑を信頼できるっていう、その味方を付けるためにも、おべんちゃらなことは言わず、自分自身に正直でいたい。それは出ているのかな。

（聞き手　佐藤友美）

柳家喬太郎

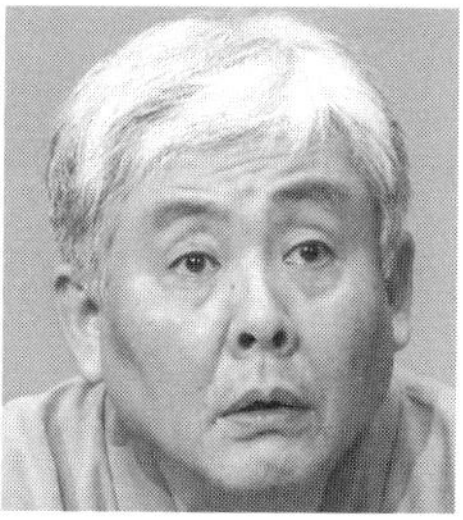
Ⓒ横井洋司

やなぎや・きょうたろう　1963年、東京都生まれ。89年、柳家さん喬に入門、前座名「さん坊」。93年、二ツ目となり「喬太郎」。2000年、林家たい平とともに抜擢で真打昇進。NHK新人演芸会大賞、国立演芸場花形演芸会大賞、芸術選奨文部科学大臣新人賞など、受賞歴多数。落語界の最前線を走り続けるトップランナーのひとり。古典だけでなく新作も積極的に発表しており、その評価も高い。

◆東京かわら版編集部よりひと言

ずーっと人気者の師匠。話していると落語が好きという情熱がいつも伝わってきます。落語と名のつくものならなんでも演るのではなかろうか。古典、新作、古典の掘り起こし、円朝もの……喬太郎の手にかかればどれもただの一席の落語なのだ。

取材場所に時おり遅れて来る師匠。申し訳なさからなのか、どんなポーズの撮影もはりきって受けてくださったり、何でもどんどん聞いて！　とインタビューも気を遣ってくださるので、遅刻してもしなくても師匠の取材はいつも楽しみです。

数年に一度、四半世紀にわたりインタビューを続けてきて、私の一方的な思いですが、共に年を重ねてきた感があります。初期は「好みの女性のタイプ」とか聞いているのに、今や「老後をどう生きるか」みたいなことを話しているのですから……。

2023年の、直近の取材場所として選んだ珈琲西武は、若手のころよく打ち合わせやネタ作りに来ていたそうで、師匠は懐かしがっていました。その後閉店（後に移転再開）したので思い出の地で取材ができてよかったです。レトロな雰囲気の表紙はたいへん好評で、ポストカードを作成し販売もしています。（佐藤友美）

2008年4月号

芸の底力

——師匠の出演される会のチケットがなかなか手に入らないという声を、最近よく耳にします。師匠を取り巻く環境の変化はありますか。

喬太郎　当人としてはそんなに変わったつもりもないんですが……チケットが取れないような芸人じゃあないと思うので、お客様に申し訳ないです。チケットを取って時間とお金を使って来てくださるわけですから、ちゃんと演らなくてはという、あたりまえの思いは、なおのこと強くなってます。

——忙しさもピークですか。

喬太郎　一昨年から去年にかけては、正直、オーバーワークだなという気はしましたけどね。何でもかんでも仕事来ると受けちゃうんですよ……。小規模な会も好きですし、そういう会だから出来ることもあると思うし。これはもう何年も前からの課題なんだけど「ネタを増やしたい」っていうのがあります。寄席へ出ると「今日は新作じゃないな」っていう日が多くて……。

――観客から古典落語の需要を感じるということですか。

喬太郎　そうですね。自分の独演会やＳＷＡとか、コンセプトのある会ならば、こちらからやりたいことを発信できますが、寄席はそういうところではないと思うので、その場の空気ですとか、あとは出演者が多いので流れを考えてやらなくてはいけない、かといって芸人の欲として、自分ももちろん受けたいし。いろいろ考えると寄席で演れるネタが少ないんです。

――師匠は「擬宝珠《ぎぼし》」や「按摩の炬燵」、「錦木検校」とか、演り手の少ないネタを数多くお持ちなので、ネタの宝庫というイメージがあります。

喬太郎　でも、「手紙無筆」とか「寄合酒」とか、「幇間腹」とか「親子酒」とか、いわゆるみんなが演るものを持ってないんです。

――ときどき「新作と古典、どちらが聴きたいですか」と言って客席に挙手を求めますね。

喬太郎　ああいうときはね、ほんとに迷ってるんですよ。

――どちらになってもすぐに取りかかれるものなんですか。

喬太郎　そうですね。迷ってるぐらいですから、新作だったらこれ、古典だったらこれかな、みたいなのはあって高座に上がるんだと思う。

――新作も古典も、演るときの心構えというか、気持ちの切り替えはあるんですか。

喬太郎　ネタによっては、ないわけでもないんですけど、基本的には古典も新作も落語であることに変わりはないし、新作だからテンション上げるとか、古典だから格調高くいくぞ、というのはないですね。

——今はどちらの需要をより強く感じることが多いですか。

喬太郎　少し前までは新作が多かったですね。最近は比較的どちらでもいい、というような感じになってきている気がします。

——以前に比べて、自分を観にきているんだなと感じることが多くなってきたりしていますか。

喬太郎　どうなんでしょう、多少は増えているかもしれません。昔だったら、地方で名前の通った師匠方とご一緒して、その前に上がって受けなくても、俺のことは誰も知らないから、って平気だったんですよ。最近は受けなかったりすると、ショックだったりするわけです。東京で喬太郎喬太郎ってちやほやされて、心のどこかで俺は高座に上がれば受けるもんだって、自分では天狗になっているつもりはないんですけど、ひょっとしたらプチ天狗になってたのかな、力ねえよなあ俺って……と思うこともあります。

——でもそこで立ち止まって自問自答する師匠だということは、みんな分かっていると思います。

喬太郎　そうですかねえ。

——自分の高座の責任が増してきている認識と、TPOを見極める力がついたのでは。

喬太郎　増したんでしょうね。TPOというのは、お客様の空気を読むということで、それは僕らの仕事ではあるけど、もっと大事なのは空気を作ることだと思うんですよね。

——空気を読んだその上に作り上げていく。

喬太郎　前座の頃、とある学校寄席で、「子ほめ」を演って下りてきたら、うちの師匠（柳家さん喬）が「今日の生徒はどうだい」って聞くので、全然受けなかったから「はぁ、まるでだめですね」

ってこたえたら、師匠は「初天神」を演って、客席の生徒たちをひっくり返して下りてきたんですよ。そのとき俺、なんて恥ずかしいことを言ってしまったんだろう、お客のせいにしてしまった、って思って。師匠は「なんだよー、いい生徒さんたちじゃねえかよ」とか何も言わない。僕が「おつかれさまでした」って言ったら「おっ」って言うだけ。かっこいいなと思ったし、本当に恥ずかしかったですね。たまにそのことを今でも思い出します。

――よく覚えていらっしゃる。

喬太郎　以前、YEBISU亭という落語会のゲストに（柳家）小三治師匠に来ていただいて、若い人の多い客席で、「出来心」をお演りになって、客席をひっくり返して下りてきたんですよ。もうねえ、かなわないどころのさわぎじゃないんですよ。ああもう、なんてすごいんだろうっていうのがありますよね。スタンダードナンバーをスタンダードにやって、あれだけ客席をひっくり返して。やっぱり芸の底力だと思うんです。自分もその力をもっとつけたい。本当は二ツ目からやっておくべきなのだけど、改めて今やらないと、いずれ俺つぶれちゃうぞ、っていう危機感があるんです。

「今、やっとかなきゃ」

――語る力の強さに関していえば、古典でも新作でも、師匠は群を抜いていると思います。笑いが多い噺ではないときも、ぐいぐい引き込まれてしまいます。

喬太郎　それはねえ、噺に助けられていると思うんですよ。たとえば円朝ものなんかでいえば、骨格がしっかりしてますし、ストーリーがちゃんとあればそれでもたせられちゃうっていうところもある。スタンダードな滑稽噺で受けたときは、やっぱりうれしいですもんね。もうぎりぎりだと思うんです。六十代になって味が出てきて自然におかしみがにじみ出るというのは、あるかもしれない。でもその前には青臭い、基本的な勉強をもっとしないと。四十代半ばの今がぎりぎりかな。今やっとかなきゃという気持ちがある。

——二十代三十代の頃と比べて、噺の覚え方に変化を感じますか。

喬太郎　そうですね。入門して18年半になりますけれども、新作をやってきたことが古典に活きていて、古典をやってきたことが新作に活きている、それがやっとまわり始めたかな、という気がしてますね。自分で掘り起こした噺も、ここをばさっと切る、なんていう構成も、新作をやっていたからこそできる。たとえば、「牡丹燈籠」なら、原作を尊重して丹念にやることも、ひとつの方法論として必要ですが、僕の場合は、何のためにやるのかって言ったら、要はお客様に喜んでもらうため。そしてそれは芸人が座布団の上で戦うためにやる作業ですから、肝を据えて原作を再構成することを、円朝師匠は絶対ご不快に思われないはずだっていう自信が、新作落語家としてあるんですよ。

——なるほど。でも師匠には弱点がないですよね、オールマイティっていうか……。

喬太郎　そんなことないです、苦手はありますよ。与太郎ものとか、啖呵《たんか》切るものとか。「ハワイの雪」という自作がありますけど、出来た頃は無我夢中でやっていたけど、1~2年やってるうちに、余裕が出てくると、観客を泣かせようとして演るようになっていたんです。ある時うちの師匠に「お前泣かせようと思ってやってるだろう、ああいうのは陽気にやったほうが哀しいんだよ」って言われて。「後半泣かせにはしるときに、明るく演るほうが、より切ないよ」っていうアドバイスは、効きましたねえ。でもこれって新作のアドバイスではなくて、落語についてのアドバイスでしょう。

——そうですね。さん喬師匠はさきほどの学校寄席もそうでしたけど、かっこいいなぁ。

喬太郎　僕ね、うちの師匠にいろんなこと言ってもらいましたよ。一番弟子だからってだけじゃないでしょうけど、前座でまだ修業中のときに「お前ね、将来何やってもいいよ、何やろうと構わない。でも、必ず噺に帰って来いよ」って言われた事もありましたね。

——予見したかのようですね。先程おっしゃった小三治師匠のように、きっと今は後輩が師匠のことを見ていると思うんです。憧れられる立場になっているご自覚はありますか。

喬太郎　ねえ……。確かに。でも僕はもう僕が入門したときのうちの師匠の年齢を超えたので、うちの師匠が41歳のときの弟子ですから。超えちゃったな〜とは思いますけど……俺が入門したとき、柳家さん喬ってもっとすごかったよ、俺は何やってるんだろうって、本当思うんですわ。

噺の持つ情念

——師匠は落語家でありながら常に落語好きの気持ちや観客目線をもってらっしゃるようにお見受けします。ありがたいです。

喬太郎　単なる落語ファンなんですね。だからどっか素人なのかなって気が自分ではするんですけど。例えば、白鳥兄さんのエピソードを喋ったときに、周りはうけてるけど、自分はその人を知らないからつまらないなとは思わせたくない。だから「白鳥さんという人がいましてね、ご存じない方は何かのあれでもって調べて下さい」と、ひとこと言うだけで違うと思うんです。そういう作業は必要だと思います。内輪受けだけにしたくない。

――そこまで気を遣うんですね。

喬太郎　落語をしゃべる職人ではなくて、芸人の部分でそういうことは考えますね。

――現在の師匠は、自作の新作落語にある、片思いの女の子に必死の思いで告白するような年代ではなくなってしまいましたが。

喬太郎　だからやっぱりやらなくなりましたよ。40にもなって「純情日記」もねえだろと。二ツ目の頃とかの方がもっと生々しかったし、年齢的に若い頃の方がギャップが少なかったのかなという気はします。

――でも、男女の恋愛というテーマは普遍ですよね。

喬太郎　だからね、僕じゃなくて若い子にやって欲しいですね。白髪頭で腹の出た44のおっさんが「えっと、あの」とか言っても客観的に気持ち悪いだろうと自分で思うんです。妻子持ちの中年が何言っとるんだと。

――でも、登場人物の年齢に関しては古典落語も同じですよね。

喬太郎　いま自分でやってて一番刺さるのは「子ほめ」。なんでかっていうといま僕44でしょ。あのくだりになると、昔は番頭さんを年上の人として見ていたのに、でも今の俺、番頭より年上〜!?

って思うんです。「どうみても厄そこそこ」と言われたら嬉しい年齢になっちゃったのかよっていう。もっと上に行くと、突き抜けると思うんですけど。今俺まっただ中にいるんだよなって。

——演者が年齢を重ねていくということを、見てる方はつい忘れてしまいます。

喬太郎　例えば「宮戸川」にしてみれば、プロの噺家さんは、芸があるから五十代でも六十代でも面白くきかせることができる。でも逆に十代、二十代の落研にしかできない落語があるはずだとも思う。自分がプロでやってることの中にも矛盾や葛藤はあるんですよ。これからは四十代の今の自分、五十代の自分の新作も作っていきたい。そのために新作から距離を置いて古典の方に行きますって意味ではなくて、古典も新作も、それは両輪ではなくてひとつのもの。一生やっていくべきもの。スタンスはもうずっと変わらないんですよ。

——一方で、師匠の作る作品には、地味で会社での出世にも縁遠く、友だちもいない主人公の、暗い情念というか、思いの強さみたいなものが、聴いてる人に自分の人生のどこかに重なってのしかかってくるような、熱が伝わってくるものもありますね。語りの底力や年齢的なこととはまた別のものだと思うのですが、師匠はその熱をどう発し、処理しているのでしょう。なりきるのですか。

喬太郎　きっと自分がそういう風になってるんでしょうね。

——同じ噺を演るときには、その都度その気持ちを再現するのですか。

喬太郎　ある程度口慣れてくるとそこまでいかなくなるかな。普通の落語をやるのと同じ。噺の持つ情念みたいなものは、お客さんは受け止めなきゃなんないですね。思いというのは強いですよね。一連の恋愛ものにしても、本当にあの通りのことがあったわけじゃないですけど、自分の思った事、傷ついた事、思いが強すぎて失敗した事というのが色んな形でもって初期の作品には、とくに入ってますね。

――師匠の作る噺は、モテる男は割と絵空事で、モテない男はすごく丹念に描きますね。

喬太郎　モテたことがないからわからないんですよ。

――今だったらモテる男が描けますよね。

喬太郎　んな事ないでしょ。今もモテてるわけじゃないから。

――モテなかった時代には、モテたいと思って努力しましたか。

喬太郎　しないですねえ。

――たとえば、好きになってもらうためにお洒落な服を買いに行くようなことは。

喬太郎　ないですね。そこが僕のよくないところなんですけど、そんなことして好きになられても、それは本当の俺じゃないと思うんです。メッキをするだけのことだって思っちゃうんですよね。今から考えれば単に努力しなかっただけなんですけどね。（略）

――一人で作品を作るのとSWAで複数で作るのとでは、できてくる作品にも違いがあると思いますが、皆で作る作業というのはいかがですか。

喬太郎　やってるときは苦しいだけですね。

――一人のときと同じですか。

喬太郎　ちょっと質が違うのかもしれません。

――別の作業という感じですか。

喬太郎　一人で突破口が見えないで苦しんでるのが、ＳＷＡの場合だと「ああそういう発想があるんだ、じゃそれ俺やらせてもらうわ」って感じで、一人で作っているときとは違ういい面がありますよね。ただ一人でずるずる作っちゃったほうが楽だなって思うシーンだってなくはないですね。最近は時間が合わないのであんまり皆で集まれなくなっちゃったので、ある程度一人でつくってる部分のパーセンテージは高くなってますけど。

（聞き手　佐藤友美）

２０２３年７月号

落語協会設立１００周年

――来年、落語協会設立１００周年があり、同じ年に私ども東京かわら版が創刊50周年を迎えます。他社のインタビュー動画を見ていたら、師匠が今年還暦を迎えられるということを知りました。

喬太郎　そうです。今年の11月30日で満60歳ですね。

――公私ともに記念イヤーが押し寄せてきてますね。

喬太郎　自分の還暦に関しては本名の僕のことだから、柳家喬太郎の記念イヤーとは思ってないんです。一個人としては「60年経っちゃったよ、還暦だよ」って思いはすっごくあるんですけど。

――近年にはコロナがあって、落語史に残る出来事だったと思いますし、改めて、演芸史みたいなものの通過点にまさに皆生きているんだなと感じまして。

喬太郎　当たり前の話ですけど、歴史的な真っ只中にいるのってものすごいことみたいですけど、後に振り返ると多分、「ペスト流行」くらいのことで終わっちゃうんでしょうね。

――一行なんですよね。

喬太郎　逆に言うと戦争だとかナントカ革命だとかわれわれ世界史とかで勉強して「そうだったんだ」ぐらいの感想しか持たないけど、真っ只中にいると「こんなに大変なことなんだ」って思いますよね。

――ほとんど全ての落語会が開かれなかったって、そんな事態が自分が生きているうちに来るなんて夢にも思わなかったです。

喬太郎　思わなかったですよね。コロナで仕事が一番ない頃、落ち込んでいたらかみさんが「二ツ目の頃こんな感じだったじゃん」って。その一言でホッとしました。逆に言えばわれわれは今落語会がいっぱいあることに慣れすぎているんですよね（笑）。

――そうですね。ごく一部の方が忙しいようにも思います。

喬太郎　今大変なのは真打になってからじゃないかな。真打昇進披露って前は「スタートだ」って言われていたでしょう。確かにそうなんだけど、二ツ目の中ではどこか卒業式みたいな感じになってるって聞いたことがあります。皆が皆じゃないでしょうけど、真打になってからも動いている人もいればそうでない人もいる。

ただまあ、皆何かやってたりなんかもするんですよね。だからホント「噺家は食えないよ」って当たり前のセリフとしてあるじゃないですか。そうは言いながら実は最近食えてたりするかなって思える時代が来てたし、落語を聴くお客さんが増えて、いろんな会が増えたこともありがたいけど、その状況が定着してきたときに、ますます格差が広がってきていますよ。落語会にもいろんな会があって僕らもお世話になっていますけど、「こんなにやってるの?」ってくらい、ある。でもだいたい出る人って決まっているので、そういう人たちは仕事があるんですよ。一方で食えない人も増えている。いま逆にまた噺家が食えない時代になっているんだろうなと思う。でもこういう話題ってなかなか話しづらいんですよね。

――おっしゃるとおりだと思いますが、難しいですね。噺家が増えすぎたこともあるのでしょうか。師匠は落語協会の常任理事でもいらっしゃいます。

喬太郎 いつでもやめたいです。

――負担が大きいということですか。

喬太郎 そりゃあ落語だけやっていたいじゃないですか。柄じゃないですし、人望もないし。

――(笑)。でも、協会員が一丸となって100周年のイベントの準備をされている。

喬太郎 そうです。1924年の2月25日に精養軒で発会式をやったということなので、来年の2月25日が100周年。だからその日を皮切りに1年かけて各寄席のお席亭にもご協力いただいて、記念興行を打っていきたいなと思って、動き出しているんですね。みんなでアイデアを出しあっています。楽しいですよ(笑)。

――それは楽しみです。

どんな噺家に

――師匠は1989年に入門したとき、還暦の頃こういう噺家になっていたいとか、理想はありましたか。「還暦になっても自作の『純情日記』をやるぞ」とか思ってましたか。

喬太郎　そんなこと思いながら修業なんかしませんからね。ただ、その途中途中で今おっしゃったようなことを思ったりはしますよね。それでたとえば、「純情日記」が一時、できねえなっていうときはあった。やっぱり変に中途半端に歳取っちゃったからできない。やったら気持ち悪いよねっていう時代。その歳を少し抜けてきたのかな、今またやってもいいのかな的な気がしてきましたよね。

――そうですね。

喬太郎　「(純情日記) 横浜篇」に関して言うと、(柳家) わさび君がよくやってくれてるけれど、彼が今風に作り変えず、あえてほぼそのままやってくれているらしいんです。それで成立してるところを見ると「今の時代に合わない、なんて考えなくてもいいのかもしんないな」って思った。わさび君が普通の落語としてやってくれてるのを聞くと、僕も自信がもらえるというか。

芸人の大きさとか格の大きさはまだ全然ダメなんだけど、ただ、タイプとしてなりたかった噺家にはなれている気がします。古典も新作も喋って、ご飯が食べられて。

――最近古典落語を良い意味で普通にやられているように思いますし、十数年前はファンも「喬太郎の新作が聴きたい」みたいなムードがなんとなく客席に漂っていたときもあったように思いますが、今はもうなくなって、喬太郎師匠の落語が聴ける、っていう喜び、もう古典とか新作とかの枠を喬太郎師匠自身だけじゃなく、ファンも成熟してきて求めなくなったように思うのですが。

喬太郎　そこまではまだまだだなって気はしてるんですよ。もうちょっとそうなったらいいなと思う。

――都内ではもうなってるような気がします。

喬太郎　都内は怖いですよ。だから、都内で独演会やらないんだもん。時々思い返す、うちの師匠からの公開小言じゃないけど、かけてくれた言葉……「手を替え品を替えで、お客様に飽きられないようにってやっているけどな、洋食屋で言えば、あの店のハンバーグが食べたいと思って来てくれてんのに、今日はこういう風に味を変えました、ではね。この店のハンバーグが食べたくて来てんのにっていうことだよ、お前」っていうお小言というか、注意をいただいて本当ありがたかった。

――観客の期待に応えたいですか。

喬太郎　期待に応えるっていうのがどういうことなんだろうっていうことなんですけど、古典も新作もやりたくてやってる。ネタ数は多いわけじゃないし、両方とも水準点に達しているのかどうかわかりませんけど、ある意味では、理想だった自分のやりたかったことをできてるわけですよね。ただ、今度は逆に、「喬太郎さんは今日は古典かな新作かな、両方かしら楽しみだね」ってなってくれるといいなと思いながら、それは実は非常にハードル高いことだったことが後々にわかるんですよね。

――そうですか。

喬太郎　「新作が聴きたかったのに……」ってがっかりする客席なんて、数えきれないほど経験してます。だから、食っていく上での生業《なりわい》としてのね、やり方が吉にも凶にも出ましたよねって気はします。

——新作についてはほぼ師匠からしか聴けないっていうのはあるかもしれないです。もちろん古典落語だって、小誌の読者なら演者が違えばどれほど違うかということを知っていますが。やはりそんな空気を感じますか。

喬太郎　感じます感じます。ただそれが勘違いのときもありますけどね。目がいいから見えちゃったりもするんだよね。でも「この人がやるものだったらなんでもいい」ってお客さんばっかりになっても怖いんです。潰れちゃうからね。

——難しいですね。

喬太郎　腹据えちゃうときもありますけどね。あと出番ですよね。とくに寄席は流れがあると思うんで。この出番でこの噺はやりませんよねってあるじゃないですか。コース料理でスープが出るとこでもって、ヒレ肉が出てきても困るわけじゃないですか。

でも、例えば「この出番、おひたしですよ」ってときに「なんだ、おひたしか」って思ったかもしんないけど、食べてみたら「なんて美味しいおひたしなんだ！　この後の料理がさらに美味しくなる！」っていう落語を僕がやらなきゃダメなんですよ。がっかりさせてるんだとしたら、それができてないって証拠なので。だからやっぱり、結局は自分が悪いんですよね。芸人は、お客様のせいにしちゃいけないと思います。

——大半の方は喬太郎師匠が見られれば（古典・新作どちらでも）いい、ではないでしょうか。今日はどういったことをやってくれるのか。主任《トリ》ではない普通の寄席だって、このつなぎの出番みたいなところでの高座を逆に見たいっていう。

喬太郎　レベルが大違いだから大変恐縮しますけど、(古今亭)志ん生師匠も、たしか(古今亭)志ん朝師匠が何かで書いていらしたのか、おっしゃってたのか。古今亭志ん生って言ったら「火焔太鼓」じゃないですか。でも「聴きに行っていっぺんも『火焔太鼓』やってくれない」っていう人もいれば、「行くと『火焔太鼓』ばっかりなんだよね」って人もいる。

──(笑)。そう、そうなんですよね。

喬太郎　そういうことじゃないですか。だからしょうがないですよね、そのときにまた「火焔太鼓」でも面白く聴かせられる腕がなければいけない。軽い噺だろうとなんだろうとそこに行かなきゃいけないいんだって。新作も古典も重いも軽いもなくとは思いますね。まだまだですよね。でも、もうあまり時間もないいんですよね。

──私は「あ、歳を取るってこういうことなんだ」っていう実感が毎日のようにあって。若いときは何かひとつのことを気にしたり、前のことをくよくよ後悔して、動悸が……みたいなことがあったんですけど、最近割と「もうそんな思い詰めなくても、まあいいや」と。

喬太郎　そうそう。

──「もう寝ちゃえ!」みたいになったりして、これも含めて老いなんだな、これが老人力(!)なんだなって思ったりもするんですけど、師匠も老いを感じていらっしゃるかどうか。歳を取って楽になったことってありますか。

喬太郎　何年かにいっぺん、「東京かわら版」からのインタビューを受けるじゃないですか。仲間と一緒の座談のときはワイワイ言ってても、若い頃の単独インタビューのときは「思春期は終わった」みたいな、わりとハードなことも言っていて。今日ね、今の俺は何を話すんだろうって正直思ってた。今まで喋ってきたような「こう戦っていくんだ」とか、「こう悩んでいくんだ」とか言うのが「俺、今回もうないから喋れないぞ」って（笑）。それが老いるってことかなと。別に今はただ毎日生きていられれば（笑）。生きるのが楽になったというわけではないんでしょうけどね。

――くよくよしないとか。

喬太郎　くよくよするんですけど、諦めもしますよね。あがかなくなったかもしれないです。ここに来て（林家）きく麿さんがぐいぐい来てるっていうのがあったりとか、当然（春風亭）一之輔さんとかは、俺が見上げてるぐらい（の存在）だから。そこで「負けねえぞ」とかっていう気持ちはなきゃいけないと思うんです。でもその一方で「こうしかできないよな」っていうのもあるんだよね。僕は柳家喬太郎だし、小原正也だから。でもそれは「この程度のレベルでいいや」っていう意味ではなくて、芸風とか思考のフィールドがっていうこと。そこであがいてもしょうがない。自分のできること、自分のスタイルの中でどれだけの高みを目指せるのか、どれだけ面白いことができるのかっていうことだよなと思うと楽になりますよね。

――一之輔師匠のことを「見上げる」とおっしゃいましたが「どうぞどうぞ〜」って前を通過させていった感じですか。

喬太郎　いつの間にか見上げてましたね。一之輔さんばかりじゃないですよね。（柳家）三三さんとか（桃月庵）白酒さん、（三遊亭）兼好さんとかって人たちは、貪欲《どんよく》ですよね。共通点はどんどんどんどんネタを増やしてる。あんなに忙しいのに、この人たちなんで、こんなネタ持ってたの？こんなのもネタ下ろししたの？　っていう印象はあります。よく仕事で一緒になる人たちなので。

――人気者が増えると自分に課される重圧が少し楽になることはありますか。

喬太郎　なんでしょうね。楽もあるだろうし、焦りもあるだろうし。でもね焦りの部分もさっき言ったみたいに楽になる感じもある。ただ今こんなこと話してて、焦ってる自分に気付くと「何焦ってんの？　そもそもお前それほどの人だったの？」と思いますよね。「それほどの人じゃないじゃん、お前。そのレベルじゃないんじゃない？」っていう風に思うと「すみません」っていう感じがしますね。

――（笑）。堂々巡りですね。

喬太郎　50歳になるときに（林家）正蔵師匠に「五十代楽しいよ」って言われて「そうかー」と思ってたら、もう六十代になるんですよ。言われたのもう10年前なんですよ。「え⁉　あれから10年経つの？」と思うんですよ。ってことは、もう明日70歳かもしれないぐらいの気持ちでいるんですけどね。焦りもあるし、体力、気力も衰えてはきてますからね。その中で最大限何ができるのかっていうことですよね。あと足が悪くなっちゃったじゃないですか。

――はい、やはり正座のしすぎでしょうか。

喬太郎　なんなんですかね。前からごまかしていたんですけど、あるとき、本気で正座ができなくなって、釈台もないし、お客さんの前であぐらかいて「野ざらし」をやりました。直さなきゃいけないとは思うんですけど、医者に通える時間がないんです「今は通っています」。皆さんご心配してくださるんですけどね。とりあえず目の前の仕事をこなさなくてはならないので。今はだから、ちょっとそっちの方に気が行ってる部分もありますよね。体が利かなくなってきたぞっていう焦り。芸がどうこうもあるけど、そっちの方もね。

——釈台の高座姿も見慣れてきました。釈台になって、視界の違いから噺の仕草を変えたりとかしたことは。

喬太郎　自然にやらなくなった噺がありますよね、「紙入れ」やらなくなりましたね。

——「幇間腹」とか。

喬太郎　まさに！　やらなくなりました。ただまあこの状態で「幇間腹」をどうやってやるかっていう面白い今があるかもしれない。一方でこの噺は釈台置くとなんてやりやすいんだろうっていう噺もある。「ぺたりこん」とか。かえって楽だから、マクラが長くなったりなんかして。

噺家の年齢の重ね方

——師匠のさん喬師匠も権太楼師匠も七十代半ば。あたりまえですが、順当にみなが歳を重ねて。

喬太郎　そうなんですよ。権太楼師匠もうちの師匠も雲助師匠も。一朝師匠も、もう七十代ですよね。

——あっという間に経ちましたね。

喬太郎　そうなんです。だから「いくつまで生きられるかしら」とかって以前は冗談っぽく言ってたのが、それちょっとリアルな話だねってなってきますよね。

２０１９年に30周年公演「ザ・きょんスズ30」をやりましたけどね、この先、芸歴50年、75、76歳を過ぎたらその後10年は生きたいですよね。人生最後の10年間は本当にやりたい噺だけ、らくごカフェみたいなところがまだあったら、ふた月にいっぺんぐらい使わせてもらって。30人でもいいからっていうようなところでもって、ただ喋って、たまに寄席に出てたりしてみたいな。余生って感じで、落語おじいちゃんみたいな10年間を最後にとる。そのためには八十代半ばまで生きなきゃならないですけど、まずは50年まではやらなきゃなとは思いますけどね。ま、おいおい終活に入って。

おかげさまで、うちの師匠世代の方々はお元気ですからありがたいんですけど、七十代半ばで亡くなる師匠も非常に多い。談志師匠、先代圓楽師匠、当代圓楽師匠、円丈師匠。

——確かにそうですね。

喬太郎　でしょ。うわーって思うんですよね。もし自分がそうだったら、還暦から干支一回りで72歳ですからね。あと干支二回りは生きたいなと思いますよね。ただなかなか難しいかなと思ったりすると、それまでに何ができるんだろう。うちの大師匠、五代目柳家小さんも87歳で亡くなっているでも、87歳の誕生日を超えても高座に上がってましたから。あとは何より（三遊亭）金翁師匠ですよね。ああなれたらもう理想中の理想です。ただ自分はもう体にガタが来てるっていう。

でも、「こいつ釈台であぐらで落語やんの？　なんて失礼なやつなんだろう」っていう雰囲気は今のところ感じない。ウケるときはウケるし、ちゃんと聞いてくれる。お客様に甘えてはいけないけど、釈台を置いて出せる１００％の力っていうものを探していってもいいのかな。ただ、もちろんいつかはまた正座はしたいと思いますけど。なんだか予想もしなかったような状況になってきたので。

――なるほど。

喬太郎　あと最近ね、去年今年あたり、こんなの二ツ目のとき以来じゃない？　ってくらいちょっといい感じで新作ができてる感じがします。ここのところは大ヒットじゃないけど持ちネタとしてカウントしていいんじゃないっていうぐらいのものができてるので、楽しいかな。

――すごくいい状況ですね。

喬太郎　「こんな軽い噺をネタ下ろしで……」っていう罪悪感は最近なくなりました。「落語は落語じゃん」と思う。お客さんががっかりしたらそれはつまんなくやってしまった俺が悪いんで。「普段の袴」とか「親子酒」とかもちょっと最近他でもできるようになってきましたんでね。だからそういう意味では落語を面白がれるのかな。ウケなきゃいけないとか、強迫観念みたいなところで作る新作ではなく、お客さんの反応見ながら何度もやって、ちょっと面白くなっていく新作が、若手の頃の感覚に近い気がします。また今最近のネタで、落語喋るのが楽しくなってきてます。奇《く》しくも還暦になる年にそうなったのは本卦《ほんけ》還りじゃないけど、噺家としての子供に戻るっていうのと、リンクしてるのかもしれないですね、今思ったことだけど。この気持ちが続いていけるようであれば、その中からまた大ネタを覚えてみようとも思うんでしょうし、ちょっと体力なくなってきたけど、こんな風に噺を作ってみようとか、（三遊亭）白鳥兄貴みたいに十話連続みたいなものも作ってみたい気持ちはあるし、やっぱり主任取れる新作も作りたいっていうのも、もちろんまだあるわけですし。それで古典の連続ものもまた挑戦したいのがありますし。でもそれってなんか、今言った基本的な古典落語とか、新作を作ることが楽しくなってきてるからこそ、またできるんじゃないのかな。だから、プチ歳を取って、七十代とか七十代後半とかっていうところに行く前の「さあさあ、そろそろお年寄りっていうこと考えなさいよ」っていう歳になってきつつあるときなのかもしれないですね。楽しめるといいなと思いますね、落語がね。

――私までワクワクしてきました。

喬太郎　良くなればいいですけどね。

――新作の方は若手がどんどん自由にやっていると思うんですけど、古典は、師匠たちが演劇や映画をたくさん見慣れてる世代だと思いますがそのことを手法的に活かしてる人って少ないように思います。

喬太郎　なんでしょうね、落語は落語としてやりたいっていうのもあります。持ちネタの中ではそういう噺もあります。『うどんや』や『猫久』は崩さない」とか。

――柳家という意識が働く。

喬太郎　それもあるかもしれない。今より若いころ、仕事をくれる事務所の社長から「現代をやれ」って再三言われるのがすごく辛かった。ただ、今になってみると、ウルトラマンの落語を作ったりとか、自分なりに好きで見てきたお芝居とかは自分の高座に活きてるかなとか、好き放題好きな歌を歌ったりとか、おかげ様でお客さんにウケたりと、現代ってこういうことでも良いんだ、って思った。だから「こうしなきゃいけないんだ」という固定観念で、殻に閉じこもってたら、もったいないよとは思います。せっかく潜在能力があったりする人たちには最低限踏み外さないよう、破廉恥《はれんち》にならなければ、後は自由にやってくれるといいですよね。

――その最低限のガイドラインって、楽屋でなんとなく伝わっていく。

喬太郎　そうですね。程とか加減とか、あると思いますよ。（略）

喬太郎、大人の入口に立つ

喬太郎　最近、今まで知らなかった地域寄席2つからご依頼があって。地域寄席をやってる人たちが「喬太郎呼んでみよう」って思って呼んでくれるって、なんか噺家の大切にしたい根幹の部分じゃないですか。嬉しくて。もちろん大きい会場の会も、地方も都内もありがたいんですけど。

――忙しいと思われていたのではないですか。良い意味で、普通の素敵な落語協会のベテラン真打のひとりっていう感じがします。

喬太郎　だったら嬉しいですね。その会には過去に（柳家）小里ん師匠とか（古今亭）志ん橋師匠とかが行ってらっしゃるんですね。嬉しいじゃないですか。そこに俺を呼んでくれるって。別の意味でまたひとつ認めてもらった感じがするのが、ありがたい。

――なんだか本当の、大人の入口に立った感じがしますね。

喬太郎　そう！　大人の入口に立った。そう思うと面白いですよね。そういう楽しみはまだいくらもあるんだなって気はします。

（聞き手　佐藤友美）

柳家三三

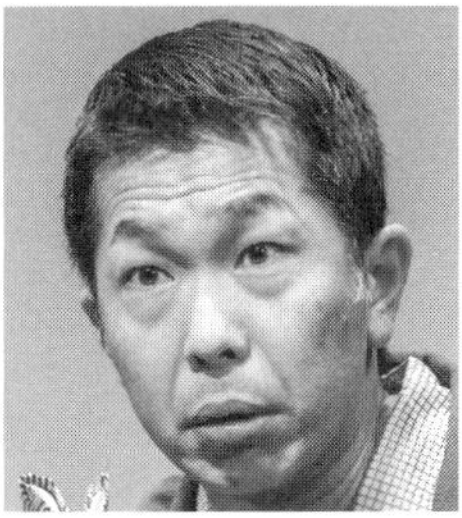
©横井洋司

やなぎや・さんざ　1974年、神奈川県生まれ。93年、十代目柳家小三治に入門。前座名「小多《こた》け」。96年、二ツ目に昇進し「三三」。2006年、真打昇進。若手時代から受賞歴多数の実力派。古典落語に真正面から取り組むその高座は、絶大な人気がある。講談にも造詣が深い。近年は三遊亭白鳥作の新作落語にも取り組み、熱い支持を得ている。

◆東京かわら版編集部よりひと言

慎重に考えながら訥々《とつとつ》と紡《つむ》ぐ言葉に、嘘はないんだろうなあと思わせる真面目な対応で、当時の高座の印象と同じだったことを覚えています。

今読み返すと、「自分が落語をやることに何の意味があるのか」と悩み行き詰まっていたときがあったなど、苦悩する若手の時代があったんだなあと思ったり、「演者も観客も〝出〟には注目したり気を使うけれど、高座を終え、引っ込むときにはあまり意識がいっていない」という志ん朝師匠から指摘があったという逸話も興味深いです。また、志ん生と文楽の高座の比較も面白い。どちらがより高座で自由だったかの問答はワクワクするような展開でハッとなりました。結果としてはどちらもすごいし、どちらも名人なのですが。

二ツ目のころからひょうひょうとした雰囲気はありましたが、師匠である柳家小三治が亡くなられてからは、高座がよりいっそう柔軟になり、自由に、楽しそうになってきている（気がします)。噺の滑稽味も増したように思います。

常に悩んで迷って、そこから今ここにこんな素敵な三三師匠の高座があるところまで、ひと続きにつながっているのだなあと感慨深くなりました。

(佐藤友美)

2001年1月号 演芸界若手の星

〈柳家三三、男26歳、その半生〉

幼少期 昭和49年7月4日、小田原市に生まれる。2歳年上の兄、3歳年下の妹、父母、祖父母に囲まれてすくすくと育つ。
小学生 市立芦子小学校入学。1年生のとき、テレビの『演芸指定席』(『日本の話芸』の前身番組)で「文違い」を見る。これが初めての落語との出会い。親にねだって買ってもらった先代の柳《りゅう》亭燕路《ていえんじ》著『子ども落語』に爆笑、落語一人語り(クラスの皆を集めて語るのではなく、友人一人を教室の隅に呼んで、こそこそと落語のストーリーをただ話す)にはまる。2年生の時、初恋を経験。同じクラスだった杉橋ちえさん。明るくて元気で、自分にないものを感じた。『小さん落語全集』(全3巻)を入手。落語にはまってゆくのと同時にテレビの『私鉄沿線97分署』に出てくる鹿賀丈史《かがたけし》に憧れる。
中学生 市立城山中学校入学。陸上部に所属。やる人があまりいないし、長い目で勝負できるからという理由で、長距離をやる。この理由は偶然にも噺家になりたい理由と重なる。忘れもしない昭和63年8月20日、かねてから望んでいた寄席へ、両親に連れて行ってもらう。生の落語初体験。当時は『東京かわら版』の存在も知らず『ぴあ』を片手に浅草演芸ホールへ。開口一番は三遊亭歌ちわり(現・三遊亭多歌介《たかすけ》)。生で見た最初の落語家はこの人となる。トリは柳家小せんで、他に柳亭小燕枝(現・柳家さん遊)、柳家小三治、柳家せん八、林家とんでん平らが出演、無我夢中で見、一人一人のしぐさ、演目が鮮明に目に、心に、焼き付いた。

3年生の時、高校に進学せず、噺家になろうと決心、柳家小三治の門をたたく。が、高校卒業後に来るよう、諭される。

高校生 成績は大変良かったため、大学進学率100パーセントの名門、県立小田原高校入学。バドミントン部に所属。マネージャー的雑用まで、てきぱきとこなす。1年の夏、好きになった女子に初告白。デイトに誘ったが「つきあっている人がいるから」という理由であえなく失恋。2年になって、その女子に告白されるが、その時はもう他に好きな子がいたので断る。タイミング悪し。この頃、成人誌の買い方を覚える。出来るだけ家から離れている本屋に行き、一度使った本屋には二度と行かない方式を採用。一般の思春期男子平均に比べて、数量的にはそんなになかった(本人申告による)。ギャンブル(主にパチンコ)・酒などは、この頃にいくらかやり、「自分には合わない、もういいや」と感じる。進学するつもりはさらさらなかったので、受験勉強をする学友を尻目に、落語へ傾倒しつつ、地元のビヤホール「ライオン」で皿洗いのアルバイトをする。

入門 平成5年3月、卒業と同時に晴れて入門。「柳家小多け」の名前をもらう。初高座はその年の9月に新宿末広亭にて、柳家はん治師に習った「道灌」。気の利く、使える前座として名を馳せる。

◆**二ツ目**　平成8年5月、二ツ目に昇進。師匠小三治が付けてくれた名前「柳家三三」になる。同期の柳家小太郎［現・柳亭左龍］と二人会を始める。池袋演芸場のお茶子と愛をはぐくみ、結婚。翌年男子誕生。二ツ目になったら、着道楽になろう、と思っていたそばから、子供服になっていることに気付き、愕然とする。

最近　趣味は本を買うことと、講釈を聴くこと。六代目一龍斎貞山と五代目神田伯龍のテープは本当にすり切れるほど聴いた。講釈の魅力は格好いい、様子がいい、聴いてて気持ちがよい等。出来ることなら、タイムマシンに乗って昔へ行って寄席を見たいと切に願う。噺家になってよかったことは、好きなことをやって暮らしていけること。嫌なことは、好きなことで苦しむこと。最近気になっていることは「将来に対するぼんやりとした不安」。十八番のカラオケは「東京ラプソディー」と「過食症の君と拒食症の僕」。橘右楽さんからは「二度と俺の前で歌うな！」と言われるほどの実力らしい。手近な目標としては『東京かわら版』の索引の自分の所を2行にすること」

古典落語の正統な表現者として今後も活躍が期待されます。

（構成　佐藤友美）

2010年8月号

興味深い存在でありたい

——10年ほど前、二ツ目だった師匠に取材したときは、将来の目標は小誌の索引に2行以上出ること、っておっしゃっていましたが、今やすごいですね。

三三　文字が大きくなったからじゃない？（笑）　単にそのおかげですよ。

——師匠の噺はわかりやすくすーっと頭にはいってきて聴きやすく、そしていい意味で最近は以前よりご自身も高座を楽しんでいるようにお見受けします。

三三　噺家になって十数年、人前に出て噺をするからには、ちゃんと伝えなくては、ということしか考えてきませんでしたが、ここ2年くらいかな、自分の意識の中で、「ちゃんとやらなきゃ」という縮こまった感覚がなくなってきたように思いますね。

——いいですね。

三三　自分が頭の中でイメージした景色を、聴いているお客さんにもそのとおりに伝え、頭に描いてもらうことに固執しなくなりました。正確に伝えようと声に出した途端、意味はもうずれていくものだから。

——発声するそばから、受け取った側のものになってしまうんですね。

三三　その辺に対する責任感というかプレッシャーがなくなった。京極夏彦《きょうごくなつひこ》さんの小説に〝思いは言葉にした時すでにずれて、聴き手が受け取るとまたずれる〟というようなことが書いてあって、なるほどと。開き直ることができました。

——高座を楽しむ余裕も感じられます。

三三　自分が面白いと思うものをやるスタンスは変わらないんですけど、その日の自分とお客さんとがうまく折り合いがついて、楽しい空間、時間をともに過ごせたらうれしいです。例えば、漫談は聴いているお客様に向かって話すけど、落語は基本的に登場人物、当事者同士の会話を聴くというスタンスですよね。

——そうですね。

三三　その会話を押し付けるのではなく、なんだろう？　と観客が思わず身を乗り出して見入ってしまうような。投網《とあみ》で客席全部をつかまえにいくのではなくて、ざるをおいて餌をまき、近寄ってくるのを待つような、そういう感覚。そのために餌であるパーソナルな人間としての魅力が一番大きな要素だと思うので、そこが自分にとっての課題かなあ。

——柳家の教えである人格をまずは磨け、ってことなのかしら。

三三　結局そうなんですよね、「芸は人なり」と言う五代目小さんであったり、小三治であったり。そういう素敵だなって思う人を見て育ってますからね。

——納得です。

三三　操る言葉がどう、というよりは、見た人がつい目が離せなくなってしまうというような、興味深い存在になりたいですね。そういうことを言っちゃう時点で、もうだめかなと思うけど（笑）。

志ん朝のアドバイス

——師匠の出は独特なフォームですね。

三三　よく言われます。あのね、実は出よりも、引っ込むときのことをいつも考えているんですよ。二ツ目勉強会で志ん朝師匠が「噺家は、出てくるときは愛想がよくて、頭下げて帰るときはスタスタと、なんの愛想もなく、帰っていく人が多いんだよねって、お客さんに言われたことがある」と皆に話してくれたんです。それから引っ込むときを気にするようになって、客席を振り返りはしないけど、完全に引っ込むまでは、まだお客様に心を残していますよ、という気持ちでいます。他の演者よりも帰る時間が長いかもしれない。

――言われて見れば確かにそうですね。

三三　だんだんゆっくり引っ込むようにしたら、お客さんがクスクス笑うんです。何でだろうと思っていたんです。ある日、自分の高座の映像を見て、なるほどと思った。俺、歩き方がヘンだわ（笑）。その引っ込みのペースが出にもうつってしまったんだと思いますよ。出はね、意識してなかったんですよ。お辞儀して顔をあげるまで、客席を見られないし。しゃべっていないときに人と目があうの、こわいんです（笑）。

――そんな感じがします。どこからどこまでが、自分の仕事の範囲内か、っていう意識が、噺家それぞれで違うんですね。

三三　しゃべっている時間が魅力的な時間であればいいと思ってますが、でもあれだけ、出のことを言われるようになると、そろそろ普通に歩いてみようかしら。

――師匠は素の自分を知られたくないんですか。

三三　素の自分は「落語とったら、なにも残ってないよコイツ」って人間ですからね。そんな人間の素の姿なんて……恐ろしいですよ。

――どんなときが素なんですか。トイレにいるときとか？　家族といらしても、夫や父親の役割を演じているかんじですか。

三三　そうやって考えていると、本当の自分なんてものがもう幻想として抱いているものでしかないのかもしれないですね。

――ご趣味はなんですか。そういうのに没頭しているときはいかがですか。

三三　最近はクラシック音楽を好きで聴くんですが、指揮者などの本を読むのも楽しいです。でも、自分が同じプレーヤーとしての気持ちで読んでいることに気付いたんです。そう思うとこれって趣味なのかな？　って思ったり（笑）。

――同じ演じ手としての視線。

三三　音楽の指揮者とオーケストラは、リハーサルでありとあらゆる可能性を追求して、本番ではそれをふまえたうえで、でも本番はそのとおりなぞるんじゃなくて、こうなっちゃったんだからしょうがないじゃん、今日はそれで、っていう。すごくイキイキとして素敵だなあ。ところが今の自分は、そのリハーサルの部分なしで出たとこ勝負をやっている。これはまずいだろうと反省しました。

究極の高座とは

三三　小一のとき、初めて落語を聴き――「文違い」だったんですけど――面白いと思ったんです。こっちでダマされて、こっちで同じセリフをはからずも言ってしまう、という、よくできた仕組みだなーと思ったんですよ。

——小一で「文違い」。ませてるなあ。もっと子どもらしく「寿限無」とか、聴きましょうよ（笑）。

三三　（笑）。以前はその噺の仕組み自体が大事で、そこに登場人物を配すればと思ってましたが、今は、まず人がいて、はじめてたまたまその物語が生まれたと思うようになりました。僕はたぶんまだその程度の噺家だと思います。ありとあらゆる表現ができる人間になった上で、あえてそれをしないのが理想です。理想は棒読みですよね。棒読みなのに人が興味をもって聴いてしまう。つまりは、その後ろに感じるものがあるんでしょう、という極めてシンプルなかたち。言葉数も少なくして、表現の方法を抑え、聴き手が勝手に想像する、行間の多い、余白の多い落語。今はこうやって普通にしゃべったって、情報量が多くて理屈っぽい。これをなくしたい。

——小津《おづ》安二《やすじ》郎《ろう》の映画を思い出します。

三三　僕が今まで聴いた中でいちばん理想に近いなって思うのは、四代目の小さんです。音が数本残ってます。はじめて聴いたとき、なんだこれ？　って思った。本当にこれが、目白（五代目小さん）が「この人は名人だ」って言った人なの？　って。でも何回も聴くと楽しくなってきた。その人の魅力もあるんですけど、自分自身が余白に付け加えることができるようになり、イメージをふくらますことができたからなのかもしれませんけどね。

——観る方もいいものがわかる体力を付けないといけませんね。

三三　お互いにですよね。

——出てきて言葉少なにつぶやくだけで、観客が感じ入って泣きはじめたら、なんだか前衛芸術みたいですね。

三三　でも今それを演ったら、単なる表現力のない人でしょ。

──長生きして、師匠の棒読みの高座を見届けたいです。

三三　とか言いながら、死ぬまで理屈っぽい噺家で終わったりして（笑）。果たせずに死んじゃうのかな、とも思いますね。人には器がありますから。でも、謙遜をしたり、自分なんかまだまだですと言ったり、そういったマイナス思考は、裏返すと、ものすごいナルシストなんですよね。自分がどれほどのもんだってことじゃないですか。先に可能性があるから謙遜が言えるんですよ。おまえそんな器じゃないだろと言われればそのとおりですよね。

──うーん、どこまで深読みしていいのかしら……。

身体の中で鳴る音

──11月の会では大ネタに挑戦です。

三三　今年はほとんどネタおろしをしていないので、何かを自分に課さないとと思ってました。初代談洲楼燕枝作（講談の伊東花楽との合作との説もあり）の「嶋衢沖白浪《しまちどりおきつしらなみ》」を演ります。先代の馬生師匠が（その中の一部である）「大坂屋花鳥」をお演りになってましたが、ある程度、3日間で通したものとしてやりたいと思っています。まだ、どういう構成になるかわかりませんが。

──やりたくなったきっかけは。

三三　普段は心にひっかかってくる噺をしゃべりたいという感じなのですが、日々の中で、あれ、この場面ってあの落語のあの場面と同じじゃん！　って思ったとたんに、今まで見向きもしなかった噺を急に面白く感じたりします。逆に以前、あれほどやっていたのに、できるでしょ？　って言われても、もう筋もよくわからない……ぐらい忘れてしまうこともあって。それで自分に負荷をかけなくてはいけないと思ったのが11月の会です。

――長講は円朝ものをはじめ、いくつかおやりになってますね。

三三　はい。先人の作ってきた歴史があり、これからもずっといろんな方が受け継いでいくであろう中で、今自分がここにいられるんだと思います。そういう流れを伝統という言い方をしてもいいけど、その重みは十分に意識したうえで、でも、伝統のためにではなく、自分が楽しめることが一番ですね、今のところは。

――そういえば、師匠は「五貫裁き」や「不孝者」、「五目講釈」など、演り手の少ないネタも多いですね。

三三　客観的に聴いて面白いかどうかはもちろんですが、ほかに演り手がいないから、っていうのもあります。雪の日に誰にも踏まれていないところを歩く楽しさというのかしら。

――聴くと面白いので、演り手が少ないのを不思議に感じます。

三三　僕がその噺の世界に魅力を感じているんです。教わるのもありますし、明治・大正の資料を引っ張り出してきて、組み立てるのもある。ただね、若干いかんなあと思うのは、人に聴いてもらって、自分では気付かなかったところを指摘してもらう作業を、最近すこしおろそかにしていること。それがないと、どうしてもひとりよがりになってしまうので。

――人から教わったときも、資料研究はするんですか。

三三　しますが、あんまり事細かに調べすぎちゃうと情報が過多になってしまうので、うまくつきあわないと。さっきも言ったように、この師匠に教えていただいているんだという、脈々と受け継がれている伝統を意識したうえで、あるいは本を読んでも、自分が高座でしゃべるときをイメージしながら、身体の中に響かせます。入ってくる音と身体の中で鳴っている音が、もうすでに変換されていますからね。

——意味ではなくて音ですか。

三三　音も大きな要素のひとつです。

——師匠のお好きな講釈でも音や流れは重要ですよね。

三三　そうですね。（宝井）琴柳先生にお稽古していただけるようになってから、ただずらっと言葉を並べるのではなく、言葉のどこを自分がいちばん大事にして、どこは捨ててよくて、っていう選択をひとつの流れの中で考えるようになりました。修羅場の稽古を、それこそ教科書みたいに本を読むところからさせていただいて、一時は落語の稽古を全然しないで修羅場の稽古ばかりしていたことも（笑）。

——元からお好きでしたか。

三三　入門前から好きでしたけど、のめり込んだのは二ツ目になってすぐかな。「五目講釈」をやるのがきっかけだったかも。

——でもまさか後年、釈台を置いて、張り扇おいて、やるようになるとは（笑）（今年の5月9日、横浜にぎわい座の「特選講談」の会で、三三は「国定忠治」の〈上〉を口演。〈下〉は琴柳）。

三三　自分の会ならいいですけど、講釈を聴きにきているお客様の前で、しかも楽屋には国宝（一龍斎貞水）がいらっしゃるし、久しぶりに手足の縮こまった経験でした。

――今や浪曲界に市馬、講談界に三三ありですね。

三三　いやいや、あちらはスカウトされていますから（笑）。いろいろな影響あってこその今だと思っています。師匠・小三治のところに入ったこと、多くの師匠、先輩方から教わったこと、そして講釈をはじめ落語以外のものに触れたうえでの今。自信なんてないから、これからもどんどん変わっていくと思いますよ。この号が出るころには、今日しゃべったことと全然違うこと言ってたりして（笑）。

――それは……困っちゃいますね（笑）。今日はありがとうございました。　（聞き手　佐藤友美）

2013年4月号

（略）

噺の稽古より厳しい?!

――旅と言えば岩手県の安比《あっぴ》での小三治一門のスキーツアーは今年も行かれましたか。

三三　行きましたよ。来年で30年って言ってたかなあ。

――ご一門の方は行ったら皆さんスキーなさるんですか。

三三　やらない弟子もいますけど、行ったらスキーしないとやることないですよ。

——かまくら作って遊ぶとか。

三三　一週間もかまくらは作れない。

——確かに（笑）。

三三　数年前、うちの師匠が志ん朝師匠と一緒にスキーをやった思い出の地だというイタリアのコルチナ・ダンペッツォに行くというから、僕と三之助はスキーやらなかったんですけど、「イタリア行ってみたいよね〜」って旅費の積み立てして。途中からだんだんと「スキーせざる者イタリアへ行くべからず」みたいな。

——おふれが（笑）。

三三　そのうえ、いきなり初めてやるのがイタリアとはふざけるなと。イタリアへ行く者は安比に来ること、っていう厳命が下りまして（笑）。僕も三之助もスキースクールに放り込まれ、夕方師匠達と合流して1、2本滑ったらそれを小里ん師匠や〆治兄さんがビデオで撮影してくれて、ご飯終わってお風呂も済んでから、師匠の部屋に集まってそのビデオを大映しにして1本1本見ながら、みんなで講習会。

——き、厳しいですね……。

三三　レジャーじゃない、合宿です。うちの師匠に落語の稽古してもらったことないんですけど、スキーはずいぶんアドバイスもらいました。

——そんなスポ根など一門とは知りませんでした。

「柳家」ではなかった僕

三三　去年の1月末、僕が喋ることに何の意味があるんだろうと思うと辛くてかなり煮詰まってしまって、これ以上噺家続けるのはどうなんだろうかっていう状態だったんです。高座に上がって虚しいと思ったのは初めてでしたからね。そんなとき、うちの師匠と旅へ行って「落語って何が面白いんだ」っていう話をしたんですよ。楽屋でほんの数分だけど。そのときに師匠は「面白いことを言って笑わすとか、この落語を俺がこうしたとかっていうことではなくて、聞いてる人がその物語に興味を持って『どうなっていくんだろう』って一緒ンなって楽しむ。登場人物と同じ空間にいて、笑ったりドキドキしながら事の成行きに興味を持って見守る。そういうのがいいんじゃないか」と。

——はい。

三三　それには、くすぐりで笑わせようと演者が前に立ちはだかるのは噺の邪魔になる。落語はそのままでも面白いんだから素直に演ればいい。もちろん稽古も工夫もしなきゃいけないんだけど、落語の面白さを最大限に表現するためにはどうするかということですよね。

——そうですね。

三三　演者もお客さんもこの噺がどうなるか知ってて、でも中の登場人物だけが知らないという状態。例えは良くないんだけどドッキリカメラみたいですよね。

——なるほど。

三三　だからこそ落語の中の登場人物は予定調和じゃなくて、ライブな反応があるから面白い。子どもの頃、なんで僕は落語を面白いと思ったんだろうって思ったら結局そこなんですよ。「この人たちはこの先どうなるんだろう」ってドキドキしてる、中学生で初めて寄席に行ったときの僕が喜ぶ落語。これが楽しいと思った原点。考えてみれば、だからこそ小三治ンとこ入ったンだろうと。うちの師匠がそうやって落語演ってたから気持ちよかったんでしょうね。

――思い出したんですね。

三三　噺家になって何度か、急に目の前が拓《ひら》けたみたいな瞬間もありましたけど、軸足になるところがここだなっていうのが、20年掛かってやっと、初めてわかった。今まではいろいろブレてました。ウケるためにはどうしようってそればかりで、子どもの頃なんで落語が楽しいと思ったのかをあまり考えてきませんでした。

――落語家ではなく、落語そのものを楽しんでもらう。

三三　夏目漱石の『三四郎』の中で「小さんは天才である」から始まる有名な三代目小さん論で「円遊（初代）は円遊の演じる幇間だから面白い、小さんは小さんを離れた幇間だから面白いんだ。円遊の幇間から円遊を隠してしまうと面白さがなくなってしまう、小さんが演じる人物からいくら小さんを隠しても人物は躍動するばかりだ、そこが偉い」っていうんですよね。僕、今まであまり人には言えませんでしたけど、1年ぐらい前まで「小さんじゃなくていいんなら円遊の方が偉いじゃん」って思ってたんですよ。

――けっこう最近ですね。

三三　師匠に「魅力的な演者でなければ落語は魅力的にならない」と言われたこともある。これを僕は、演者の個性を前面に出して「これがオレらしい落語だ」って主張してゆくことだととらえていた。ところが、演者がふっと引いて人物だけが動いてくれた方が聞く方が想像できる、素直に楽しめるって考え方をした時に、初めてこの漱石の言葉が、「ああ！　なるほど」と。そしたらうちの師匠の言ってることと通じて、あ、これが「柳家」かな、と。

――腑に落ちた。

三三　今まで僕のことを「柳家の若手らしい」って言ってくれる方も多かった。でもカミングアウトします。20年間柳家の了見ではありませんでした（笑）。客は演者を見に来て、演者によって噺が面白いか面白くないかが変わる。それには魅力的な演者でなくちゃ面白い噺はできないんだって思うと、僕にとっては「円遊の方が」っていうのに繋がっていた。でもそれを嚙み砕いて考えてみると、その噺を語る演者が面白いと思って喋る、でも自分が前に出ないで噺そのものってこう面白いんだよねって描くと、演者が前に出ないようでいながらフィルターを通してますからね。同じ噺を聞いても何をどう面白いと思うか。表現の仕方は一つではない。

――はい。

三三　多様な物の見方ができるから魅力的な人もいるし、視野が狭いからこそ魅力的な人も多い。

――そうですね。

三三　どちらにしてもそういう人って何をどうするんだろうって見ちゃう。

――確かに目が離せないですよね。

三三　天満《てんま》敦子《あつこ》さんというバイオリニストがリサイタルをやったときに、丸山眞男《まるやままさお》が聴きに来たんですって。終わって楽屋で「演奏はとてもよかった。でも一つだけ注文がある。聴き終わった後に

『天満敦子のバイオリンはいいね』ではなくて、帰りにみんなが『今日はいいシューベルトを聴いたね、いいベートーベンを聴いたね』っていう感想を持つようなバイオリン弾きになってもらえると、もっといいんじゃないか」って言ったんですって。天満さんは戦慄して「何十年もバイオリン弾いてるけど、あんな怖いこと言われたのは初めて。今まで自分が信じてきた勉強のやり方、バイオリニストとしてのあり方を根底から変えなくてはいけないかもしれない」って友人に言ったっていう。

——すごいですね。

三三　その音楽の持つ魅力をきちんと把握して、自分の普段の研鑽《けんさん》に捧げなくちゃいけないと。つまり楽曲を使って自分の良さをアピールしたり、自己表現の手段として音楽をするんじゃなくて、一番素敵だと思う形で演じると、結果として自己表現につながる。この考え方、今の自分にすごくしっくりくるなって思いましたね。僕もやってきたことをかなり変えてかなくちゃいけない。今まで柳家の了見じゃなかったから。

——でも今までがあったからこそその境地に辿り着けたんですよ。

個性と無私が表裏一体ですよね。八代目文楽のネタの数が少ないのもそういう気持ちが強かったのかなって、ちょっと今思いました。

三三　うちの師匠が「みんなは（八代目）文楽がいつも代わり映えがしなくて志ん生は自由闊達《かったつ》だって言ってるけど、俺からすれば文楽師匠の方がいつも違ってた。どちらかといえば志ん生師匠の方が同じだった」って言ったことがありますよね。文楽師匠だっていろんな精神状態の日があるのにいつもあそこに持って行けるっていうのは、毎日内面で違うアプローチの仕方をしないと出来ないってことかなあ。

——でも逆に志ん生師匠は、その日の気分そのままで、車で言えばコンディションや地面の状態に関係なくアクセルの踏み方がいつも同じだから、違う走り方するしどこ行くかわからないってことですよね。

三三　これは文楽師匠への誤解を解くためのロジックだと思いますけどね。うちの師匠は志ん生師匠の言葉ですごく大事にしているものがありますし。

——名人二人は正反対のアプローチで面白いですね。

三三　でもね、柳家の了見に気づいたところでお客さんを前にしたときに実践出来ない自分がいます。今までやってきた慣れっていうか、20年過ごしてきたノウハウが知らないうちに出ちゃいますからね。

——柳家の了見じゃないときの（笑）。日々、どんなお気持ちで高座に上がってらっしゃるんでしょうか。

三三　意識した部分が集中して高座で実行出来てるときって楽しいですよ。落語の魅力が最大限発揮されるための作業をしてると、僕の一番悪い癖であるお客の顔色を気にしながらブレるっていう余地が少なくなるんでしょうね。これまでは軸がないから、いい案配で合わせるんじゃなくて、おもねってブレてたわけです。それがちょっと解消されてるんでしょうね。

——そうですね。

三三　でも、自己表現の手段として落語を使うことで、ものすごく喜んでもらってたくさんのファンを獲得してる人もいる。いい悪いじゃなく好みですよ。

――聞き手はどちらをえらんでもいい。己が前面に出ている方が聞き手は疲れないのかもしれないですね。これから落語を見るときに新たな視点が持てそうな気がします。

三三　でもね、落語家の一番素敵な姿はこういうことを言わずに黙って演ることです。

――通訳もいてくださらないと。宣伝しないと知られないですし。これは噺家さんの矛盾した宿命なんでしょうか……。

（略）

（聞き手　田谷悠紀）

三遊亭兼好

さんゆうてい・けんこう　１９７０年、福島県生まれ。98年、三遊亭好楽に入門、前座名「好作」。２００２年、二ツ目に昇進、「好二郎」。08年、真打昇進し「兼好」。地域寄席から大ホールまで、多忙を極める、五代目円楽一門会のエース。軽妙なエッセイと洒脱なイラストにも定評があり、「東京かわら版」の人気連載「お二階へご案内～」は２度書籍化されている。

◆東京かわら版編集部よりひと言

２０１２年６月号より「お二階へご案内～」を連載中の兼好師匠。ホームページのコラムが面白く依頼しました。本文と落語の場面イラストが届き、編集部でふさわしいと思うタイトルを捻《ひね》り出します。ゲラは師匠の奥様が確認するのですが、たいがい新タイトル案が。それが秀逸で膝を叩きながらも敗北感を感じています。内容は奥様の悪口が主で、それに対する怒りがタイトル創作意欲を掻き立てているのではと分析しています（笑）。２０１８年１月号のインタビューは、師匠主催の独演会楽屋で開演直前まで行いました。「ホームだからお客さんに甘えられる」と話してた師匠、出番まで高座脇で冗談をいいながら終始リラックス。そのままの雰囲気で高座に上がりいつも通りの明るく楽しい一席でした。別ジャンルで慣れないビブリオバトルに出演した師匠を取材した際も、いつも通りの平常心で会場を爆笑の渦《うず》にしていました。この鬼メンタルの秘密は？　今後も探っていきます。

（岸川明広）

2003年10月号　演芸界若手の星

今回のお客様は三遊亭好二郎さん。

▼ヘルメットで入門　魚河岸に勤めている頃、噺家になろうと決心。国立演芸場に勤務している同級生に相談したところ、やめとけと言われた後に、妻子がいるなら円楽一門が一番弟子にしてくれる可能性があるのではないかと言われました。入門するまで、落語界のこと、私何も知らなかったんです。四派に分かれていることも、寄席に出ない団体があることさえも。たまたま行った落語会で二度続けて師匠の高座に触れた数日後に、バイクで河岸から家に帰る途中、何と偶然にも師匠が歩いているのを発見したんです。バイクを急いで止めて、師匠に「弟子にしてください」と言ったら、「ヘルメットを取れ！」と言われました。私、あまりにあせっていて、取るのを忘れていたんです。河岸帰りで黒い長靴を履いていたし、相当不気味だったと思われます。それから何度もお願いして、ようやく弟子に取ってもらえました。

▼恋の思い出　初めて淡い思いを抱いたのは小1のとき。小3ですごく好きなコができて、仲もよかった。そのコからバレンタインの日にチョコレートを2つもらって、大きい方を、俺の友人のカッコイイやつに渡してねと言われ、密かな初めての失恋。初デイトは高校のとき。年上の人で、放課後若松城を散歩した。会話も途切れがちで、ぐるぐるお城の周りをまわってた。自然消滅しました。今のおかみさん？　はねえ、大学の後輩です。女のひとは苦手なんですよ。恐いというか、恐

いことを知っているからというか。好きになりたいし、慣れたいですね。普段はお客さまは年上の女性がほとんどで、たまに他流試合というか、レギュラーになっている「二ツ目ランド」等の会で他の協会の方々とご一緒すると、同世代から下の若い子がたくさん来ていて、緊張してしまいます。自分と同世代のファンは一緒に年を重ねられるからいいなーと思うんです。

▼素敵な師匠方　円楽師匠は本当にすごい方です。くっついて歩いていたいですね。生まれて初めて会ってびっくりした人です。何度お会いしても今だに新鮮なオーラを感じます。考え方とか何でも知りたいです。楽太郎師匠には、稽古をつけてもらってるとき、おかしくって笑ってたら、金取るぞと言われた。鳳楽師匠には着物は西洋の色あわせとは違うんだ、日本の色は木とか空とか自然の色が中心だから、って。確かに頭の中で絶対あわないだろうなって思う色の組み合わせでも、実際にあわせると、すごくいい感じというか、シックな着こなしになる。ほんと、師匠方には色々教わっています。

▼噺家になって　よかったことは、好きな時間に横になっていられること。この時間が肝心。噺のマクラを作ったり、貴重なひとときです。嫌なことは、ローンが組めないこと。他の芸人の皆さんはどうしてるんですかねえ？　どのくらいの期間安定して稼いでいるかがポイントみたいなんですけど……まあ、ローン関係なく生きていけるのが一番いいんですけどね。私のこれからですか？　理想の落語に近づくべく、日々鍛錬です。私の理想の落語、これがすごく面白いんですよ〜。

（聞き手　佐藤友美）

オリジナリティの提示

――小誌の落語会情報の数や広告を見ていますと、お名前をたくさん拝見します。

兼好　売れる・売れないという意味では、あんまり意識がないというか、マスコミで売れているというわけではないので、歩いてて囲まれたりとか全然ないです。毎日喋ってるという意味では定席に出ている人たちとあんまり変わらないですね。

――つ離れする（10人入る）かしないかの会場から、５００人、さらに１０００人規模の会まで出演されていると、その場その場での心構えが違うと思うんです。

兼好　どうでしょうね、寄席がずっとあって、たまにお客様の多いところに行くのならまた違うんでしょうけど、私の場合、師匠が好楽ですから、お客さんが１０００人規模の笑点メンバーの会がスタートなので、二ツ目になると急に小屋が小さくなり、「おやっ？　違うじゃないか」って落込むわけですよ。正直言って客席の人数が増えれば増えるほど楽ですからね。

――そうなんですか。

兼好　１０００人のうち半分が笑えば笑い声は５００人分ですから、そうとう受けた感じがするんです。これが30人のうち15人だけだと、受けてないように受け取れる。だから売れてる先輩方とやる方が楽なんです。それに運のいいことに、私がちょうど二ツ目の後半ぐらいから、プロデューサーって言われるような人たちが四派（落語協会、落語芸術協会、五代目円楽一門会、落語立川流）

で会をやるから出てくれって声をかけてくれまして、機会が多くなってきた。うちの円楽一門会は人数が少ないから、選ばれる回数が他協会の人より多い。

――ご自分が看板となる番組があるといろいろプレッシャーがあって、同じスタンスではやりにくいんじゃないかなと思いますが……。

兼好　自分の会なら５００人だろうが１００人だろうがまだ楽なんですよ。「ごめんね」って言えるんで（笑）。もしかすると、５００人中の１００人くらいは、私が元気に演ってる高座にもう一回ぐらい観に来てくれてる可能性もあるわけですよ。だから大勢の前だとか小さいところで落語を演ることに関してのプレッシャーとかはあんまり無いんですよ。どっちかって言うと若手の会でゲストに呼ばれてお客さんが20～30人だったときの方がプレッシャーですよね。

だから人数の多い少ないが問題じゃなく、お客様が満足するオリジナリティを提示できるかどうかが、大事だと思うんです。その中に入れるかどうかがこの世界でプロとして生き残れるということであって。「素晴らしい」とか「上手い」とかの評価は別にしてね。

――落語家を単なる一つの職業として見ることができるその視点は、社会人経験をされた師匠だからこそ持てるのかなと感じます。

兼好　落語しか知らない人生は分からないから、どう違うかは分からないんですけど。落語だけが大好きってわけではないので、ただ冷静に「（落語って）大した芸だな」って思うんですよ。お能、歌舞伎、お芝居なども観ますが、確かに歌舞伎はドーンという迫力もありますし、野田秀樹《のだひでき》さんのお芝居の説明できない感動とかありますけど、あれだけのものや人を使って外すときもありますもんね。落語は出演者一人で座布団一つ。昨日入った前座さんだって一回くらいは笑わせて帰すんですから。コストパフォーマンスとしては相当いいんじゃないですか。現行のシステムとしてすごいものだと思います。

正確なジャブが信条

——落語家の仕事はその日のネタ選びが9割を占めると以前おっしゃっていました。師匠はどのように決められているのですか。

兼好 やっぱり今までの経験から、お客さんを前にしたときに雰囲気を感じとることですね。古典落語をちゃんと聴いてくれそうだとか、マクラを多めに振らなきゃだめだとか、新作がいいだろうとかって。それがハマったときは高座が楽になります。不思議なものでお客さんの人数ではないんです。ネタの選択は皆さんすごく悩んでいるんじゃないですかねえ。

——師匠ご自身で開かれている独演会「噺し問屋」もやっぱり高座に上がってからですか。

兼好 いや、あの会に関しては年間スケジュールを考えているんですよ。でも、予定していたネタを直前のほかの会で演《や》ってしまったりとか必ず不測の事態が起こる（笑）。そうするとネタの前倒しをして、あとの会で補充しないといけないわけです。最初の方はいいんですけど、11月、12月になると無くなってくるんですよ。だから意外と大変で。

——ご自身の主催以外の独演会のパンフレットにも文章とイラストを描かれていることも多いですが、文章のネタも仕入れなきゃいけないし、そのイラストを描くのも大変ですね。

兼好　絵は描くものが決まればものの2分ぐらいで描いちゃいます。本番はデスクでやりますが、移動の新幹線とかで常に落書きしてます。富士山の絵なんて何枚もありますよ。逆に文章は気を遣いますね。あとに残るから、いい加減なことや悪口書くと、いつ問題が起こるかわかりませんから。

――小誌の連載もそんな制約の中で……恐れ入ります（笑）。

兼好　実際に起きたことや、それを受けて考えた面白いことをすぐ文章にすればいいんでしょうけど、これは落語で使いたいなとかマクラにしようとか思うこともあって。まずそれをどこで使うかで悩みます。もうちょっと頭の回転がよけりゃいいんですけど、そのうちに忘れちゃってずいぶんお蔵入りしたネタもありますしね。同じネタだって場所が変われば3、4回は使えるんでしょうけど、その前に自分が飽きてしまうんです。で、私ってね、実は一つ一つのネタをみるとさほど面白いことは言ってないのですよ（笑）。ボクシングで言うとタイミングよくジャブを出してるだけ。どのタイミングで喋っていこうかっていう緊張感だけでやってるもんですから、その緊張感が無くなった時点で笑いが取れなくなる。

――そのスタイルが確立されたのはいつごろですか。

兼好　二ツ目になるくらいには。自然と出来たというのではなくて「そうしよう」と思いました。そう思わざるを得なかったというか……。周りの先輩方が強いし面白い。この中で同じことやっても無理だろうと。

――師匠の高座スタイルの確立にはそういった裏話があったのですね。

兼好　「これを言えば笑える鉄板ネタ」や「その人が言えばおかしい」みたいなハードパンチを出

せる方は羨ましいですよ。で、トップに立つような人はジャブも上手いしハードパンチもできる。ハードパンチを出す人って生まれ育ちの面白い方が多い。反面、我々くらいの年代は昔みたいなハングリー精神を持っているわけでもないから、どう考えてもハードパンチャーは少なくなってきますよね。そうなると私なんかはやっぱり埋もれていく危険があって、そこは心配ですね。

——的確にジャブを当て続けるのも容易ではないと思うのですが。

兼好　これからも続けていくには、緊張感だとか、体力だとか、若さだとかも必要になりますよね。多少、時代とかそういうものも考えなきゃいけないんでしょうし。ただ時代はだんだんわかんなくなってきてますよね。じゃあもう今の形を一切捨てて、違う形でもってやりましょう、となったときには、同じ年数ずーっとそれをやってた人には敵《かな》わない。だからもうここまで来てしまうと、このスタイルをどこまで長持ちさせられるか、だと思うんです。

——ほかの道を見つけるというよりも今やっている自分のスタイルを磨いていくと。

兼好　そうですね。頼まれたりチャンスがあれば、本当にいろんなことやりますよ。果たしてそれが自分でどうなっていくかわからないですけどね。ただ、今までやってる感覚では、よっぽどのことが無い限り、この形を崩して違うことをやって他の人たちと対等にできるようになるのは無理だと思うんです。これから私がずーっと怪談噺に凝るみたいなこととしてもね。

——それも聴いてみたいです。

兼好　まず無理でしょう。やっぱり人情噺を地道にやってきた後輩を見てると急激に伸びてきていますし。自分を振り返ってみても長く地道にやり続けることが、それなりの形になっていくんでしょうね。

ワガママは高座で充分

——お客様の満足するオリジナリティについて伺いましたが、師匠自身が落語家としてワガママを通すところってありますか。

兼好　高座そのものが我々の場合、かなりのワガママですから。だってすごいことですよ。何人もの先輩方から頂いた噺を勝手にいじってお客さんに「どうですか？」って聴かせるわけです。こんなワガママな商売ないでしょう。やっぱり普通は設計図を貰って、これが一番いい商品だと思ったらそのレシピを変えずにやるのが伝統的なものでしょうから。だから高座で、座って何分か喋ってるだけで充分。かなりのストレスを発散していますよ。

——そうなんですね。

兼好　おかげで弟子にも腹立てませんしね。仮に腹が立ったにしろ、高座の上で「アイツってもう、ほんとにバカなんですよ〜」ってマクラで言えますし。面と向かって言うよりも、精神衛生上いいです（笑）。

——お弟子さんが3人いらっしゃいます。弟子を取られてみていかがですか。

兼好　本当に私の悪いところだけ似るのね、どうしてなんだろう（笑）。でもまあ、どうやったってその人なりにしか育たないでしょうし、なかなか言って直るものでもないですしね。そもそも周りの意見を聞くぐらいなら、落語家になんてなってないわけでしょうから。

――兼好一門では、これだけは守らないといけないことなどありますか。

兼好　全然無いです。ただ、うちの好楽一門は皆仲がいいので、仲よくやってくれればいいというのはありますね。師匠が弟子に厳しくする利点って「自分が厳しくやったんだ」っていう自信だけだと思うんです。トップアスリートの世界であれば、厳しい訓練であったり練習によって精神力を鍛えた結果、勝ちにつながることもあるのでしょうが、我々はどうやったって、本業の落語自体は自分で稽古するしかないんですから。あと大事なのは、いかに先輩方に気に入ってもらえるか。でもこれは意外とマニュアルはなくて、その〝人〟が大事なんですよね。お茶の出し方とか教えますけれど、やっぱり売れていく兄さん方を見ていると、乱暴にお茶出ししてたって「お前乱暴だな～」って言われながらも気に入られますし、同じことをやっても「クビだ！」って言われてしまう人もいる。それはもう、その人の人間性なんですよ。これはどう教えたって無理です。お客さんに対してだってそうです。だから自分は、弟子が「助けて」って来たときに具体的なアドバイスができるよう準備をしておくぐらいしかできない。稽古だって「やれ！」なんて言わなくてもちゃんとやる人は常に危機感持ってやってますしね。やらない人はどんなに言ってもやらないわけで。

――正解はないんですね……。円楽一門のホームグラウンドである「両国寄席」は、師匠にとってどんな存在ですか。

兼好　私を知らないお客さんもたくさん来ますので、お客さんを増やすところでもありますし、一門から同じ落語会に呼ばれることがなかなかないですから、一門の先輩や後輩の芸を聴いて勉強するところでもありますね。先輩方聴いてると、特に「圓生好き」と「（五代目）圓楽好き」とでだいぶ芸風が違うんで、とても勉強になります。

――わかるものなんですね。

兼好　いきなり「森進一さんの特徴を出せ」って言われてもなかなか言えませんけど、森進一さんを真似した人を観ると「森進一さんっぽいね」っていうのがあるじゃないですか。だからいくら圓生師匠のCDを聴いて「圓生師匠のどこがどうなんだろう」っていうのがわからなくても、それを勉強して演ってる先輩方のを聴くと、「圓生師匠らしさはここなんだ」っていうのがわかります。そういう意味で一門の噺を聴くのは勉強になるので、行けるときはなるべく早く楽屋に入ってます。

――寄席「若竹」の閉鎖以降、円楽一門が少し元気がないように感じたことがありました。そこから兼好師匠が仕事を増やし人気を獲得されてきました。実際、円楽一門会の人数も増えています。師匠の落語家としての姿が理想的に映ったからだと思うんです。その流れを牽引《けんいん》している自負はありますか。

兼好　全然無いです。私の先輩方が脈々と繋いできてくれて今の円楽一門会がありますから。当然うちの師匠・好楽も、他所の師匠方に稽古やら何やら私を連れて行って、「コイツ今度入ったんで、使ってください」と顔繋ぎをしてくれたり、そういうことをきちんとやってくださってましたから。本当なら今、私が後輩をいろんな高座に連れてって、いろんな方と顔合わせをさせて「コイツちょっと面白いので使ってやってくださいよ」とか、やってないといけないんですけど。皆さんにお世話になっていますし、自分に弟子も入りましたから、これからはやらないといけないですね。

――今年は噺家生活20年です。今後の目標はございますか。

兼好　そうですねえ……ものすごく明るい未来が待っているわけではないですけど、うちの円楽一門会も人が増えて楽しくなってきてますので、その中で少なくともうちの一門に「兼好っていう人いるよね」って言われ続けたいです。

――ご活躍ぶりからは控えめな発言に思いますが（笑）。

兼好　じゃあ「一度は聴いてみたい」ってところに常にいたいです。今後私のオリジナリティがどう受け入れられるか分からないですけど、私と似たようなタイプは増えると思うので、近づいたら蹴落とせる力は付けていきたいですね（笑）。

（聞き手　岸川明広）

春風亭一之輔

©キッチンミノル

しゅんぷうてい・いちのすけ　1978年、千葉県生まれ。2001年、春風亭一朝に入門、前座名「朝左《ちょうさ》久《く》」。04年、二ツ目に昇進して「一之輔」。12年、21人抜きの抜擢で真打昇進。ホール落語や全国の落語会はもちろん寄席に精力的に出演し、昼夜の掛け持ちも当たり前のようにこなす。そんな多忙な状態でありながら2023年からは日本テレビ「笑点」レギュラー出演者となり、落語好きたちが驚愕した。

◆東京かわら版編集部よりひと言

落語国の登場人物が現代（いま）の世界に飛び出して、自在に動き回る。古典落語に現代のスパイスを効かせて、落語をグッと身近なものにしてくれる一之輔師匠。ある時「お便所貸して〜」「そこで拾った〜」と、シュークリームを手土産に突然ご来社くださったことが。飾らない人柄も誰もに愛されるゆえんなのかなと思います。日本中（？）が「笑点」の新メンバーを予想していた2023年1月。師匠の名前を一番に思い浮かべつつも「忙しすぎるからない」としていた下馬評（社内）を見事に裏切りメンバー入り。すぐに「笑点」の顔になられました。取材は発表の翌日に依頼。日本中を飛び回る忙しい師匠の取材は、日曜日の朝、ラジオ収録と静岡での落語会の合間に東京駅で。ウエディングフォトを撮るカップルの横ではにかむ師匠のお顔が印象に残っています。誌面では笑点に出演する〝言い訳〟を（笑）。寄席が好きで寄席で育った師匠らしいなあと思いました。今はこれまで以上に寄席に落語会にと、落語の楽しみを教える伝道師の役割を担われています。これからどんな世界を見せてくれるのか、一緒に年を重ねていけるのが楽しみです。（田中愛子）

2009年11月号　築コレ　オツな若ぇの生け捕ってきやした

春風亭一之輔さんが大学から前座時代を過ごした街、西武池袋線沿線の江古田《えこた》で待ち合わせ。それでは、思い出の地をご案内していただきましょう。

（歩くこと7、8分）ここが前座時代過ごしたアパート「高野荘」。現在、築59年だそうです。1階に大家さんが住んでいて、2階に5部屋。風呂なしでトイレは共同です。僕は、四畳半で、家賃は2万円でした。前座は、朝早いし夜遅く帰るから寝るだけの部屋でした。あ、大家さんだ。どうもご無沙汰してます。（大家さん「ウチを仕事場として借りている人もいてね。著名なライターさんもいるんだけど、当時、一之輔さんがブツブツいってるのを聴いてたって言ってたわよ」）そうですか、気味悪かっただろうなあ（笑）。

じゃあ、次は学生の頃よくコンパをした居酒屋「お志ど里」でお昼でも食べましょう。ここの〝もつ煮定食〟は安くて美味しいんですよ……ね、美味しいでしょう。

んん、僕が落ち着いてるって評判？　そうかなあ、顔に出ないだけですよ。そのせいですかね、今31歳ですっていうと、「え、40近いんじゃないの」て皆に驚かれるんです。高校の時なんて、学校行こうと思って詰め襟着たら、玄関のチャイムが鳴って出てみると、「どうもご主人様ですか」って。詰め襟着てるっていうの。

大学時代は、勉強せず、自分で落語やったり、池袋（演芸場）行ったり、ホール落語に行ったりで、3年生の頃には、落語家になろうと思ってました。

その頃、ラジオ『真打ち競演』でウチの師匠・一朝の「芝居の喧嘩」を聴いたんです。寄席では、ぼんやり聴いていたんですけど、あらためて声だけで聴くとすんなり耳に入ってくる。雑味がないというか、聴いていて気持ちがいい。それで好きになって、追っかけになる前に入門しに行きました。

入門は意外とすんなりいきました。あ、声をかけるまでに7日かかりましたが（笑）。おそらく、柳朝兄さんと7年開いてたんで、間が良かったのかもしれませんね。親といっしょに師匠に会って、その足で協会行って、次の日からカバン持ちに。前座の時は、しくじりはあまりなかったと思います。柳朝兄さんがあらかた経験されていたので（笑）、色々と教えていただきました。

今後の目標？　うーん、売れていっぱい稼ぎたいと思うこともあるし、このまま毎日、寄席に出られれば十分とも思うし。今はありがたいことに勉強会にお客さんが来てくれていますからその流れに乗っていきたいです。なにはともあれ、高座に上がることには、どん欲でいたいですね。

2012年3月号

ツイッター（現・X）で知った昇進

――今年のお披露目のトップバッターですね。真打昇進のお話はいつごろありましたか。

一之輔　噂というか、なんかあるかもよっていうのは去年の3月ぐらいでしょうかね。9月の15日に理事会があって、その1、2週間前に今度の理事会で話が出るかもしれないからって師匠に言われました。でも師匠からは決まったことを聞かされてはいないんです。高座でネタで喋ってますが、これは事実なんですけど、決定はツイッターで知ったんです。携帯で見てたら誰かが「一之輔さん真打決定おめでとうなう」ってつぶやいていて、「えぇ!?」って思って。理事会の後すぐに落語協会のホームページが更新されていたらしくて。

――師匠から電話で報告を受けるのではないですか。

一之輔　なかったんです。その日の夜、にぎわい座で一門会があったんですけど「師匠、あのぉ今日理事会で真打が決まったらしいんです」って言ったら「あぁそうなの、おめでとう」って言われて。「師匠のところに連絡無かったんですか」「何にもない。聞いてないよ、電話もないし」って言うので協会に電話したら「決まった瞬間から何度もかけてるけど一向に師匠が出ない」って言われて。師匠は自分の携帯をまるっきり見てなかったんです。そしたら着信が10件以上入ってて。小三治師匠から直の電話も3件ぐらい入ってるんです。

――小三治師匠から3件っていうのはすごいことのような気が。

一之輔　「ずいぶんと忙しい様だけども、一朝さん連絡ください」ってメッセージが入っていて、あわてて電話してました（笑）。

——（笑）。一人で真打昇進は、準備など大変ですね。

一之輔　これがねぇ大変なんですよ（笑）。だから僕パーティーとかやるつもりなかったんですよ。そしたら一人の時は協会主催でやらなきゃいけないらしいし、まずそこがちょっと気が重いってのがありまして。本来の自分からしたら馴染めないことをやってるんですけど意識して楽しいと思うようにしてる。

——他の人より早く真打になることに関してはいかがですか。嬉しいとか、困ったなとか。

一之輔　えらいことになったなと思いました。いろんなことを含めてね。先輩を抜くっていうのも、僕はそんな心の広い人間じゃないんで自分が抜かれたら腹立ちますからね。でも申し訳ないと思ったら逆に失礼だしね。「有難うございます、すいません、よろしくどうぞ」という気持ちです。でも、ちょっと早く（真打に）なるだけですから。

——皆さん仰っしゃいますね、真打はスタートですからって。

一之輔　本当ですよ。なるべくならそのままの調子を保ちたいですよね。花火どーんって打ち上げてそれっきりってのが、一番恥ずかしいですからね。

百席ずつ増える高座

——1日に3～4席も務める日もありますね。ご自分の人気を肌で感じられますか。

一之輔　うーん、どうなんすかね。高座の数が増えてるということで、使ってもらえてるのかなって思いますけどね。

——お忙しいのは苦にならないんですか。

一之輔　ならないですね。喋ってる時は楽しいですから。今、雑務が多いんで落語喋ってる時が一番心安まりますね。高座数については手帳に何演ったかつけているんです。年末に集計します。

——昨年は何を一番かけられたんですか。

一之輔　「初天神」です。28回やってますね。なんだかホリイさん［堀井憲一郎。「東京かわら版」で「ホリイの落語狂時代」を連載中］みたいだな（笑）。これでも減ったんです、一昨年は44回やってますから。高座数は去年は616席です。

——多いですねえ。

一之輔　一昨年が530。その前は448だから一年で百席ぐらいずつ増えているんです。

——物理的にこれ以上増やせないですね。

一之輔　地方に行くと自分一人で三席やるんで、自然とそうなるんですよね。もう増えないかなぁ、増えないでしょうね。

——真打になったら寄席の出演回数が増えそうですね。

一之輔　寄席でちゃんと受け入れてもらいつつ、それでいて自分の色を出さなきゃいけないですからね、寄席でやらないと寄席芸人の下地はできないでしょうね。二ツ目で自分の会だったり地方だとやっぱり甘えるところも出てきますしね。（略）

俯瞰《ふかん》で見ている

──落語をあまり知らない人が初めて見ても十分に楽しくて、落語通が見てより楽しいのが一之輔師匠の高座だと思います。古典を崩さないのに「初天神」しかり「茶の湯」しかり二人のやり取りが暴走していく様がすごくシュールというか、不気味というか（笑）。ちょっとずつずれていく感じ、定吉がいつの間にかタメ口だったり。そしてそこに風穴が開いたような爽快感もあるんです。

一之輔　全部アドリブです。もちろん稽古つけてもらった最初はきっちりやりますよ。

──その後は客観的なんですか。それとも登場人物になりきったり？

一之輔　なりきってはないですね。けっこう俯瞰でみてますね。「今こいつにこんな事言わせたら面白いかな」って思って言ったりとかね。

──ちょっと変な登場人物っていうのは自分の分身みたいなところはあるんですか。

一之輔　ありますね。ツッコミ役で必ず皮肉な人が出てくるんですよ。常に眉をひそめているような視点、それは自分の分身のような気がします。「茶の湯」だと定吉だし「鈴が森」だと兄貴分とか。

──噺が進むにつれ加速度がついてく感じで人物が狂っていくというか、崩壊していく感じ。その火に油を注ぐような、またその油を注いでるのが楽しそうな印象を受けます。

一之輔　だから一人コントみたいって言われちゃうのかもしれない。褒め言葉じゃないんでしょうけど、落語のくすぐりらしくない入れ方はあるんでしょうね。

──古典落語でこの台詞はちょっと現代ではおかしいから突っ込まざるを得ないって、冷静に自分で考えているんですか。全部が勢いとアドリブの賜物《たまもの》なのか……。

一之輔　自然に言い換えたりとかはしますよね。考えて言うのは僕ほとんどないですね。喋ってるうちにだんだん変わっていく。

——ジャズの即興演奏みたいですね。着地点だけが決まってて。

一之輔　みんなそうじゃないんですかね。ほんとは笑いばかり求めたらいけないんだろうな。もやもやしてます、このままじゃダメだしなぁって、いろんなこと思いますよ、最近本当に悩んでます。でもね、その場にいるお客さんに喜んでもらうのが一番ですからね。

——古典落語に自分がツッコミを入れる視点を常に持っている。

一之輔　お客さんにのせられてバーッと噺が動いて、登場人物が勝手に言っちゃうっていうのもある。逆にお客さんがのってないとき、そういうときのほうが自分が好きなようにやれちゃうことはありますよ。(くすぐりを)削れっていうのは、二ツ目勉強会とかでも言われます。「青菜」を演って、ソデで聴いてる(入船亭)扇辰師匠に「後半なぁー、あと五つぐらいくすぐり減らせば良くなるんじゃないか。まぁわかってると思うけど」って言われたりとか(笑)。それはホントよくわかりますね。反省しながら、でもやめられない(笑)。

——なんでしょうか、それを若さという理由で片付けてしまっていいのかしら。

一之輔　貧乏性なんですね。せっかく受けるなら入れちゃいたいなと思ってるんじゃないですか。だからなるべくならそこがピークになるようにくすぐりの配分であるとか、ある程度噺が壊れないようにしようとは思ってますけどね。

――サービス精神ですね。

一之輔　今ちょっとやけくそというか、くたびれてるんでね（笑）。やれるだけのことをやろう、みたいな。でも今のまま（芸を）固めるつもりは全然ないんで、どうなるかわかんないですね。円朝ものもやりたいなと最近思っているんです。

――いいですねえ。合いそうです。

一之輔　いろいろ幅広げないと。でも披露目終わるまではネタ増えないでしょう、今年はもうお祭り騒ぎで終わっちゃうと思います。来年どうするかでこれからが決まってくるような気がしています。

――本当はお披露目が終わった後に伺いたいのですが、将来、どういう落語家になりたいとか……。

一之輔　うーん、どうなりたいとかはないですね。ただ毎日どっかで喋ってたいなとは思います。本当は売れたいとか思わなきゃいけないのかなとは思いますけど……。最近こういうインタビュー多いんですよ。ちゃんとしたこと言わなきゃいけないのかなとか思うんですけどね。

――最後に読者に一言お願いします。

一之輔　落語ばっかり聴いてるとおかしくなっちゃうよ（笑）。表へ出ましょう、光を浴びましょう（笑）。

（聞き手　佐藤友美）

2023年4月号

いつも通りでいい

――「笑点」の新メンバーがまさか一之輔師匠だったとは！　いろんな方々から「師匠でしょ」とか「忙しいんだから違うか」とか、散々言われていたと思うんです。

一之輔　まあ、ありがたいですよ。

――いつオファーがあったんですか？

一之輔　……あれは小学校5年生の時だったかな、落語クラブで一席やってたら、背広に「笑点」って刺繍《ししゆう》の入った人が来て連れてかれたの。で、なんか注射を打たれて「君は『笑点』のメンバーに45歳でなるから土曜日はずっと空けとけ」って言われたから……、「小5の冬から土曜の昼間空けてある」って書いといて（笑）。遊びの約束も断り、ラグビー部を辞めたのも「笑点」のレギュラーになるためだったんですよ。

――そんな（笑）。小5の頃は「笑点」見てました？

一之輔　バリバリ見てましたよ。ギリギリ三波伸介さん覚えてる。

――オファーには即答されたのですか？

一之輔　しないですよ。何よりもう、ハナから全く考えてなかった。僕んとこ来るって思わないですよ。だから驚きましたよ。

――引き受けようと思ったその心は？

一之輔　うーん、いくつか理由があって、真面目な理由、僕が出ることをきっかけに「笑点」しか見ていない人が落語というものに興味を持ってくれればいいなと。現にあれに出るだけで効果がものすごいんですよ。チケットが売れる！　だから『笑点』に出てる人を見に行ってみよう」って来てくれて、いつも通りやって落語を好きになってくれるといいし、さらに「寄席ってところにも出てるらしい」って、そこまで来てくれると一番いい。あと僕だけじゃなくて、後輩やゲストに出てくださった芸人を好きになってくれるとかね。そうしていかないと僕が出る意味はないのかなと思う。

あともう一つは単純に面白そうだと思ったから（笑）。「出てくれ」って言ってんだったら出ちゃおう、ってのが結構大きいかもしれないですね。あと何十年か落語家やる上での面白いことの一つかもしれないなっていう。カミさんには相談したんですけど「最後の神輿《みこし》じゃないか」と。「真打に抜擢《ばってき》してもらったのも神輿だとしたら、あとはもうそんなに大きなお神輿はないから、最後だと思って乗っちゃったら楽しいんじゃない」って。そういう結構軽い感じですよ。

――メンバーの師匠方とはこれまでもご一緒する機会がありましたし、あまり気負った感じもなく番組には出られているんでしょうか。

一之輔　そうですね。収録中は答えるだけじゃなくて映っていないところで会話とかしてるんですよ。結構和やかな感じ。でもなんだろう、あそこに上がっちゃったらね、もう上下はない感じじゃないですか。バラエティーショーですから。うん、楽屋とはやっぱ違うわけで。結構僕は気楽な感じでできてるかなと思います。

――よく「笑点」の方は顔が売れてるので、落語会ではマクラでの自己紹介がいらないから楽と聞きますが、師匠はすでにその必要がなさそうです。

一之輔　今はその逆。逆というか、毎回なんで「笑点」に出るのかって言い訳をして入ってます(笑)。

――それはある意味でぜいたくな言い訳ですよね。

一之輔　ありがたいことだけど、「おめでとう」っていうスタンスの人もいれば、『笑点』に出るようになっちゃったか……」って人もいるじゃないですか。だから番組でも結果を出さないと、「一之輔、『笑点』だとつまんねえな」と思われてしまうのは怖い。いつも通りの自分でやんなきゃいけないなと思いつつ、かといって初めて見る人にはいつも通りだったらダメで。テレビって尺もあるし、ちゃんと喋んなきゃいけないとかあるじゃないですか。ずっとやってる師匠方はやっぱりプロフェッショナルだなと思います。僕はどぎまぎしてどこ見て喋っていいのかすらわかんなかったり、言おうと思ってたこと急に忘れちゃったりとか。

――高座よりも緊張される?

一之輔　全然緊張します。大喜利とか、かけ合いはほんと即興。タイミング測って、あの答え言ったから次どんなの言おうかなとか、どこでイジろうとか、そういうことも考えながら喋ってるとなんだかぐったりします。全然落語とは違いますね。

――落語会ではこれまでのお客さんに加えて、落語に興味がある初めてのお客さんと、「芸能人を見に行こう」っていうお客さんと混ざるわけですよね。どこに向けて喋ったらいいかわからなくなりませんか。

一之輔　そこは落語を、自分の持ち時間で、いつも通りの身辺雑記みたいなマクラを振ってから「鈴ヶ森」や「初天神」「粗忽の釘」をやったりとか、それで僕の役目は十分果たされるんじゃないかなと思うんですよね。いつも通りでいい。

——変わらずで。

一之輔　そう、変わんないと思うんです。「また同じこと喋ってる」って言われたら、「あなたがしょっちゅう来てるからだよ。俺だって変えてんだよ！」って思いながらね（笑）。

落語との距離感

——私たち落語ファンの心配は、師匠の寄席に出る回数が減ってしまうのではないかと……。

一之輔　もう寄席に上がりたくてしょうがない。交互出演が悔しい。5日くらいしか出ないと寄席でやってる感じがしないんで、やっぱり10日間出たいですよ。だからこの秋とかは寄席のために他所の仕事をセーブしてるかな。

——今から秋の？

一之輔　もう、ここは空けよう、寄席出よう！　って感じにしないと、出られなくなるんで。「いつでも出られるつもりでいるなよ」って、席亭さんや他の芸人さんは思うだろうけど（笑）。でも、声かけられる以上はありがたいことなんで。例えば『笑点』見て寄席行ったけど（一之輔）出てねえ」ってことになると、うーんと思うんですよ。僕は事務所とかじゃなくて落語の仕事の差配を自分でやってるんで、これをきっかけに増えるというよりは、今まで何年もやってきてる縁を大事にしていきたいとは思っています。もちろん新しいお仕事は歓迎ですけど！

――それを聞いて安心しました。年間高座数がすでに1000席近くで、まだ増えていらっしゃいますね。

一之輔　独演会とか三席やっちゃうんですよね。まだね、保険が欲しいんですよ。絶対ウケるものを。臆病なのでね、可愛いですね（笑）。

（略）

――落語だけじゃなくてラジオや雑誌の連載もあって、普通にお洗濯とかもされていて……。

一之輔　普通洗濯するでしょ。でもね、コロナにかかってぼんやりうちで布団の中にいるときに、なんかやっぱりすごい不安になったんですよね。どっかで今誰かは喋ってるし、寄席に出てるしって。でも自分は人に代演頼んだりしてる。家で布団入ってるとなんか怖くなるっていうか、そわそわしてきて嫌でしたね。で、これまでも月イチで国立演芸場で勉強会をやっているんだけど、治ってきた頃、5、6日目ぐらいかな、小さい会場予約して勉強会を始めようって、そこから月イチでやってるんですよ、平日の朝から。軽いネタでもいいから、一席は必ずネタおろし、もしくは蔵出しで。ネタおろしがベストなんですけど、……今、後悔してる（笑）。でもちっちゃい会、いいですよね。いや大きいとこもいいんですけど。らくごカフェ10周年で武道館でやったとき、あれはなんだか終わった後、ぼんやりしちゃいました。笑い声とか頭上から降ってくるって感じ。あんなのもまた経験してみたいですね。

——師匠の高座を拝見すると、観客が楽しいのはもちろんですが、師匠自身も楽しそうで。だからお客さんも楽しいんだろうなって思いました。

一之輔　辛いとか、もう辞めたいとか、落語のこと考えたくないとか、思ったことない。落語に対して程よい距離感で付き合ってる気がする。もちろん好きだから落語家になったんですけど、なんか日曜日にグラウンド借りて野球やってる感覚（笑）。プロ野球選手っていうよりは、普段はサラリーマンだけど、好きな仲間で集まってする草野球みたいな草落語（笑）。

——ここまで力が抜けてる噺家さん……（笑）。でもいろんな方がいるから……。

一之輔　うん、いろんなスタイルがあっていいと思うんです。僕は全然ストイックじゃないから、ネタおろしとかも設定しなきゃやらないから。

——いやいや、これだけ忙しい中勉強会も続けられている、その背中をみていると後輩も頑張ろうと思うのでは。落語界全体の底上げになりそうです。

一之輔　そうですね、なればねえ。なるかな？　うん、なるようにしないと！　でもみんな頑張ってますよね。（春風亭）一蔵が（真打昇進）早々に主任《トリ》を取ったり。多分落語って頑張ってやるようなもんじゃないんだけど、でも頑張んなきゃいけない時期もあると思うんですよ。お客さんや寄席の席亭やイベンターの方であるとかに気づいてもらわなきゃいけない。僕も〝「笑点」の一之輔〟じゃなくて、「笑点」にも出てる〝落語家の一之輔〟になんないとね。

——3年後、5年後にまわりの反応がどうなってるのか楽しみです。

一之輔　わかんないですよ、すぐ辞めてるかもしれないです（笑）。人生変わるって言ったけど、そら良いようにも悪いようにも変わりますからね。それも含めてなんか面白いかなと。

——何か辛いことがあっても、その状態を楽しんじゃいそうですね。師匠が常にニュートラルなのは、高座がどんなにウケてもウケなくても、家に帰ると洗濯物を畳むとか、当たり前にある生活がプラスに働いているからなんでしょうか。

一之輔　そうですね。なんかやっぱ旅の仕事が続くとどこまでも自堕落だなと思いますもん。ホテルだとずっとペイテレビとか見てるから、家帰んなきゃダメだこれ、と思う（笑）。

美味しいお酒が飲めるうち

——これまで以上に落語ファンへの裾野を広げる役割が増えそうです。

一之輔　役目としてはそうなるのかもしれない。落語ファンと「笑点」って断絶されてるじゃないですか（笑）。落語界の中に「笑点」もあるっていうのが一番ベストだと思うんですよ。だから、落語のネタ番組が日テレにできればいいなと思ってる。深夜でもいいから地上波でね。「笑点」見てる世帯視聴率15パーセントくらいの人が5分の落語でも見てもらえるのが一番落語の窓口になると思うから。

——それはぜひ。一朝師匠は今回のこと、なんと仰っていましたか？

一之輔　うちの師匠には事前に言っておいたんです。電話したら留守で、おかみさんに「会って話したいんで」って言ったらその日の夜「気になるよ、なんだよ」って電話かかってきて。うちの師匠は寄席を大切にしていて落語一筋じゃないですか。だから「笑点」なんか出ちゃったら「どうなっちゃうんだこいつ」とか思うかなと思って、「大丈夫か」とか「いいのかよ」とかさ、そういうことを言われるかなと思ったら、「おお、よかったじゃねえか」って（笑）。「いいですかね師匠」「いいと思うから受けたんだろ。何でもやった方がいいよ。うん、おめでとう」って。師匠がおめでとうって言うとは思わなかった。そこで余計なこと言うんですよ、僕も。「落語はもちろん、寄席も大事にしていきますんで」とか言ったら「そんなことは別に心配してないよ」って言ってくれて。

——素敵ですね。

一之輔　「何言ってんだよ、それは大丈夫だろお前は」って。嬉しかったです。心配してないんだと思ってね。ちょっとは心配してくれりゃあいいのに（笑）。

——これまでの一之輔師匠の姿を見ていたら大丈夫だろうって思うんですよ。

一之輔　小里ん師匠にも楽屋で「兄《あん》ちゃん『笑点』出んだろう」と。「すいません」「すまなくはないよ」って（笑）。で次の日、「昨日兄ちゃんのインタビューが流れてんの見たんだけどな、『笑点』っていうのは噺家にとっては結構ありがたい番組だよな。あれがずっとやってるから、落語家がいるってことをみんな知ってんだから、出る意義はあるよな」とか言ってくれましたね。

——嬉しいですね。他にもありますか。

一之輔　（林家）正楽師匠に浅草の楽屋裏でお会いして「あ～、大変だね。頑張ってね。大丈夫なの、体は？」「大丈夫です」「お酒は飲んでるの？」「飲んでます」「終わった後ね、美味しいお酒が飲めるといいよね。美味しいお酒が飲めなくなったら、もう辞めちゃったっていいんだよ」って。

なんか、いいですよね。

――でも、今後美味しいお酒が飲めなくなった時にその言葉を思い出すと……。

一之輔　「辞めちゃってもいいんだろうな」って思う（笑）。指標としてね。それはもちろん、そうならないようにしなきゃいけない。でもそんなもんでしょ、仕事の一つだから。神輿に乗せられてワッセワッセやって、向こうが「もう降りてもいいんじゃない？」っていう時は、もうそれでいいんじゃないかなと思うし、気楽にやんのが一番いい。

――みなさんに高座も番組も楽しんでいただけるといいですね。少なくとも今回師匠を引っ張り出したことに日本テレビの本気度を感じました（笑）。

一之輔　小学5年生からだからね！

（聞き手　田中愛子）

桂　宮治

かつら・みやじ　1976年、東京都生まれ。化粧品セールスマンなどを経て、2008年、三代目桂伸治に入門して前座名「宮治」。12年、二ツ目に昇進。その年のNHK新人演芸大賞を受賞、話題に。21年、抜擢で真打昇進。2022年から日本テレビ「笑点」のレギュラーになり、テレビやラジオにひっぱりだこの人気者に。

◆東京かわら版編集部よりひと言

あっという間に全国区のスターになった宮治師匠。スーパー前座として、パワーのある二ツ目として、業界からも常に注目を浴びていました。抜擢での真打も話題になりました。独演会ではスタンディングのトークから入ったり、コスプレを披露することもありますが、すべてはお客様に楽しんでいただきたいというサービス精神から。2022年の12月号でも「うちの師匠・伸治は『落語家がやったら何やったって落語なんだから』って言ってくれる方なんです。だから僕は自由にできてる」と語っています。落語会を「全てが詰まったおもちゃ箱」と表現し、まさにそれを全国で実現されています。インタビュー時にはジェスチャーを交えながら、一生懸命に答えてくださっている様子が印象的でした。そしてインタビュー内でも「一之輔と闘いたい」と記載されていましたが、このインタビューの後2023年2月より、戦いのステージを全国ネットの人気番組内へ広げることになりました。

（井上健司）

２０１３年５月号　築コレ　オツな若ぇの生け捕ってきやした

雨の戸越銀座。取材した火曜日は休みの店が多いんですって。

いつも子どもを連れて銭湯に行ったりここを行ったり来たりしてます。もう、家族が大好きなんですよぉ〜。だから食事も手巻き寿司とか鍋とか焼き肉とか、家でみんなでやるのが好きなんです。鍋は夏でも冷房ガンガン効かせてやるくらい、好きです。

もともとこの近くの武蔵小山《むさしこやま》の出身で、高校出てからは俳優養成所を経てバイトしながら舞台か出てました。今のカミさんもそういう仕事（俳優）をしてたんです。僕、金があると全部使っちゃうんですよ。販売の仕事とかでそこそこの収入はあったんですけど、なんだかんだで３００万くらい借金がありました。でもカミさんと付き合い始めて半年くらい経ったら「今の仕事好きじゃないでしょ。もう借金返し終わったから辞めていいよ」って。それで一人でできることってなんだろうって模索しているところで（桂）枝雀《しじやく》師匠の「上燗屋《じようかんや》」に出会って、そこから寄席通いを始めてうちの師匠の高座にたどりついたんです。今は全部小遣い制です。もうホント、カミさんあっての現在です。

うちの師匠って高座に出てくる時にすごくニコニコ、ヘラヘラ（笑）してるんですよね、そこがいいなと思って。僕もああなりたい！　と思った。それでいて負けず嫌いなところや、家族が大好きなところも同じです（笑）。

販売の仕事って歩いている人を引き留めたり家を訪ねていったりして、衝動買いでも何でもものを売らなきゃいけない。人の目をそらしちゃいけないんですよね。一旦離れたお客は戻ってこない。寄席のお客さんは座ってこっちを見てくれていますけど、そのときの感覚はまだ残っています。僕は間を取るのが苦手なんですけど、その影響もあるのかもしれませんね。

高座に上がったら、とにかく目の前にいるお客さんに楽しんでもらいたいと思って演ってます。面白い芸人さんて何かが違うんですよね、でもそれが何なんだか、まだはっきりとはわからないです。

人情噺も覚えるべきなんでしょうけど、まだちょっと無理かなって思うんです。噺を覚えることは出来たとしても、その良さを表現することは今の僕には難しいんじゃないかなと。でも本当は、笑わせる噺が一番難しいんですよね。

とにかく今は、頂いたお仕事を毎回毎回、精一杯務めるだけです。

2021年2月号

お客さんの温かさ

――いつ頃に昇進のお話があったんですか？

宮治　毎年お正月に善光寺《ぜんこうじ》さんでお仕事をさせてもらっていて、2日目だったかな、昇太師匠から電話がかかってきて、いきなり「準備できてるか？」って。

――その時のお気持ちは？

宮治　二ツ目になってすぐにＮＨＫの賞をいただいて、ただがむしゃらにやってきて少し疲れるじゃないですけど、今何をやればいいのかわからなくなってきていて。毎日一所懸命に落語をやるのは当たり前なんですけど、目標が一瞬なくなった時期があったんですね。そんな時に、昇太師匠からお電話をいただいて、単純に「嬉しい！」っていう気持ちと、「ちょっと待てよ、一人……大丈夫か？　大変なことがいっぱいなんだろうな」っていう不安、いろいろな感情がわいてきました。

――昨年（２０２０年）５月昇進の方々は真打興行が一度延期になりました。現在もまだ不安定な状況が続いていますが、どんなお気持ちで今の状況をみていますか？

宮治　以前までの自分なら不安になってるんですけど、うちのかみさんからは「なるようになるよ」とか、「できなかったらできなかったでいいじゃん」とか、常にすごくポジティブな言葉しか返ってこない。二ツ目になって国立演芸場で年４回の独演会が決まった時も、「やって失敗したらやめればいいんだからやりなさいよ」って。だから僕もそんな気持ちになってる。だから全然不安じゃないです。

――心強いですね。

宮治　昨年の自粛の時、最初の頃はのんびりしてたんですけど１か月２か月経って来た時、いよいよ家族のために違う職業考えなきゃいけないかなって本気で思ったんです。家族には幸せに暮らしてもらいたいので、僕がこれ（落語）にしがみついてる場合じゃないってね。でも徐々に落語会ができるようになって、久々に10人ちょっとのお客さんの前でやった時、お客さんが「ほんとに楽しかったぁ。ありがとう」って言ってくださった。命がけで来てくれて僕の方が「ありがとうございます」ですよ。家族には悪いけど、「この仕事ずっと続けたい」って思った。

――今回のことで絶対に噺家でやっていくと再確認されたんですね。

宮治　そうです。僕は子供の頃から落語が好きだからこの世界に入ったわけではなくて、たまたま〝職業〟みたいな感じで入ったんですよね。大人になってから初めて落語を観て半年後には入門しているんです。でも今、お客さんにこんなに喜んでいただけるのが嬉しい。今回のことは自分の落語家人生の中ではすごく大事なこと、大切なことを気付かせてくれた。真打昇進が決まったことをツイートした時も、何千件もの「いいね！」や何百件も「おめでとう」が来たんですよ。ツイッター［現・X］って誹謗中傷《ひぼうちゅうしょう》とか嫌なイメージもありますけど、僕は「こんなにお客さんって温かいんだ」って直に感じられた。だから昇進が決まった時、何とかなるって落ち着けたのは家族だけじゃなくてお客さんの存在も大きいです。そのお客さん方に喜んでもらえるように、「ありがとう」「おめでとう」って言ってもらった恩返しができるように一所懸命、披露興行やっていきたいな。

家族あっての〝桂宮治〟

――噺家になる前は役者や化粧品のセールスをされていたと……。

宮治　もとからテレビではなくて板の上で何かをやりたいって漠然と思っていたのかな。僕が思ってる芝居ってドサ回りの旅一座みたいな、新宿コマの座長劇。前半笑って後半泣かせる、みたいなのね。吉幾三《よしいくぞう》さんとかよく観に行ってた。でもやっぱり芝居をやっていて思ったのが、すごく楽しいんですけど、自分には向いていない。人と呼吸を合わせながらできないんです。だからこれを一生の仕事にできるとはこれっぱかりも思っていなかった。営業マンをやってる時も人の前に出る時はパフォーマンスと割り切って、自分じゃないものを演じてるの。

――自分ではない何者かになりたい思いがあったんでしょうか。

宮治 そうなのかも。人を集めて、直前でお客さんの顔を初めて見る瞬間に「ハイ！スタート」ってスイッチ入れてから「ドン！」っていく。そうじゃないと心が折れる。完全に仮面をかぶって営業してた。噺家になってからも高座の前にやっぱり「ハイ！」って、楽屋入る時も「ヨシ！」って入る。高座の上だけじゃなくて、楽屋に入るところから家に着くまでが全部でひとつみたいな。

――家の中でだけ素の自分で他は桂宮治。

宮治 そうですね。完全に家の中ではオフでそれ以外、楽屋が近くなって来たらもう完全にオンです。でもこないだ駅のホームで何も考えずにぼーっとしてたら、後輩に「兄さん、地獄のような顔してましたよ……」って言われた。気を抜いてたな（笑）。僕、今でもそうですけど、人嫌いなんです。対人恐怖症まではいかないですけど、保育園や小学生の頃は行きたがらず親に引きずられながら通ってた。でも小一時間泣いて慣れちゃうと一番騒いでるタイプ。舞台の上でドリフの真似してたりとかね。人嫌いなのに常に人の前に出ていたいっていう……病んでるんです、ほんとに（笑）。

――厄介ですね（笑）。師匠と落語の出会いはユーチューブだそうですね。

宮治 そうなんですよ。前の仕事の時もそんな顔してたんでしょうね、かみさんに「やりたくないなら続けなくてもいいよ」と言われて、普段は動画サイトも見ないのに何かないかなと見てたんです。記憶になかったんですけど、芝居をやってた最後の方、僕落語家の役をほんの少しだけやったらしくて。だから無意識で落語を調べたのかもしれないです。たまたま枝雀師匠の「上燗屋」を見たらとにかく面白い。「なんだこれ?! こんなに人を明るく幸せにさせる陽気なおじさんがいるんだ!」って。かみさんも「これだったらいいんじゃない」と。かみさんが琵琶をやっていて演芸作家の稲田和浩《いなだかずひろ》先生と知り合いだったので紹介してもらったんですね。すると「落語家で餓死したやつは聞いたことないよ」って。楽しそうなことやって貧乏ならそれでもいいやと思ったんです。そこで仕事を整理して、寄席を探し歩くうちに、心から好きになれる人、師匠・(桂)伸治に出会ったんです。

——伸治師匠に入門された決め手は?

宮治　うちの師匠が袖から出てきた時にほんとに身体に電気が走ったんですよ。「うわぁ! この人だ! この人しかいない」って一瞬でわかったんです。怖いですよね。初めて枝雀師匠を見たこと、うちの師匠を国立演芸場で観たこと、僕の人生の中でこの二つが一番大きな出来事です。これから先も絶対ないはず。うちのかみさんと出会った時だってこういう感情にはならなかった(笑)。

——枝雀師匠と伸治師匠、芸風も空気感も全然違う二人にビビッとくる、その直感はすごいです。

宮治　言葉にできないんですよね。なんて説明したらいいのかわかんない。とにかく頭下げに行こうって。

——前座の頃から仕事が引く手数多《あまた》でした。社会人経験が役に立った?

宮治　営業マンをやっていましたし、どうやったら人に喜んでいただけるか、この人は今何を求めているんだろうってことを常に考えながら生きてきたので、最初からあちこちアンテナを張り巡らしていたと思うんです。それに楽屋にいる間ずっと気を抜いていなかった。

――ずっと観察してるんですか。

宮治　どうなんでしょう……でも人に会えば（相手のことを）必ず気にしてしまうので人に会いたくないのかもしれないですね。

――ご家族にも？

宮治　家族にはそれがないんですよ。だから平気でムスッとしますし、僕が機嫌悪いのがみんなわかる。唯一、感情表現がきちんとできるのは家族だけ。休みは必ずとるんですが、それは自分がほんとに素でいられる時だから。基本僕は夜いないので、いる時の食事はだいたいパーティー。「何がいい？」ってまず子どもたちが僕に聞くっていうね（笑）。

――一家の大黒柱ですね。

宮治　僕が機嫌悪くなるからです（笑）。「なんでもいいよ」っていうと「嘘じゃん！」って。だから一番大きい子どもと言われてます。

――ではご家族といる時間は必ず確保しないと……。

宮治　絶対確保します。暇ができれば旅行に行く。いつ死ぬかわからない、これはかみさんの教えでもあるんですけど、楽しめる時に楽しみましょって。

――ご家族あっての〝桂宮治〟なんですね。

全部自分、嘘はつけない

――以前は高座で間《ま》が空くのがすごく苦手、怖いと仰ってました。

宮治　最初の頃は営業マン時代の、速射砲のごとく喋ってお客さんが離れないようにするイメージでやっていたんです。でも徐々に落語家としていろんな噺が増えてくると、もちろん人情噺や怪談噺を速射砲のように喋るわけにはいかない。お客さんを見て、空気を感じながらやっていると「これくらいの間をとってもお客さんは帰らないんだ」って気づいたんです。当たり前なんですけどね。同じセリフをゆっくり間を持たせて言うだけで笑いの量が違うんです。それでこの数年の間に徐々に自分の中で間を取る楽しさを憶えてきたんです。まだ試行錯誤で毎回毎回違うんですけど、お客さんの反応を楽しめるようになってきました。

――爆笑で引っ張るイメージが強いですが、師匠自作の新作「プレゼント」は、最後ほろっと泣けちゃって……。

宮治　元から座長公演とかを観に行ってましたから、最初笑わして最後にはほろっとさせるというパターンが大好き。だからか僕が作る新作って後半ちょっとしんみりするものが多いの。やっぱり日本人ってそういうの好きなんだなって。僕もやっていてそっちの方が楽しかったりする。それもやっていったら変わるでしょうけど。今は（芸歴）13年目14年目の落語だと思うんですよ。二ツ目になりたての頃の落語と多分全然違うんですよね。だって持ちネタの数も、経験も、自分の年齢も違う。だから絶対今の方が良いはずなんですよ。「芸は人なり」ってよく先輩師匠方から教わるんですけど、本当にその方々の経験なんかの全部が落語に出ると思うんです。一人がいろんな人を演じ分けながら話す、全部自分。結局嘘はつけないんですよね。だから僕が「死神」演ったりすると、本当に性格の悪い死神になったりする（笑）。出ちゃうんですよね。本当にその人の人生全てが出てしまうと思う。そんなこと考えながらやってないですけど（笑）。でも結果としてそうなんですよね。

――これからの師匠も楽しみです。

宮治　今と10年後も全然違うはずだから、10年後もっと良い落語家になるためには今いろんなものをいろんなお客さんの前で演って、そのお客さん全員に満足してもらう。毎日引き出しを開けたり閉めたりしながらやっていくと、どんどん増えていくと思うので、とにかくそれを繰り返す。自分の得意でないものも演ると「これもできるじゃん」ってものが増えていくと思うので、演らず嫌いなくいろんなことに挑戦していく、チャレンジすることは絶対にやめたくないです。日々精一杯、ひと高座ひと高座真剣にやって満足してもらうのは当たり前ですが、成長させてくれるのはお客さん。今日の宮治と来月の宮治の違いを、〝桂宮治〟がどう大きくなっていくのか気長に楽しんでもらえれば嬉しいです。

（聞き手　田中愛子）

2022年12月号

「笑点」という家

――笑点メンバーになられて来月で1年ですね。出演されてみていかがですか。

宮治　一番最初に感じたのは師匠方の愛。私が31歳で（落語界に）入ったときにはもう全員トップスターの方々ですから、横一列に並ぶっていうのは恐怖でしかなくって。昇太師匠と小遊三師匠は同じ協会ですし、気にかけてくださっていたのですが、それでもやっぱりそんなに喋れないですから。他の師匠方も何度か一緒に飲ませていただいたりお話はさせていただくことはあるけれど、とにかく上の方すぎて。香盤や序列ってうちらの業界で一番大切じゃないですか。でも、どうしようと思ったときに、師匠方それぞれとお仕事でご一緒させていただいたとき、「一緒に頑張っていこうな」「大丈夫だから」って皆さん全員が声をかけてくださった。昨年末の収録の前日に知らない番号から携帯電話にかかってきて、誰だろうって出たら木久扇師匠。「緊張してるのわかるけど、僕も初めての収録の日があったんだよ。先輩とか後輩とか関係ないんだよ、どんどんどんどん来て、みんなで盛り上げていこう」って言ってくださった。泣いちゃいますよね。示し合わせたかのようにその後に電話が鳴って、今度は好楽師匠だったんです。ベロベロに酔っぱらってました（笑）。

――好楽師匠らしい（笑）。

宮治　いざ収録が始まるとみなさんすごく僕にパスをくれるんですよ。大喜利の中でこんなにあたたかいパスがあるんだって思いました。若手大喜利はどちらかっていうと闘い合うイメージなんです。全く違うんだなと。「〝笑点ファミリー〟って言うけど、ほんと『笑点』っていう家なんだ。迎え入れてくれたんだな」って、それをすごく思いました。（略）

全てが詰まったおもちゃ箱

――師匠は独演会でよくスタンディングのトークから入られますね。

宮治　僕、落語だけやるってあんまり好きじゃなくて。いや、もちろん、落語を聴きに来ていただいているんですが、レビューや全てが詰まったおもちゃ箱みたいに、エンターテインメントって、帰るときお客さんが「また来たい」と思っていただければ良いのかなと。この間林家きく麿《まろ》師匠に会のゲストに出ていただいて。僕の会ですけど途中から立ち上がって曲かけてめっちゃ歌って、客席は大爆笑。もう涙流して手を叩いて笑ってるの。場末のスナックかってぐらい（笑）。でも、多分きく麿師匠はいろんな人から「あんなの違う」とか色々言われた時期があると思うんですよ。でも僕は素晴らしい形だと思うんです。あれでお客さんは満足しているんだし、僕の会でお客さんが涙しながら笑い転げたら、もうそれは僕も「ありがとうございます」です。それでいいと思うんですよね。落語家だからこれはやらない方がいい、これが正しいって誰が決めるんだろうって。結局お客さんが決めるわけじゃないですか。最初の頃は少し気にしてたんですけど、今はもう全く気にしないようにしています。うちの師匠・伸治は普通の正統派の落語家っぽいんですけど「落語家がやったら何やったって落語なんだから」って言ってくれる方なんです。

――名言ですね。

宮治　うん、そうなの。だから僕は自由にできてる。うちの師匠じゃなかったら、今の僕は出来上がってなかったと思います。春風亭昇也《しょうや》も言ってました。昇太師匠が「売れるため、勝つためにはなんでもやっていいんだ」って言ってたと。売れるための努力っていうものは売れた人たちは絶対やってるはずだから。鶴瓶《つるべ》師匠も「鶴瓶噺」やったり、木久扇師匠もね、出囃子が鳴って出てきても、すぐには座らないでお客さんに手を振ってる。まずはお客さんとひとつになる、それをやった方が親切なんですよね。だからスタンディングトークってやっぱいい方法だなと思っていて。芸風や方向性にもよりますが、もしスキルがあるんだったらやった方が、1回こうフワッってなるんじゃないかな。お客さんをこちらから迎えに行ってあげるんですよ。

——演者とお客さんの距離が近くなる、会場の一体感、親密感が増す気がします。演者の皆さんはお客さんの反応というか、空気を非常に繊細に感じていらっしゃるんですね。

宮治　だからあれやってる皆さんって常にサービス精神旺盛で、お客さんにひと時もつまんないと思ってもらいたくない、ずっと楽しんでてもらいたいからこそ、立ってワアッって喋るんだっていう感覚なんじゃないですか。僕もそうだし。座布団に座っていると空飛べたり、宇宙に行けたり、いろんな人物に変わったりできるし無限の可能性があるんだけど、でも座ってる分やっぱり最初はお客さんとの距離は遠くなってしまう。でも立つと、無限の可能性はないけど、お客さんとの距離は近いから手は摑めるんですよ。だから両方に良いところと悪いところがあるので、両方使っちゃえばいいんですよね。

——使えるものは使ってしまう。

宮治　そうそう。だから最初にお客さんと手を繫いで引き上げておくと、あとはいくらでも楽しんでもらえるっていう感覚ですかね。言葉にすると難しいけど。やっぱりある程度第一線で活躍されてる方々が、それをやるということは、方程式としては間違ってないんですよね。師匠方も感覚で

「こっちの方がやりやすい」って思うから続けてるわけじゃないですか。やっぱ効果的なんですよ、絶対。

――師匠は以前から高座数が多いですが、多い方って場を読む空気に長《た》けていらっしゃる気がします。

宮治　ああ……、言葉ではうまく表現できないですけど、毎日毎日お客さんの前で喋ったり、いろいろしていると、なんだろう、全てにこう手が届くような感覚になれる気はします。今まではこっちでずっと空回りして「笑ってくれ！」ってやってたのが、「ほらほら」って、なんか触っていける感覚っていうのかな。

――今、手で触るようなジェスチャーをされましたが、師匠の「お血脈 善光寺の由来」での、客席を引き込んでいく様は、お客さんひとりひとりを触りにいっているのが本当に目に見えるかのようです。

宮治　地噺は心のキャッチボールができるんですよね。お客さんの気持ちを開いてあげるっていう作業は、営業マン時代にずっとやっていたけど、本当にそう、触りに行くって感覚なんですよ。その感覚は、確かにどんどん増えてきてはいますね。だからやっぱり高座が多いというのは、落語家にとっては絶対良いことだなって思います。一之輔兄さん見てるともう完全にそうですよね。神様かっていうぐらい何の噺を演ってもあそこまで持っていけるのかって。あれは毎日何高座もやってるからですよね。

――一之輔師匠との会（9月30日「橘蓮二プロデュース 極 春風亭一之輔・桂宮治二人会〝ソコ

ツ〟」）では笑いの取り合いを見せていただきました。

宮治　あれはもう完敗ですよ。だからああいう兄さんがいてくれるのも、成金［落語芸術協会所属の落語家・講談師11名によるユニット］のメンバーと出会えたのもすごくいいタイミングでした。入門したのが遅いって言われたけど、僕はいろんな人生経験をして31歳で入ったことがマイナスじゃなかった。あの兄さんの背中っていうのは、僕の中ではかなりデカいです。

人間って面白い

──先ほど落語会を「全てが詰まったおもちゃ箱」と表現していらっしゃいましたが、師匠の独演会はその言葉がぴったりですね。

宮治　嬉しい。そのイメージは以前あった新宿コマ劇場の座長公演。歌があって、笑いがあって、最後に泣く、みたいな全部がぎゅっと入っているじゃないですか。僕はそれが目標というか、常にそういうのでありたいから。ただ笑うだけっていうのも嫌だし、最後に人情噺で「良かった、ハッピー♪」でもいいんです。でも、最後すごい嫌な気持ちで帰ってもらいたいっていう時もある(笑)。

──〝ブラック宮治〟ですね(笑)。

宮治　「江島屋」に関しても本当だったら、その店が潰れたってのだけで終わらせればいいものを、やっぱりあの江島屋の主人が自ら刺して死んでいる、くらいの嫌な思いで（お客さんを）帰したいとかね。「宮戸川」にしても、僕は前半だけではなく、どっちかというと後半の、最後もう本当に気持ち悪いって部分をメインにやりたいってところもある。ただ笑わせればいい、ただ泣かせればいいっていうよりは全部できる人になりたくて。

――人間のいろんな感情をみせたい？

宮治　そうです。人間って一面じゃないから。落語って人間本来の何かダメなところはもちろんですけど、嫌なところとかもものすごく詰まってると思うんですよ。この間志らく師匠と対談で、「ねずみ穴」のサゲとかの話で、落語ってただ笑って、すごく陽気でいいものみたいなイメージが今少しできちゃっているけど、本当は多分そうじゃない。サゲが酷すぎるから、今風に合わせて変えているものっていっぱいあるよねって話になったんです。でも、僕は本来のままでやった方が面白いんじゃないのかなって思ってしまう性格なんですよ。楽しい僕もいるけど、こんな僕もいるんだよっていうのを全部出していきたい。いい人だけで終わりたくないし、かといって本当に悪い人だけでも終わりたくないし。いろんな人がいて、いろんな感情があるっていうのを、2時間から2時間半の間で表現できる落語って、すごく面白いエンターテインメントなんですよね。1本のお芝居に、ひとつのテーマだけでなく、30分、1時間くらいの短編集でいろんな感情を味わっていただけるじゃないですか。

――究極のエンターテインメントですね！　その日の噺の方向性は始めるときには決めていらっしゃる？

宮治　わからない。でも基本、僕は最後はあんまりいい人で終わりたいと思わない。元来いい性格ではないのは確かなので（笑）。でもさ、なんなんだろう。いい人って何？　って思うんですよ。

こっちから見たらいい人だけど、違う側から見たら悪い人なんていっぱいいるでしょ。国の体制だってそうじゃないですか。人間だってそうでしょう。だからいい人悪い人ってね、あなたが決めてるだけで実際はどうだかわからない。誰にとっていい人なのかによるんですよ。人なんて基本的に多重人格みたいなもんだからね。だって人前で笑顔で喋ってても、心の中ではそう思ってない時あるでしょ、皆さんだって。

――そうですね……。

宮治　でもそういうことじゃない？　それ考えだすと怖いでしょ。人間の感情もさ、「この人どう思ってんだろう」って考え始めたらもう怖くなるのよ。だって見えないし触れられないし、嘘もつくから。そんなもんですよ。嫌なこと言ってるけど、でもそれが人間っていうかこの世だと思っているから。だからこそ、こんな酷い事もあるぜっていうのは、なんか出していきたい。でも楽しくなきゃダメだよねってのもあるから、楽しいのはめいっぱい楽しみましょうっていうのはすごくある。

――やっぱり師匠は〝爆笑〟のイメージがまだまだ強いので、こういうお話をすると、そのギャップが面白いです。

宮治　ただただ面白い人で、ずっと馬鹿なことやってる人って思われるより、やっぱり落語ってこういうものもあるんだよってことを提示したい。そこはね、どっちもきちんとできるようにしたいし、どっちかというとシリアスなものというか、あんまり笑わないで感情をウワッて出すやつの方が僕もやっていて楽しい。

――人にも落語にもいろんなものがあるから面白い。

宮治　そうそうそう、一緒ですね。だから人間って面白いねってこと。

——今やってみたいことは何ですか。

宮治　お客さんが一切、一度も笑わない落語会をやってみたいかな。今ふと言われて「そういうのやりたいな」って思った。怪談噺や陰惨な噺のね。もう、僕の暗い部分だけを全面に押し出す、そういうのを一席目から演るの。

——ブラック宮治の会、面白そうです。

宮治　うん、なんか本当に自分の中のそういったもの全部吐き出したいっていうか。要は落語をやりたいんでしょうね。もちろんテレビもラジオも大切。それがあるからこそ今の〝桂宮治〟があるわけだから。でも結局は落語をやりたいっていうか、一之輔と闘いたいとかね（笑）。あの、兄さんのヒリヒリした空気の後に上がっていく感覚、そしてボロボロに負けて帰ってくる感覚。その後に嘘か本当かわかんないけど、「こういう感覚久々だわ」って兄さんも言ってくれたり、そういうことを喋りながら飲む酒っていうのが悔しいんだけどびっくりするくらい美味いんです。悔しい思いもたくさんするし、大変なんだけど、大変ってお客さんに伝えるべきじゃないし、大変なところは隠しておけばいいんだけど、演ってる時、本当に楽しいんです。稽古してる時はめんどくさいし、書き起こしてる時は早く終わらないかなと思ってるけど、でもいざ覚えてお客さんの反応があると喋ってるのがずっと楽しいんですよ。落語に出会えたことに感謝ですし、恩返しのためにもやらなきゃいけないし、落語だけはやっぱりお客さんに満足してもらえるレベルまで毎日毎日やっていきたいな。

（聞き手　田中愛子）

柳亭市馬
春風亭昇太
対談

◆東京かわら版編集部よりひと言

収録の最後は２０２１年１月号。柳亭市馬落語協会会長と、春風亭昇太落語芸術協会会長の対談で、前年の２０２０年は1月15日に日本で初めて感染が確認された新型コロナが猛威をふるった年で、演芸界は大混乱に陥りましたが、その激動の年の苦労を中心に語り合っています。年中無休が原則の寄席定席は、３月28・29日と4月４日〜5月31日迄休席となりました。定席以外の東京を中心とした寄席演芸情報は、２０１５年10月号で１０００本の大台を超え、その後ほぼその水準で推移してきましたが、２０２０年5月号では大幅に減少し６００本程度の情報になっており、その内43本には「中止になりました」との上書きがされております。さらに6月号に5月までに中止・延期となった演芸会の情報が約５００本掲載されています。コロナはそれまでの感染が高い結核と同じ2類から、２０２３年5月８日に季節性インフルエンザと同類の5類に認定されましたが、その間の影響は甚大で、巻末に掲載の情報が再び１０００本

を超えるのは、2022年10月号まで待たなければなりませんでした。　（井上和明）

2021年1月号

両会長のタッグ

――先ほどお二人の撮影を見ていたら来年は落語界にとっていい年になる、しなくてはっていう気持ちで久しぶりに胸が満たされました。

市馬　あんなんで満たされてくれりゃ、いつでもやるよ（笑）。読者の皆さんには（前会長の）「小三治・歌丸」で見たかったたな、とか言われるんじゃない？

昇太　そうだね（笑）。

――前代未聞の事態に落語界も直面した1年でした。

市馬　そりゃそうですよ。こんなことは今までなかった。

昇太　歴史の本とか読んでいると、時おり必ず大きな病や出来事があるじゃないですか。スペイン風邪とかチフスとか。世界史に残る事態に自分がちょうど今いるっていうことですよね。

市馬　「東京かわら版」にも「中止になった会」がズラッと載っていたページがあったね。

昇太　あれは大事な演芸史の資料ですよ。

市馬　百年先、二百年先の噺家が「こんなことあったんだ」「これだけ中止や延期になったんだ」って見ることになる記録ですよ。

昇太　あの「東京かわら版」は取っておいたほうがいい。

市馬　全部取っておきなさいよ（笑）。そのくらい、去年の今頃はこんなことになるとは誰も思わなかったですからね。

――徐々に仕事がなくなっていった？

昇太　2月ぐらいから、ちょっと……あれ？　って。下旬くらいから、実際に仕事がなくなり始めた。

市馬　いよいよひどくなったのが3月の末ね。

――まさか寄席が休むとは。

市馬　思わなかったね。

昇太　どんな時でも開いてる、何があってもやるという寄席がお休みになるっていうのは、考えてもみなかったことですよね。

――普段お忙しい師匠方は最初は「ちょっと休めていいな」くらいの感じでしたか。

市馬　子供の時台風で学校が休みになるとか、ちょっとワクワクした感じ……思い返してみると最初は多少あったかも。堂々と休める（笑）。でもごくごく最初だけ。その後はちょうど協会の真打披露だったし、それどころではなかった。

昇太　僕もずっと働いていたので、久しぶりに連休みたいなものがあったから、正直嬉しかったですね。それがね、こんなに長く続くと思っていないから。

――それぞれの協会として「これはまずいぞ」ということで集まってお話し合いもされたんですよ

ね？

昇太　そうですね。連絡取りあって。

市馬　とにかく、よく電話してました。うちに来てくれたりして、直に会ったりしてた。「とにかくいっぺん寄席の席亭全員と集まって話をしなきゃこれは収まらないぞ」って思って、こちらから寄席にお願いした。皆すぐ集まってくれましたね。あんなこと、今までまずなかったと思うんだよね。

昇太　そうですね。ものすごい珍しい風景見ている感じがしたな。

市馬　パーティーで会うことはあっても、話し合うために各席亭と両協会事務局長二人と昇太さんと私だけが集まるなんてはじめての事。

――どこで集まったんですか。

市馬　落語協会事務局の2階に来てくれた。3月の末だよね。いよいよ緊急事態宣言が出そうだ、出た場合にどうするか、と。もうその前、3月の末から、寄席は土日休みになってた。それでいよいよこれは寄席からも感染者がいつ出てもおかしくない、と。特にうち（落語協会）は真打の披露目だったから、お客さんは応援している若手のために無理して行くだろうから、開いてる以上お客様に無理をさせてしまうと。だからここは心を鬼にしてこっちから先に閉めようという話が3月末。4月の4日から全部閉めて。

昇太　そうですね。4月は3日間だけやりました。

――皆さん他の落語会もなくなって、収入が途絶えてしまいました。

市馬　そうそう。給付金なんか、何も決まってなかったし、どうするって。とりあえず前座とお囃子だけの給金はなんとかしようと。

昇太　国から何かをもらえるような雰囲気はあったので、どんな風に申請するかを協会員にお知らせした。そのへんの情報は落語協会さんに連絡をして共有して。

市馬　昇太さんが「うちの方はこうやるから」って教えてくれて「じゃあうちもやらせてもらう」って。いろいろ教えてくれたから。本当に助かりました。

――はじめて東京の落語界の二つの協会が話し合って足並みを揃えることが起こったのですね。

昇太　割と早い段階から連絡は取り合っていましたね。僕らは世代が近いから話しやすい。キャリア的には市馬師匠がちょっと先輩。

市馬　年齢は（昇太さんが）昭和34年で私は昭和36年ですから。入門は私は高校出てすぐの入門だったから早い。昇太さんは大学辞めてからだから。

――お誕生日も近いですし（市馬12月6日、昇太12月9日）、真打昇進も1年違いです。

市馬　真打昇進何年だった？

昇太　僕は１９９２年。

――市馬師匠は１９９３年。

市馬　昇太さんのほうが早い。抜擢だからね。

――初めて会ったときのことは、覚えていますか？

市馬　私は覚えてます。前座のころ、楽屋に「今度芸協に（春風亭）柳昇師匠そっくりの前座が入ったってよ」って。これ（聞いた）だけで私ワクワクして早く会いたいって思って、わざわざ浅草へ見に行ったんだ（笑）。そしたらちょうど「雑俳」をやってた。柳昇師匠の十八番。もうね、ひっくり返って笑うくらいそっくりだった。早口になって、つっかえるとこまで似てる。

昇太　完全コピーって言われてましたから。

市馬　だいたいもともと私は芸協ファンだから。噺家に興味持ったのも五代目の今輔師匠でしょ、それから柳橋（六代目）、痴楽（四代目）と好きだった。一番好きになったのは柳好師匠（三代目）。

昇太　じゃあ芸協に来れば良かったじゃん（笑）。

市馬　田舎の出だから芸協も何も全然わからなかった。また芸協の柳昇師匠たちがやる新作が大好きなの（笑）。協会の前座仲間と暇になると私が芸協の新作のヒントを出す。誰の何というネタか当てっこをするクイズ。誰も当てられない。俺が問題出して一人で答えてた。

昇太　どんな遊びですか（笑）。

市馬　大学生のとき、コンクールで優勝してたし、こんなに新作に才のある人が柳昇師匠そっくりなんて、もう嬉しくて（笑）。なかなかマネしようたって、あんな真似はできない。

――昇太師匠の方も当時「小さん師匠のところに歌の上手い前座さんが入った」とか、噂を聞いたりしましたか？

市馬　当時は歌なんか歌ってないもん（笑）。

昇太　すごい体のしっかりした人がいるっていう話は聞いていたんですよ。だから会ったときも「ホントだ、体大きいわ」って。今よりシャープでシュッとしてた。前座の頃から高座はすごく落ち着いていて、こんなに落ち着いている人いるんだなって思った。

市馬　「芸協にはいないな」って？

昇太　そうそう（笑）。

――でもそれから三十数年後に二人が会長になって落語界の危機を話し合う時が来るなんてことは。

市馬　思うわけないじゃない。

昇太　思ってたら別の仕事やってますよ。予言者になってます。きっとひと儲けできたな。

スイーツ会談（!?）

――今年のはじめに「今年はああしよう、こうしよう」って思っていたことは……。

市馬　予定されていたことはだいぶ中止になりました。これはもう噺家だけじゃない、皆そうだから。

昇太　やりたかったことは全然出来なかったですね。僕はＳＷＡも自分で主催してる独演会もお芝居も出来なかったし。今年は何もやってない気がするんですよ。だから２０２０年は世界規模でなかったことにして欲しい。来年また２０２０年になるのがいいと思う。

市馬　やり直ししたいねぇ。

昇太　状況がどうなるか。未だに読めていないじゃないですか。今このインタビューの段階で非常に感染者が増えている状態でしょ？　ピークはこの1月とか言われてて、我々初席やってるところじゃないですか。今そういうことになっているので、何も決められないというか、状況を見ながら判断していくしかないというか。

市馬 状況に沿って色々やらなきゃいけない。今回、思いましたよ。もう何があっても不思議じゃない、と。驚かないようにしよう、と。

昇太 驚いてもしょうがないってことがわかったんです。だから動揺しないで結果だけを求めてやるしかない。

——両師匠の師匠は戦争を体験されていますが、ご存命だったらどうしたでしょうね。

昇太 だって（小さん師匠は）二・二六事件に出た人なんだから。

市馬 本当に弾の下くぐってる。柳昇師匠だって負傷しているし。

昇太 そう、アメリカの戦闘機と撃ち合っている。

市馬 あの時代の人は強い。何があっても驚かない。いつ死んでも不思議じゃないっていうところを経験した人だから。

昇太 くぐり抜けている経験が違うからね。全然違いますよ。

——どーんと構えていたかしら。

市馬 どーんと構えてというか自分から……コロナに突進して（笑）。

昇太 うちの師匠や小さん師匠はどうしたかなあ……想像もつかないけど。

市馬 いなくてよかったね。

昇太 そうですね（笑）。ちょっと前と今とでは落語家の協会としての有り様もだいぶ変わっているんですよ。あの時代だとトップダウンでいろんなことが決められたけど、今は法人化されて整理されているので、協議したり、選挙で決まることが多いんです。

――民主主義と言うか合議制。

市馬 そう、昔とだいぶ違いますね。我々の年代の者が会長になること自体、その表れですからね。

――良くなったのでしょうか？

昇太 良くなっただけじゃないと思うんですよね。

市馬 いいとこもあるし、やっぱり前のがいいということもある。

昇太 民主主義的にはなったんだろうけど、フットワークは悪くなったってことは言えるかもしれない。皆さんの意見を一回取り込んで考えないといけないじゃないですか。あの時代とは人数も全然違うしね。

市馬 膨れ上がっているからね。今年コロナ以降、芸協で見習いになったやついる？

昇太 どうだろう？

市馬 うちの方はいないと思う。まあ、あの最中にね……。

昇太 頼みに行けないもんね。「お願いします！」って言われたら「ちょっと離れてください」って（笑）。

市馬 出待ちも禁止されているからできないね。なりたい人はいるはずだろうけど、調子狂っちゃうだろうね。通りの向こうから（大声で）「師匠！　お願いしまーす！　弟子にしてくださーい！」

昇太 「だめですー！」「そこをなんとかー！」って（笑）。

――2021年の明るい個人的な抱負はございますか。

昇太　やれなかったことが多すぎたのでその反動で、何か面白いことを沢山やりたいなとは思っています。計画もあるし、個人的に楽しいこと、思っていることはたくさんあるので、出来たらいいな。

市馬　昇太さん趣味人だからね。色々やりたいことあって羨ましいんだわ。私はなにもないからね。

昇太　そんなことないでしょ。

市馬　なんだかね（笑）。どうなるかわからないので抱負は持ちづらいんだけど、とにかくもう平常に戻ってもらいたい、ただひたすらそれを……頼むから……誰に頼んだら良いんだか。アマビエ様でもどっかの神様でも効く人があるなら本当に頼むんだけど。そのあかつきには昇太さんみたいに良い趣味を持つ。今度生まれてきたら持とうかな。

昇太　来世ですか。来年の話をしてください（笑）。

――歌は、ご趣味の範疇《はんちゅう》ではなくなりましたか。

市馬　歌はやみくもにただ歌うのが好きなだけ。共有してくれるお客さんがいて、喜んでくれてるなと思うとこっちも嬉しいものだから。昇太さんの結婚披露宴で歌うとかが嬉しいんですよ（笑）。

――昇太師匠は新婚生活はゆっくり過ごせたのではないですか。

昇太　仕事がなかったというだけで、他のこと結構やってたので。バタバタして結局一緒ですよ。コロナが収まったら市馬会長と一献行きたいと思ってるんだけど、市馬師匠、飲めないんです。

市馬　これがね、情けない、酒の相手もできない（笑）。

――「宴会の花道」（昇太作の新作落語）みたいに、お酒とスイーツで。

昇太　市馬会長と話し合うために会って喫茶店行くと「昇太さん、ケーキ食べる?」って。「このケーキ美味しいんだよ」って言ってケーキを頰張る市馬師匠の姿を見てちょっと平和な気持ちになりました（笑）。

市馬　「寄席どうしようか」って言いながらスイーツ会談（笑）。

――でも気がつけば独身と既婚者の立場も交替しましたね。

市馬　私はもう独身になって8年位。羨ましい、今度生まれたら昇太さんみたいな人になりたい。次の世にかけるよ。

昇太　次の世のことしか考えてない（笑）。

――コロナの状況でいろんなことで気を使ったりする中で、高座へ向かう気持ちに以前と変化はありますか。

昇太　あんまり変わってはいない。高座は高座なので。

市馬　私も別に変わってはいない。ただ本当にこのさなかにお客さんが少ない日もあるけれど、来てくれている。だからって一生懸命やろうとも思わないけど（笑）、まあ普通です。

――変わらないって伺って、「やっぱりこうでなくっちゃ」って嬉しく思いました。

昇太　僕らね、市馬会長もそうだと思うけど、落語家になった時代って落語の人気がない時代だったから、寄席で高座上がってお客さんが2、3人なんていうのは、年中あったこと。今の若い子たちは「えっ」って思うかもしれないけど、そんな時代に入っているから。落語ってものが社会に相手にされてなかった時が出発点だから。

市馬　私が覚えているのは浅草演芸ホールで、「ひとり入ったから」って言われて前座で上がったら誰もいないの。しばらく喋ってたんだけど「兄さん誰もいないです」「さっき入ったはずなんだけどな……」って。

昇太　幻を見たんじゃない？

市馬　本当にあった話です。だから少ないお客さんだって驚きませんし。よく来てくれたなあと思います。

――そういう落語界の時代があり、ここまで来ることができたのは両師匠の頑張りのおかげです。

市馬　昔からこういう波はあるんだけど、良いときも悪いときもある、と。

昇太　落語が多様化したっていうのが落語が良くなった一番の原因だと思うんですよ。いろんなタイプの落語家が出てきた。昔は偏ってるとは言わないけど、これが落語だっていうスタイルがあって、それを良しとしてた。だけど、いろんなタイプの噺家さんが出てきて、いろんなことをし始めた。落語家の多様化が落語界にとって良い結果を生んでいるんだと思う。

市馬　私達から見てもいろんなやつがいるから楽しい。「芸協と落語協会と一緒になっちゃえばいいじゃん」ってよく言われるんだけども、分かれているからこその、独自の文化がある。さっきも言ったけど私、芸協のファンなので、名前は出さないけど、落語協会では絶対育たないような人が何人もいる。ネタでもそう。落語協会ではしょっちゅうかかるけど、芸協ではそうでもない、とか。逆もある。それも文化でね、交流は皆それぞれにあるんだし、寄席は両協会で分かれて興行十日間ずつ打ってるけど、そうなっているから独自の文化が育つ良さもある。

昇太　実際、芸術協会と落語協会って寄席運営の件だけで離れているだけで、今普通に落語会やるとき、円楽党も立川流も芸協も落語協会も関係ないじゃないですか。

市馬　たまに一緒になると刺激的だし楽しいんですよ。普段あまりならないから。

――そうですね。今日は明るい話をしようしようと思っても中々……。

市馬　無責任に明るい話できないもんね。なんとかなるよって気分もあるんだけど。

昇太　だけど最近感じるのは今来てくれるお客さん、すごい明るいんですよ。よく笑ってくれるしね。すごく頼もしいです。だからやっぱり本当に好きなお客さんたちに支えられているんだなっていうのは強く思いますよね。

市馬　同感ですな。

昇太　マスク越しでも喜んでくれているのはわかるので。なので期待に応えられるようにやらないといけないなっていうのはすごい思いますし、お客さんたちを見ていると、コロナが収まったらまた落語を自由に楽しんでもらえる、そんな時が来ると思いますよ。

二人　２０２１年もそれぞれの協会で新真打が誕生するので寄席に遊びに来てください！

（２０２０年12月２日取材）

（聞き手　佐藤友美）

第3章

創刊号の落語会情報は18本

——会長ブログ「いのど〜ん」一挙掲載

前口上

東京かわら版サイト内にある「いのど〜ん！ブログ」を掲載します。

有限会社東京かわら版初代社長であり、現会長である井上和明のブログです。

「東京かわら版」創刊時とその後の状況を、当事者自らが記録に残している貴重な資料と考え、本書に掲載することとしました。

第１回が２０１０年１月29日。「その22」が同年９月22日。肩書や高座名は、すべて当時のものです。

なお、このブログはいつの日か、さらに加筆するつもりはあるとのことです。いわば「好評連載中」。そのおつもりでお読みいただけますと嬉しいです。

その1 東京かわら版創刊

「東京かわら版」発行人兼資料室長の、いのど〜んこと井上和明です。

私が「東京かわら版」を創刊しましたのが、昭和49年（１９７４）11月号です。奇しくも寅年の年。本年11月号を出せば、干支が3回巡ってきたことになります。マ〜良く続いたものです。

昨年秋ホームページをリニューアルした折に「いのど〜ん！ブログ」なるコーナーを設けたのですが、開店休業のままになっておりました。スミマセン。やっと重い腰を上げ、1号からのバックナンバーを見ながら、これから小誌の遍歴を思いつくまま記していきたいと思います。（当初の数回は以前「いのどん　愛の小部屋」なる気恥ずかしくなるタイトルで書き残したものと一部内容がダブルことになります。）

昭和49年10月25日に「東京かわら版」第1号を発刊。（10月11日に現在と同じ住所に東京月間情報社なる大層な名前の資本金70万円の有限会社を設立。しばらくはこの社名のままでした。）

印刷の事は何も知らず、落語界とは全く繋がりも持っていませんでした。

大学卒業後4年程勤めていた叔母の特許事務所を辞めた時、特に之と言ってやるべきことがなかった私は、自分の単なる趣味であった落語の情報をまとめた媒体を提供し、一般のお客さんと落語会の橋渡しができれば、と思いつきました。

その2 発刊まで

落語の情報誌を出そうと考えましたが、何から手を着けたら良いのか分かりませんでした。当時は、今は無くなってしまった「シティロード」が音楽の、そして「ぴあ」が映画中心の情報誌として存在していましたが、落語案内は殆ど掲載されていませんでした。

たとえば、この頃イイノホールで行われていた春風亭柳朝・古今亭志ん朝師の「二朝会」の案内が数日前、新聞に数行載っても連絡先も出ていません。自分で調べてホールに電話すると、主催者は別。そこで問合せ先を教えてもらい、やっとチケットの入手方法が分かるという有様でした。

行きたいと思う人が希望する催しと簡単にアクセス出来れば便利だろうし、そのような需要は多いだろう(これがそもそもの大きな間違いでしたナ〜)、という極めて単純な発想でした。

落語情報案内を目的として発行しようとしたのですが、いかんせん落語家さんの連絡先も全く知らず、情報入手のてがかりも無く、主にはそれまでストックしていた落語会のスクラップを中心に、断片的に目に付いた資料を基に、少しずつ手探りで情報を入手していくしか方法が有りませんでした。

その3 とりあえずのスタート

とりあえず、自分が興味を持っている情報をピック・アップしてみました。

東京で行われている年中行事・映画・スポーツ、そして本来の目的たる落語会でした。それを手書きにして、何人かの知人に見せて回ったのがスタートでした。

その中の一人が、社内報でお世話になっていた印刷会社を紹介してくれました。ムツワ企画の村越さんです。日暮里にあった事務所に行き、考えていることを話したところ、その場で「東京かわら版」なるタイトルを提案してくれました。正に私が目指している内容にピッタリのネーミングでした。いま思い返しても、スタートで村越さんに巡り合えたことは僥倖《ぎょうこう》としか言いようがありません。この後今に至るまで、実に多くの人に助けられて、不思議と生きながらえてきた小誌ですが、創業時の大恩人の一人です。当時は写植印刷の時代でしたが、何も知らない私に、入稿から印刷物が出来上がるまでの流れ、文字の級数の計算方法等諸事について教えてくれました。発刊後すぐに資金繰りが行き詰まった時も、しばらくは半額の入金で残りの分は猶予さえしてくれました。

柳家花緑師が、昨年（２００９年）の暮れの紀伊國屋ホールでの高座で口にしていた、Synchronicity（共時性）と言えば良いのかな～。

その4 取材は名画座から

さて、情報を収集しようとしたのですが、手《て》蔓《づる》のない落語については全くお手上げでした。これについては、分かっている落語会に直接電話し、番組を教えてもらうことにしました。最も情報が分かりやすいのは、映画でしたので、そこからのスタートにしました。

主として山手線を中心に、独立系の名画座をピックアップしリストを作成しましたが、これは比較的簡単に作業が進みました。このリストを基に、手書きの見本を持って名画座の事務所に飛び込み取材を敢行。どこからでも良かったのですが、理由も無く最初に行った所が、大塚駅南口商店街にあった「大塚名画座・鈴本キネマ」の2館でした。両館の事務所を兼ねている部屋に伺い、持参した物を見せたところ、「面白いんじゃない。情報は伝えるから、やってみたら」と言ってくれました。

※前回村越さんとの出会いにSynchronicityと言ってみましたが、この語は無意識的に二人の人間が同じ事を想う、ということなので私が言わんとすることとニュアンスが異なります。が、大塚名画座の件もそうなのですが、「東京かわら版」の歴史において、当方で意図していなかったのに、後から振り返ってみるとそれしかない最良の出会いが色々な局面で起きてくれており、どう表現したら良いのか適当な語が思いつかないのですが、ただ単に結構な偶然とは言ってしまいたくない出来事がこの後も、数限りなく……。

その5 大塚名画座

どのようにアプローチしたら良いのか見当もつかなかったので、配り物として手拭いを用意。上野松坂屋で出来合いの松竹梅柄を100本、割合安価にて入手。日本橋・榛原《はいばら》で見つけたタトウに入れ、上に以前作っていた小さな千社札スタイルの木版刷の和紙の札を貼りました。

札は特許事務所勤務時代に、確か「平凡パンチ」の〝粋な江戸小物〟特集で目にした日暮里の木版刷師・関岡扇令さんを訪れて、趣味の名刺として名前と自宅の電話番号を書き入れた物を何色かに刷ってもらっていたのがありました。当面の連絡先は自宅ですので、この札が使えると、考えたわけです。それなりに結構な品が準備できましたが、タトウの方が手拭い本体よりはるかに高値だったのにはビックリしました。

思い返してみると、何とのんきな事をしていたやら……。

さて、最初に訪れた大塚名画座で、思いがけなく嬉しい言葉を掛けてもらい、大変励みになりました。もしここでけんもほろろの対応をされていたら、気持ちがなえてしまって二ヶ所目から行く気がそがれていたと思います。よかった、よかった。

この所が、かって昭和16年から4年あまり寄席の灯を守りとおした大塚鈴本だったのを知ったのは、20年以上も後になってでした。『大塚鈴本』は燃えていた」1995年・西田書店刊・渡邉武男著・小沢昭一氏推薦の本にて、この事実を知った時には、その奇遇に言葉にならない驚きを感じました。

その6 何とか創刊

映画館巡りをしました。都心では、築地の松竹セントラルから日比谷・みゆき座まで18館。東京～飯田橋で6館。上野・浅草が11館。新宿18館。渋谷8館。池袋・大塚8館の計69館です。この全てに足を運び、翌月のスケジュールを教えてもらいました。

久々に見てみたら並木座、日劇文化、ギンレイホール、佳作座、新宿昭和館、新宿文化、パール座、渋谷全線座、文芸坐、そして大塚名画座・鈴本キネマ等の懐かしい名前が並んでおります。

これらは殆どが二本立てで200～400円。中で日劇文化と新宿文化は一本立てで900円なのが目につきます。まさに時代を感じさせる料金です。

街の映画館に行かなくなって大分たちますが、まだ残っている所はあるのかな〜。再建をはたした文芸坐くらいかもしれませんネ。

ともかく、年中行事・催物1頁、映画情報5頁、スポーツ1頁、落語会1頁の計僅か8頁、タテ27㎝ヨコ21㎝のタブロイド版スタイルの大きさで、昭和49年10月25日「東京かわら版　昭和49年11月号」が通巻第1号として産声を上げました。定期購読者への発送しか想定しておらず、定価一年1500円（送料共）となっています。送料は幾らだったんだろう。一部当り100円位の設定だったと思います。これには現在も使っている郵便振替口座番号が表示されています。

その7 創刊号

確か2000部刷り、印刷代が14万円だったと記憶しています。今残っている全てに赤くゴム印で、見本と押してあります。創刊号は無料にて、思いつくいたるところで配布しまくりました。部数的には置かせてくれた掲載映画館の消化が、中心とならざるを得ませんでした。

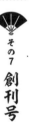

学生時代の友人や、社会人となってから知り合った人達で少しでも興味を持ちそうな人に直接会って手渡したり、郵便で送りつけ、申込みの御願いをしました。

輝く最初の定期購読者は、高校時代のラグビー部仲間（私は番号16、専任マネージャーでした）の鈴木君。家に行き創刊号を見せながら話をしたら、お母さんが、あなたが始めたことなら、と良く物を見もせずに代金を払ってくれました。鈴木君には、この先一時的に配送で車（トヨタパブリカ）を借りたり、後年別に興したルネサンス企画なる会社で総務部長として業務をしてもらったりと、何かと世話になりました。

先年お母さんが亡くなった後も途切れず更新を続けてくれ、この登録番号第1号は35年たった現在でも、燦然と当社定期購読者リストに輝いており、毎月発行するたびに送付しております。

その8 創刊号の落語会情報

創刊号は最後の1頁が落語会の欄です。本数はたったの18本。

タテ方向の掲載で、昭和49年の11月1日から12月4日までの日付と曜日が頁上部に左から右へ並べてあり、その下に時間・会の名称・番組・会場・料金が表になっています。

各会場連絡場所・会場案内は表の下にまとめて横書きで掲示されており、その下部に寄席定席の名称と、ＴＥＬ、昼の部・夜の部の時間が書いてあり、10日毎に出演者が代ります、と記されております。ちなみに各寄席の入場料は、新宿末広亭８００円学７００円、池袋演芸場７００円学６００円、鈴本演芸場９００円学８００円、浅草演芸ホール８００円学６００円、日比谷東宝演芸場は6時で土・日祝のみ1時30分と二回公演、８００円学６００円です。

落語番組は、三越劇場で「三越落語会１０００円」「三越落語競演会５００円」「三越名人会１５００円」紀伊國屋「談志ひとり会７００円」「古典落語をきく会１０００円」、東急レックス「東急文化寄席（毎月曜）７００円」、松葉屋「はなしをきく会（第1・3金曜）200円」、ジァンジァン「独りゆく桂小南600円」、イイノホール「東京落語会700円」、本牧亭「民族芸能を守る会700円」、VAN99ホール「三五六（さんごろう）寄席99円」、東横劇場「東横落語会1200円」、国立劇場「落語研究会1100円」が載っております。

その9 当時の落語会

この中でNET（現テレビ朝日）で放送されていた牧伸二司会の「東急文化寄席」は別にして、ホール落語会といわれていたのは三越劇場・紀伊國屋ホール・イイノホール・東横劇場・国立劇場で行われていた各会です。

ホール落語会については、新聞を丹念に見ていれば情報はそれなりに手に入りますし、その会場もたやすく分かりました。然しながらそれ以外の催しについては、当時は我々一般人にはその案内が届きにくいものでした。特定の噺家さんを聞く会、鑑賞組織による物、地域寄席といわれる街で行われている催しなど様々な形態で落語会が、今ほどの数ではないにしても、開催されていたものだと思われますが、殆ど私はその存在を知りませんでしたし、その情報を入手するすべがありませんでした。ど～も会は行っていても、やりたい人がやり、来たい人がくればいい、というような極めて閉鎖的な世界に思えてなりませんでした。

「はなしをきく会」にしても、吉原の引き手茶屋「松葉屋」を会場に店の常連さんを対象とした一年単位の会員制の落語会で、一般告知は余りされていませんでした。何かの折にメモしていた電話番号に連絡したところ、割高になるがその日だけの入場もできるとのことで、掲載させてもらいました。（創刊号には開催日を一週間ずれて掲載してしまい、出来上がったタブロイド紙と菓子折りを持ってあやまりにお伺いしました。）

その10 松葉屋と民族芸能の会

「はなしをきく会」は松葉屋の名物女将福田利子さんの息子清一さんが、大学生の時に跡を継ぐにあたって、自分の仕事としてお店で落語会をやりたいとして、始められた会です。詳しくは昭和61年主婦と生活社刊『吉原はこんな所でございました』をご覧下さい。

当時月1万円で生活していた身ではおいそれと行ける会ではありませんでしたが、ごくたまにはとバスの「花魁ショー」が行われていた舞台を高座として、緋毛氈を敷き詰めた桟敷席で、厳選された出演者による落語を聴くのは、まさに贅沢の極みでした。ちなみに11月1日（金）には「三遊亭遊三・春風亭小柳枝・春風亭枝雀・春風亭柳橋」、15日「三遊亭円窓・三遊亭円楽・檜山さくら・三遊亭円生」の番組が掲載されています。松葉屋さんは後年裏表紙に協賛店を掲示するようにした時、第一号の申込店となって下さり、その後持参する度に毎回暖かい励ましの言葉を掛けてもらいました。

19日には本牧亭「民族芸能を守る会　鏡味仙之助・小三太（現六代目柳亭小燕枝［現柳家さん遊］）・ぬう生（現三遊亭円丈）」があります。昨年（２００９年）５月に95歳で亡くなられた茨木一子さんが会が発足した昭和37年から事務局長として仕切られていた例会で、事務所が隣町の東銀座にあったこともあり、私は毎月顔を出すようになり、茨木さんにはなにかとお世話になりました。

あの時期、この二つの会の案内を定期的に掲載していた媒体は、他には存在していないと思います。

その11 題字

第2号（昭和49年12月号）の題字は、江戸文字にて「東京かわら版」となっております。創刊号を手にした関岡扇令師（その5で登場）が、明朝体の活字題号では格好がつかないと、江戸文字の第一人者だった鈴木本和さんに声を掛けてくださり、書いて頂いたものです。

扇令さんは伝統木版刷師としてその技を継承すると共に、東都納札睦主宰者で納札の世界でもその中心となっていた方です。以前は全国の神社・仏閣にて「扇令」「本和」の納札やお二人連名ののれんを良く眼にしたものです。先代の扇令さんも戦前の紙統制時代に、私がかって勤めていた井上清子特許事務所と繋がりがあったとかで、因縁浅からぬこともあり、小誌の発行前には毎年木版年賀状を依頼にお宅に伺い、色々と木版のお話等を聞いておりました。

本和さんに書いてもらったロゴは、長い間、小誌の表紙を飾って頂きました。

この後、第10号で今の版型に変更した折に、「落語」「講談・浪曲・新内」のタイトルを寄席文字にて橘右近師匠に書いて頂きましたが、殆ど原稿料も用意できなかったのに、寄席文字と江戸文字の両第一人者の手による文字を使用させてもらったわけで、ま～贅沢なことでした。（残念ながら、お二人は亡くなっており、現在の寄席文字・江戸文字は橘右橘師によるものです)」

その12 10号まではタブロイド版

この後10号まではタブロイド版にて発行。定価が第5号(昭和50年3月号)より7ヶ月で金1000円となっています。あまりに申し込みがなかったので、一年分の1500円より幾らかでも支払いやすいと考えたのでしょうか……。8ヶ月ではなく7ヶ月としたところにいじましさを感じますナ。

そして、50年4月号よりそれまでの8頁より4頁増えて12頁となりました。年中行事・催しから美術展が単独1頁に。劇場案内が1頁。落語会が1頁増加し2頁に。別に講談・浪曲・その他の頁が新規に1頁。目次および申込方法で2分の1頁(これまでは見本誌と郵便振替用紙にご案内を封筒に入れて配布していました)。身内からの協力広告が2分の1。スポーツ頁は削除。これで落語会情報は32本。講談浪曲は木馬亭・本牧亭の番組を中心に20本。合わせて52本となりました。連絡場所に本牧亭、木馬亭の電話番号が載っているのは、この時期から両会場に毎月取材に行き、翌月番組を入手できるようになったわけです。1日から15日まで木馬亭公演の浪曲定席(800円)出演者が記載されていますが、4月16日に出演者名ブランクで第190回やまと浪曲研修会(700円)があります。この毎月16日に浅草やまとホールで行われていた会は、六区の交番に聞いても分からず、その会場を見つけるのにとても苦労した覚えがあります。

その13 判形チェンジ

タブロイド判にて発行し、いろいろな所で配りました。あらゆる知人や、情報を掲載していた映画館の内、文芸坐など置かせてくれた処。出身校の学習院では、かって知ったる各クラブの郵便受けに入れました。イイノホールの二朝会で、会場待ちの人に手渡したこともあります。

スタート時はそれでも付き合いで何人かの人が申し込んでくれましたが、2、3ヶ月するとパッタリと動きが止まってしまいました。今考えても、他の情報誌には無い落語や講談の案内が載っているにしても、その数僅か50本。しかも、見本誌が寄席演芸に興味のある人には余り届いていない。実に購読者が増える要素が薄かったと言わざるを得ません。

当初毎月2000部印刷し、それを配ればその1割が申し込んでくれる。それを1年続ければ2000人の定期購読者になり何とか廻していけると、何となく考えて始めたのですが（この数字でも全く成り立たないことを、すぐに実感させられました。要するに何の具体的計画・計算も持たないで発行しちゃった訳です。むちゃくちゃでしたナ〜）、更にその1割も反応がありませんでした。月の後半には夜余った物を封筒に入れ、築地近隣にポスティングしました。

東銀座や八丁堀から数人の送金がありましたが、焼け石に水でした。実家に居て食事と住いは確保されておりましたが、全く先が見えない有り様だったところ、大学時代の友人より判形チェンジの話が持ち込まれました。

その14 再スタート

前回の、その13をアップしたのが6月10日。その後高校のクラブOB会の再出発や、眼病と人間ドック等、何やかやと動いている内に7月も終わってしまいました。会社ではメンバーチェンジもありました。ともかく気分新たにこれまでの歴史を振り返るつもりです。

第10号までのタブロイド版と第11号からの現在のスタイルの物を机上に並べています。

11号は32頁。モノクロで一冊100円での再スタートです。前回のブログで書きましたが、これは大学時代の友人で当時大手印刷会社に勤めていた朝田君が、細々と発行していた「東京かわら版」を手にして、これではどうしようもないと思ったのか、ある日突然プロトタイプを作って持ってきてくれました。こうすれば情報をもっと入れられるし、持ち運びにも便利だし、何よりも商品になるよと言ってきました。

創刊の11月号に眼をやると、田原町の本法寺熊谷稲荷春属祭が載っています。この寺は禁演落語のはなし塚がある所。ご住職にお願いし当日配らせてもらったら、参拝の善男善女が有難そうに押し頂いて受け取って行ったこともあったな〜。

新装の本については、次回から。

その15 通巻11号（実質の第1号）

昭和50年8月25日中央区築地（有）東京月間情報社発行「東京かわら版　9月号」縦21cm・横11cm　左綴　モノクロ　全32頁　編集発行人・井上和明　表紙紙切り・林家正楽　印刷・

ムツワ企画印刷　頒価100円　定期購読料（含郵送料）　8ヶ月1000円　1ヶ年1500円

表紙は上部に横書きで江戸文字「東京かわら版」のロゴ。中央に左から右へ斜め上に上下2本の線。その中に「失われし？　季節感を求めて　東京の新しい情報誌」と記されていて、線の上段に「お花見」下段には「落語家」の切り絵を配し、正楽師の落款。下部に「50　9」の数字と100円、通巻第11号（毎月1回25日発行）と記載されています。

内容は、「東京ところどころ　柴又帝釈天」2頁。朝田君の持込企画で、レポート・写真まで担当してくれました。しかも、交通費さえない全くの無償にて。年中行事2頁。美術展2頁。劇場2頁。お庭めぐり1頁。みもの1頁。映画10頁。講談浪曲新内2頁・28本。落語関係6頁・48本。頁下段に上席・中席・下席別に「日比谷・東宝演芸場」「浅草・木馬館」「浅草・松竹演芸場」の番組が掲載。別に私鉄沿線だより1頁。街の地図（日比谷）1頁。裏表紙が目次・編集室よりとなっています。今、燦然と輝く（？）「東京かわら版」の実質的スタートが切られたわけです。

その16　昭和50年9月号

墨色に近い濃い青にて印刷された表紙を見ていると、この時に良くこの形式にしてくれたと、改めて朝田君に深謝。始めにタイトルを口にしてくれた村越さん、そして数年後にスポーツクラブルネサンスを創始しその活動に参加させてくれた斎藤さんと、小誌存続の三大恩人です。

切り絵は上に季節の風物、下に寄席演芸の演目を切って貰いました。

余白が多く内容を表示している表紙とは言いがたいですが、2枚のシルエットが「失われし？ 季節感を求めて」のコピーとマッチしていたと思われます。ただ「東京の新しい情報誌」ではなく「寄席情報誌」とすべきでした。そう言える物になったのは、つい最近ですが……。

ほぼ一年間のタブロイド版発行の間に、少しずつ寄席演芸界の人達との繋がりが出来てまいりました。民族芸能を守る会・茨木さん、その紹介にて二代目正楽師匠。日立寄席の水野さん、寄席文字の橘左近そして右近師。木馬館にほぼ常駐していた浪曲研究家の芝清之さん。本当に多くの方々に色々と教えて頂き、少しづつ寄席演芸の世界と係わりが持てるようになりました。

誇れる内容も無いこの時期の「東京かわら版」ですが、東宝演芸場・木馬館・松竹演芸場3館の番組が全て載っているのは、それなりの価値があると自負しております。

その17 東宝演芸場

東京の寄席（定席）は10日ごとに番組が代わります。1日～10日を上席、11日～20日は中席、21日～30日が下席となります（31日は時として特別の催しが行われます）。当時も落語定席は今と同じ所に4館ありました。

この寄席4館は、情報締切り日までに翌月の上席しか決まっていないことが多く、残念ながら番組を掲載することが出来ませんでした。然しながら、日比谷・東宝演芸場（6時～9時30分 土・日・祝1時30分アリ1000円学700円）、浅草・木馬館（11時～7時30分二回興行・入替無800円学500円）、浅草・松竹演芸場（11時20分～8時二回興行・入替無1000円学800円）は、幸い全ての番組を載せられました。

煩雑になりますが、昭和50年9月上席「東宝演芸場」。獅子舞：鏡味小仙社中、寄席の唄：春風亭枝雀、歌のコーナー：小野栄一、三味線漫談：玉川スミ、漫談：宮尾たか志、声帯模写：桜井長一郎、落語：小さん、奇術：アダチ龍光。中席は落語がメインで、歌奴・文朝・柳朝・馬の助・正蔵・志ん馬・円歌・談志の名が見えます。下席は〔漫才特選会〕で、球児好児・順子ひろし・千代若千代菊・天才秀才・桂子好江・てんやわんや等の番組です。

その18 木馬館・松竹演芸場

木馬館は上席が、落語：むかし家今松、奇術：松旭斎千恵子、モダンジョーク：南けんじ、兵隊漫才：宝大判小判、浪曲：木村若友、俗曲歌謡：キング静香富士蓉子、木馬館民謡一座。この内民謡一座は全てに出演。面白いので、中席・下席も記載します。

中席は、落語：林家源平、漫談：泉たけし、曲技：江川マストン、講談：小金井芦州、東北民謡：森昇月社中、浪曲：木村重正。下席は、落語：柳家とんぼ、漫談：大江しげる　他未定となっています。

松竹演芸場上席は、漫才：千代若千代菊、三味線漫談：玉川スミ、漫才：鶴夫亀夫、漫才：Wエース、漫談：千とせ、漫才：Wモアモア、コミックバンド：ファニーフェイス、コント：笑パンク。中席は、コント：ギャグメッセンジャーズ、都々逸：亀松、紙切り：花房蝶二、演歌：東道夫、漫才：こう太ふく太、コミックバンド関西：原たかしとプレイボーイ、声帯模写：鯉川のぼる。下席は、コント：ナンセンストリオ、コミックバンド：ボギーペース、尺八漫談：はたのぼる、漫才：順子ひろし、歌謡漫談：スリートーンズ、殺陣とお笑い：サムライ日本。となっています。

その19 継続の危機

東宝演芸場は昭和55年、木馬館は52年、松竹演芸場は58年に各々常設の演芸場を閉鎖しましたが、それまでの番組は全て掲載しております。

50年10月（通巻12）号より、発行日を25日から今に続く28日に変更しています。

この号より「今月号の表紙より」として表紙2枚の切絵についての説明を記載。同じ形式が51年12月号まで続きました。1枚は演芸種目を切って貰いましたので、新内。この後、浪曲・講談・獅子舞・義太夫・漫才・安来節・曲独楽と続き、51年6月号に「紙切り」が登場しております。これはギブアップの時の題材と考えていましたので、この頃にはにっちもさっちもいかなくなり、正に経済的に追い詰められていたことを示しています。資金ショートで、声を掛けられる限りの知人から毎月10万円づつの借り入れをしており、それも限界になっていました。今振り返ると、この時期が存続の最大のピンチでした。

然しながら、蝸牛の歩みでしたが少しづつ少しづつ人が集まってきてくれ、幾つかの動きも生まれていました。その一つが、51年3月より始まった「木挽寄席」です。新橋演舞場別館の俳協稽古場で毎月第一金曜日に開催されたこの会は、「東京かわら版」と私にとって最も大事な財産となっております。

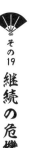

その20 木挽寄席

落語会の情報を取材している内に、色々な方と知り合えました。その16にてお名前を出した水野さん。日立愛宕ビルにて三遊亭ぬう生（現円丈）さんの会と若手真打の会を隔月開催。毎月19日の本牧亭民族芸能を守る会の会報で「小三治の会」（確か500円）を見つけ。

昼会社に行きチケットを購入した時は髭面だったのに、夜の会場ではすっきりした顔になっていたのが、強烈な初対面の印象。当時東京の素人落語の世界で、日立家電にその人ありと知られた存在でした。リッカーの鈴木さん（現米国在住）。板橋大山の炉端焼「まつば」で同級生の金原亭馬太呂（現馬好）さんの会や「橘家円太郎を聴く会」・「古今亭志ん好むかし咄」等をやっていました。後年ルネサンスが松本にてテニススクールを受託した時、委託者のセイコーエプソン側の責任者の方が、鈴木さんの転職時に面接採用した事を知り、その奇遇に驚かされました。そして同じく16にて登場の斎藤さん。大日本インキ落研で柳家小三太（現六代目柳亭小燕枝［柳家さん遊］）さんに落語を教わっており、千葉セントラルプラザで「千葉古典落語を聞く会」を開催していました。

この三人に働きかけ、ぬう生・馬太呂・小三太を中心メンバーにして二ツ目さんの勉強会として「木挽寄席」を発足させました。その直前連続の「馬生の会」を行っていた俳優協会稽古場を会場にお願いし、その会をやられていた事務局の浅原さんにまとめ役になってもらいました。会の名称は、会場の旧地名に因んで、私が提案。

その21 木挽寄席（2）

第1回が昭和51年3月。毎月第一金曜日開催で、約3年間。54年1月の第34回が大納会となっています。前座、二ツ目4人、応援真打1人の計6人出演の番組で、料金は700円。会員登録をした人は500円でした。

「若いサラリーマン等仕事を持つ者が集まり、俳優協会稽古場を会場として発足。当初は同世代の明日の真打をめざす二ツ目中堅の会とし、本年中の計画を立て活動開始。彼等と共に我々も育っていければ、と思いつつ」と3月号の本誌に案内が載っています。

初回の番組は、小りた（現〆治）：富士詣、ゲスト志ん太［六代目志ん橋］：だくだく、小里ん：提灯屋

柳家小三治：粗忽長屋、小三太（現小燕枝［柳家さん遊］）：松竹梅、ぬう生（現円丈）：らくだ、です。残っていた「寿笑和五十一年木挽のあしあと」なる資料を見てみると、二ツ目は、当初声を掛けた3人と初回出演の2人の外、一朝・雲助・今松・花蝶（現馬楽）・友楽（現円橋）の皆さんが交互に出演。各一門別の主旨に賛同してくれた噺家さん達で、出演者を固定。スポンサーも無く、基本的に入場料収入だけで全てを賄ったので、出演料もままならず。確か一回当たりごく僅かしか用意できなかったので、噺家さんサイドからの申し出により、年末にまとめてお渡ししたはずです。

その22 木挽寄席（3）

応援出演で、毎回お一人の真打に登場して頂きました。第2回から11月開催の9回までは、

入船亭扇橋：麻のれん、桂文朝：悋気の独楽、三遊亭円窓：さじ加減、古今亭志ん駒：お化け長屋、柳家小三治：千早ふる、桂小南：胴切り、金原亭馬生：ざる屋、の各師匠です。

そして12月の会には林家正蔵師匠に来て頂き、トリで紫檀楼古木を演って貰いました。

主として水野さんの顔にて、各師匠に出演して貰えましたが、何せお礼が雀の涙ほどの額。

それでも、多くの師匠方がこの会の運営方法をご説明すると、ご理解頂き、出演を了承して下さいました。

中でも11月ご出演の馬生師匠は、水野さんと私で日暮里のお宅へお伺いし、これまでの番組をお話し、恐る恐る雀の涙ほどの額の件をお伝えすると、暫く考えられて、「弟子たちが世話になっているので、時間が空いていれば出演するのは結構です。ただ自分がこの金額で出たことになるのは困るので、何も受け取らずに行きましょう」と、言って下さいました。

又、一年の一番最後に出られた正蔵師匠は、何も言わずに受け取られ、これは会に寄付しますと、そっくり差し出され、お帰りになりました。

本当に多くの噺家さんに助けられ、何とか続けていった会でした。

第4章

若手真打にとって「東京かわら版」とは？

——三遊亭わん丈・社長の本音対談

本書の最後は、「東京かわら版」の発行人であり代表取締役社長である井上健《たけ》司《し》の対談です。お相手は、若手真打の三遊亭わん丈《じょう》師匠。落語家が「東京かわら版」をどう思っているのか、そしてどう使っているのか。本音で語っていただきました。

三遊亭 わん丈

１９８２年、滋賀県出身。２０１１年、三遊亭円丈に入門（円丈没後、三遊亭天どん門下）。２０１２年、前座となる。前座名「わん丈」。２０１６年、二ツ目昇進。２０２４年、落語協会では12年ぶりとなる抜擢で真打昇進。

社長 井上健司

１９８０年、東京・築地生まれ。学習院大学卒業後、旅行会社、広告会社を経て、東京かわら版に入社。２０１５年、「東京かわら版」創業者である父の井上和明会長からバトンを託され、２代目社長兼発行人に就任した。

動きがいい前座さんがいると思って。それがわん丈さんだった

井上　わん丈さんと私の接点、いつからの付き合いでしたでしょうか。
わん丈　たぶん、私が前座の後半じゃないですか。
井上　そうですね。「らんぷ亭寄席」。今はなくなってしまいましたが、当時、新宿西口に「東京かわら版」の裏表紙に広告を出してくださっていた「珈琲らんぷ」というお店があって、そこで、究斗師匠（三遊亭究斗）が落語会をなさっていて……。
わん丈　兄弟子の前座をさせていただいていました。
井上　はい。その会ですごく動きがいい前座さんがいると思って。それがわん丈さんだった。
わん丈　（笑）。
井上　わん丈さんの動きと、噺と姿がとても印象に残りました。まさに「スーパー前座」というワードの通りだなと感じました。「スーパー前座」と俗に言われていた落語芸術協会の宮治さん（桂宮治）や、落語協会の一蔵さん（春風亭一蔵）。それがわん丈さん、一花さん（春風亭一花）……。
わん丈　そうでしたか。
井上　それで、私がすごく気になって、「東京かわら版」の連載に「月コレ（当時・築コレ）」という若手を紹介するページがあるのですけれど、そこに出ていただいた。
わん丈　この世界に入る前のアルバイト先の先輩が、「月コレ」の取材場所になってくれたんですよ。その先輩は、もう今はやってらっしゃらないんですけど、当時、奥さまが呉服屋さんをやっていらっしゃって。それでその取材後、井上社長がこのお店に足袋を買いに行ってくださったんですよね。

井上　そうですね（笑）。

わん丈　そのことを、その先輩ご夫婦が「取材をやらせてもらったからっていうだけなのに、本当に情のある方だ」ってすごく喜んでいらっしゃった記憶があります。普段は社長、足袋とかそんなに履かれないと思うんですよ、スーツが多いから。それが「取材のアフターフォローをされるんだなあ」って言って。

井上　（笑）まあ、たまたまね、ちょうど足袋が必要なタイミングでしたので。わん丈さんに、「そういうのって、買ってもいいですかね」と尋ねたら「喜ぶと思いますよ」って言ってくださって。

わん丈　もうまんまと喜んでましたね（笑）。

井上　わん丈さんがいろいろとメディアに出るようになって、編集部にもわん丈さんを紹介してほしいと問い合わせが来るようになって、その流れで、「週刊ダイヤモンド」にお出になったこともありましたよね。

わん丈　はい。二ツ目の披露目中に、僕たちの生活というか、お金の動きを追うみたいな記事で。前座から二ツ目になり立ての落語家の若手はどういう時間の動きとお金の動きなのかっていうのを「週刊ダイヤモンド」の記事で扱うというので、その取材対象として。だから僕、二ツ目上がってすぐにもう大抜擢《ばってき》ですよ（笑）。

井上　そこから抜擢人生始まってましたね（笑）。「週刊ダイヤモンド」からうちに「誰か二ツ目さんを紹介してほしい」って言われたときに、「じゃあ、わん丈さん」ってなりました。

わん丈　『週刊ダイヤモンド』見ました」って、僕、仕事来ましたからね。雑誌が出た日の夜か次の日かに。コンビニに買いに行ったんですよ、「週刊ダイヤモンド」。そこで電話かかってきて、「『週刊ダイヤモンド』見たんですけど」みたいな電話だったな。

井上　わん丈さんはレスポンスが早くて、マメでいらっしゃるんで、そういった仕事をお願いして、電話に出なかったら、「じゃあ、次」ってなるんですが、ほぼ毎回確実に即座に出てくださるので。こちらとしても、すごく助かりました。

「東京かわら版」にこんなに分厚く扱ってもらえる人の弟子になれたんだ

井上　うちの「東京かわら版」で印象的だったとか、記憶に残ってらっしゃる記事、ございますか。

わん丈　それはやっぱり円丈（三遊亭円丈）、1人目の師匠の円丈が亡くなったときの追悼号（2022年6月号）ですね、雑誌の分厚さにびっくりしました。

井上　確かに。

わん丈　「東京かわら版」にこんなに分厚く扱ってもらえる人の弟子になれたんだなって、そう思える雑誌と言いますか。それがすごく嬉しかったですね。

円丈のおかみさんと家で、「師匠のこんなにたくさん出てますよ」って言って、「東京かわら版」のページをペラペラめくりましたね。

井上　やはり確固たる地位を築かれたということと、ご自身のみならず後進、いわゆる円丈チルドレンですね、昇太師匠（春風亭昇太）、喬太郎師匠（柳家喬太郎）、御一門の白鳥師匠（三遊亭白鳥）、そして彦いち師匠（林家彦いち）といった人たちへの影響力。そういうことで、あの厚さになりました。皆さん、口々に「あの円丈師匠の追悼号はよかった」っておっしゃってくださって。

わん丈　そうですね。これは本当に嬉しかったし、芸人を大事にしてくださってる雑誌だって改めて思いました。円丈の功績って、僕らは細かいことは知ってますけど、その細かいことは、半分以上の世間の人は興味なかったりすると思うんですよ。それを本当に、芸人と同じ熱量で語ってくださる。で、こういう立派な書籍（本書）にも載るから、世間にもうちの師匠のすごさが伝わるっていうことなので。

井上　そうですね。

わん丈　マクラで喋ってても思うんですよ、ひと月くらいなんですよ、その師匠が亡くなって、お客様が一緒に残念に思ってくださる感じがあるのって。ひと月経つと、もうなんとなく忘れられてしまっている。こうやって「東京かわら版」さんでふた月後とかに取材したものを出すと、亡くなった師匠がまた生き返るんですよね。それがすごいなと。

井上　そう言っていただけると、すごくありがたいです。

ところで、わん丈師匠が常々おっしゃっていたのが、「二ツ目時代に俺は夢がある。『東京かわら版』の表紙になることだ」って。

わん丈　そうそうそう（笑）。それは井上社長が、「二ツ目でこの雑誌の表紙になった人はいないんですよ」とおっしゃるから。「じゃあ、二ツ目で表紙になったらすごいな」って、当時、こう思ってましたね。結局、叶わず真打になってしまったんですけど。

井上　まあ抜擢ですからね。

わん丈　だから真打昇進が決まったときに、「あ〜あ、もう無理だ。あと1年で『東京かわら版』の表紙は無理だ」っていう（笑）。

井上　（笑）。

わん丈　でも、今回、真打昇進ということでつる子師匠（林家つる子）と一緒に上がらせていただくこの表紙も、写真家さんの方がすごい楽しんで、雑誌「Myojo（明星）」の表紙みたいなね。

井上　そうそう。お2人がすごく写真映えするんで、うちの編集人がこれ見て、唯一なんですよ、「『東京かわら版』の題字を横にしちゃおう」って、「写真を大きくしたいから」って。

わん丈　「東京かわら版」初の、タイトルを横にさせた人という（笑）。

「東京かわら版」のここは、若手はみんな競い合ってる

わん丈　「若手芸人の『東京かわら版』内での目標」っていうのがあるんですね。楽屋でみんなチェックするんですけど、後ろのスケジュールの逆引きのところがあるんですよ。

井上　索引ですね。

わん丈　索引、芸人別で分けられてる。この索引掲載が何行あるか。たぶん、5が最高ですかね。6行く人いるかな。これ、すごい細かい話なんですけど、寄席に出ると、ふた文字ですから行数増えやすいんですよ（笑）。「末上」（末広亭・上席のこと）とか。だから、寄席出てないと4行とか行かないんですよ。

井上　そうですね。

わん丈　で、僕、たぶん二ツ目の何年目かに、1回5行行ってるんですよ。寄席の出番もあって。そして4行はね、二ツ目1年目に1回行ったんですよ。

井上　へぇーっ。

わん丈　で、5行行って、「よし」って思ってたんですけど、そのときに見てみたら、憧れの小朝師匠（春風亭小朝）は全国回っていらっしゃるから、2つとかの月もあるんですよ。だから、最終的にそんな多けりゃいいってもんじゃないっていうこともわかるんですけど、やっぱり二ツ目になってすぐの目標は、東京で、どれだけ落語会や勉強会を開いていただけるかなので、実は「東京かわら版」のここは、若手はみんな競い合ってる（笑）。

井上　ああ、なるほど。今月号（２０２４年７月号）を見たら、小誌「お二階へご案内～」で連載してくださっている兼好師匠（三遊亭兼好）を見ると４行ですね。全国まわりつつも、東京でのご出演も多いようですね。

わん丈　今月、僕、どうなんだろうな。

井上　どのくらいかな。……三遊亭わん丈、３行ですね。

わん丈　ああ、なるほど。

井上　そういうふうに見るんですね。

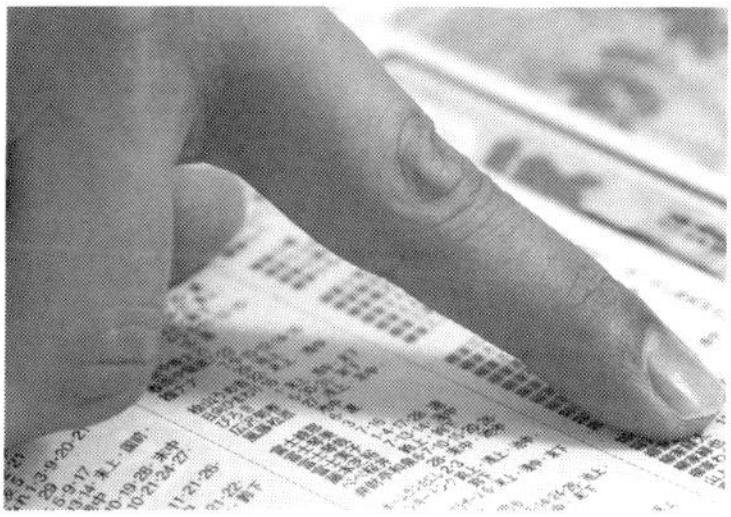

わん丈　そういう見方を二ツ目なりたての頃とかはけっこうしているんですよ。

井上　先日、ある二ツ目さんに聞いたんですが、二ツ目さんはみんな、「月コレ」見てくださってるって。「二ツ目で『月コレ』を見ない人はいない」っていうくらいおっしゃってましたね。

わん丈　うんうん。そうですよ。誰より早く載せてもらったとか、あいつより遅かったとか。

井上　いつも申し上げてるのですけれど、たまたま気になったタイミングなので。順番に深い意味はないんです。もちろん一人でも多くの方を取り上げたいのですが、二ツ目さんで出られてない方もいらっしゃるん

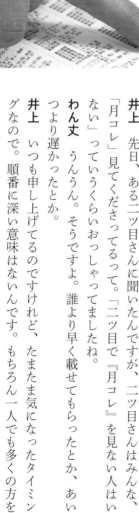

です。
話は変わりますが、わん丈さんは、どうやって「東京かわら版」を知ったんでしょうか？
わん丈　僕の場合は、客として聞いていた頃、噺家が落語のネタに入れるんですよ。お客様に笑ってもらうために、本だったり新聞だったり、名前を並べるときに、ギャグで「あと、『東京かわら版』とか」とやったときにウケるんです、寄席とか落語会が。そのときに初心者は、「え、何？なんで笑ってるの？『東京かわら版』ってそんな面白いの？」みたいな。僕もそうでしたけど、そういうところから入ってる人は多いんじゃないかと思うんですよね。で、手に取って見たら、「なるほど」ってなってきて。
井上　そうですね。師匠は入門前に喬太郎師匠を追っかけてらっしゃったときがあるから。
わん丈　そうそうそう。
井上　喬太郎師匠もよく高座で「東京かわら版」って言ってくださってます。
わん丈　おっしゃってますね。

お祝い出そう。どうしよう。じゃあ、東京かわら版だ

井上　今後、どういう形式で「東京かわら版」に載りたいか、ご希望を教えていただけますか。
わん丈　今回載せていただいたのは、真打昇進っていう、まあ通過儀礼というか、皆さんそうやって取り上げていただけるときですから、そうじゃないときに表紙を飾れるようになりたいですね。よっぽど頑張らないと、とは思いますけどね、名だたる先輩方が出てらっしゃいますし。

正直ね、僕なんかからすると、自分の師匠が表紙というだけでめっちゃ嬉しいんです。めちゃくちゃいる噺家の中から、「ああ、うちの師匠が載ってるよ」って思うと、2、3冊買って、実家に送っちゃったりしますからね。

井上　それはやっぱりご自身の師匠だったり、御一門だったりが出てると。

わん丈　もうそれは思いますね。やっぱり師匠が表紙に載ってると嬉しいなあ。だから、自分が載ったらどれくらい嬉しいんだろうっていうの、ちょっと思いますね。

井上　わん丈師匠は、よく高座で「お客様とのお付き合いが苦手」っておっしゃってますが、やっぱり多いなって思います。それは今回、7月号で、「東京かわら版」の裏表紙……。

わん丈　ああ、これですね。

井上　はい。いろいろなお客様から広告をいただくんですけれども、今回、鈴本演芸場の初主任《トリ》、しかも異例の早さということで、わん丈師匠とつる子師匠のお客様が裏表紙の広告を出してくださった。わん丈師匠のお客様が3人ですかね。

わん丈　そうですね。

井上　「鈴本の初主任だから、じゃあ、お祝い出そう。どうしよう。じゃあ、東京かわら版だ」って、こういうふうにリンクしてくださるっていうのがすごくありがたいですね。

わん丈　独演会で話をしたら、「じゃあ、うちは1つで出してみたい」っていうふうに、僕が昔、住んでた近所、うちで乗ってる自転車の自転車屋さんとか、そういう人たちがね、載せてくださったんです。
　こういう、東京でいっぱい流通してる雑誌に、気軽にって言ったら語弊があるかもしれませんが、自分の名前入りで広告が載せられるっていうことをお客様に知っていただけたので、今後、僕の後輩が主任取ったりなんかしたときに、そのお客様方もこうすれば噺家が喜ぶのかなってわかるので。
井上　そうですよね。それから、つる子師匠もそうですけど、わん丈師匠も、中ページの誌面広告もご利用いただいていて。こちらですね。これがわん丈師匠の。あと、天どん師匠（三遊亭天どん。わん丈の現在の師匠）も今回出してくださったんです。
わん丈　寄席で聞いたら、「東京かわら版」を持ってきてこのページを見せて、割引で入られた人が多いって。
井上　ありがたいですね。
わん丈　本当にそうなんですよ。

落語好きな方のお気持ちを、すごくくすぐる雑誌だと思うんですよね

井上　「東京かわら版」って、まだまだ知名度が低いんです、本当に。
わん丈　え、そうなんですか……。

井上　うちの業界ではもちろんある程度は知ってくださってると思うんですが。「東京かわら版」の知名度を上げたいと申しますか、落語、演芸の普及をよりしたいなっていうのはありますね。

わん丈　需要がどれだけあるかはわからないんですけど、地方から東京へ、落語会のために遠征される方が、たくさんいらっしゃるじゃないですか。『東京かわら版』見て北海道から来ました」「九州から来ました」っていう方がいらっしゃる。今、いろんな県で小さな会があるから、その会に「東京かわら版」を置くシステムがもっと流通していけばいいなと思います。

井上　なるほど。

わん丈　東京まで追いかけようっていう落語好きな方のお気持ちを、すごくくすぐる雑誌だと思うんですよね。

井上　ありがとうございます。その役割を、僕は本当に勝手ながら、つる子師匠やわん丈師匠にもお願いしたいところがあって。

わん丈　たしかに言われますよ。「地方で、ご本人のロビー販売で『東京かわら版』買えると思わなかった」とか。

井上　そうそう。

わん丈　すごい喜んでくださるんで。

井上　それきっかけで「東京かわら版」を知っていただいたり、落語をもっと知っていただくと、すごく意義があることなので。

わん丈　「東京かわら版」って、都内のどんな小さな会も、ほぼ全部書いてあるじゃないですか。

そうすると、「あ、せっかく東京に来たから、あと1日いるから、北海道・沖縄・九州にはあんまりいらっしゃらない方を見ようかな」という会話をされてるのを、聞いたことがあるんですよね。「東京かわら版」、そういう時も便利ですから。

井上　ありがとうございます。使い勝手という点では、最近、浅草演芸ホールのスタッフの方からご連絡いただいて、それきっかけで変わったことがあります。今まで「東京かわら版割引」は月1回だったんです。「東京かわら版」を持って行くと、通常、特別興行でなければ、大人や学生料金は、1回につき200円から300円割引があります。それを、上中下席で全部やっちゃおうって言って。だから、これ1冊あれば、寄席は上中下、割引になります。

わん丈　(笑)なるほど。

演芸が好きだからという
その一心でやってくれている

わん丈　社長、落語をやりたいって思われたことないんですか。

井上　うーん、ないですね(笑)。

わん丈　だって、めちゃくちゃ落語のことばっかり考えていらっしゃるじゃないですか。もう毎日。

井上　いや、そんなことないですよ。落語のことばっかり考えてると、変な言い方になるかもしれないですが、落語オタクになっちゃうので。

わん丈　おお、なるほど。

井上　「東京かわら版」って、落語が好きすぎる方だけのための雑誌ではないと思っていて、どこかで違った目線も入れたい。ある寄席の今の席亭（社長）も、他の会社から入ってきた方だと耳にしたこともあります。違ったカラーも必要かなとも思います。

わん丈　新しい人、初心者の方の気持ちがわからなくなるかもしれないですね。

井上　そうなんです。わん丈師匠も、いろんなことに挑戦されてるじゃないですか。それでも、最後には落語に帰ってくるでしょうし、そこが素敵ですね。

わん丈　「東京かわら版」て字が細かいけど、読めちゃうんですよね。なにかあるんですか、字小っちゃいけど、読ませるためにやっていらっしゃることって。

井上　デザイナーさんの技術がすごいなと感じております。情報量が多いんですよね。だから、どうしても字が小っちゃくなっちゃう。

わん丈　これだけのもの毎月作ってらっしゃるのに、スタッフさんとか、めっちゃ多いわけじゃないじゃないですか。

井上　おっしゃる通りです。

わん丈　皆さん、きっと大変ですよね。

井上　本当に大変です。だから、もうみんな、落語が好きだからっていうか、演芸が好きだからというその一心でやってくれているというのはあると思います。

わん丈　なるほどなあ。

安心して取材受けられますよね、「東京かわら版」さんは

わん丈　なんか安心して取材受けられますよね、「東京かわら版」さんは。師弟の関わり方とか仲間の関わり方をすごく知ってくださっているから。この業界の難しい先輩・後輩の関わり合いのなかで、「その書かれ方すると、もしかして気遣ってくれたのかもしれないですけど、まずいんですよ」みたいなことがあったりするんですよ。それが「東京かわら版」さんに関しては絶対にない安心感っていうのはありますね。たとえばある師匠のことを、すごく褒めたとして、褒めるっていうこと自体、うちの業界は後輩から先輩にしてはいけないことなんで。評価してるのと一緒なので。そういうことを当たり前に、「東京かわら版」の社長さんはもちろん社員の方、皆さんご存じなので、そこで起きるトラブルっていうのがないってことなんです。

井上　普段の取材だと、けっこうマズいケースがあったりしますか。

わん丈　危ないなと思うこともありますね。だから、終わった後に家帰って、「どう言ったかな」といろいろ考えて、「あ、すみません、ここはこう言いましたけど、使わないでください」とか、「この表現にしてください」って、あとから連絡することがある。「東京かわら版」さんは、私の場合、そういうことが絶対にない。なんだったら先回りして、「わん丈さん、こういうふうにおっしゃってますけど、こう書くと、この師匠がこう思われる可能性があるんで、こうしときましょうか」くらいあるっていう（笑）、それが一番、大きい気がするなあ。

井上　確かにね。基本的なことですけれども、未だに「わん丈さん」じゃなくて「三遊亭さん」とか亭号で呼ばれるケースが多くないですか。

わん丈　多いですよね（笑）。

井上　平気で、「柳家さん」とか。

わん丈　正楽師匠に紙切りをやっていただいて、その後の主任で上がるっていうのが僕らの夢だったんです、前座のころから。僕らが、それが間に合わなかった最初の世代になるんですね。

　僕らの前の人までは、正楽師匠に、ヒザ（トリの前の出番）を務めていただいて、主任で上がるという、前座のころからの夢を叶えてるんです。悔しかったです。ただ、悔しかったんですけど、僕が黒紋付を着た状態で、「東京かわら版」の表紙（２０２４年３月号）で正楽師匠と一緒に並べてくださったということで、ちょっとスッと（肚《ハラ》に）落ちたっていうところがあって、この、うーん……。これは嬉しかったというか、「うん、まあ間に合ったことにしよう」みたいな（笑）。そういう、粋なことをしてくださったなって勝手に感じたりしますね。

　この本の中に、本当に、想いが詰まってるっていう、月並みな言い方ですけどね。よく言うじゃないですか。師匠方が「昔は（本の厚さが）今の半分以下だった」って。

井上　ああ、そうですね。薄かったです。あと、一之輔師匠が未だに言うのは、『東京かわら版』いいんですよ、靴ベラにちょうどいい」とか言って。

わん丈　（笑）。

井上　そう、昔はペラペラだったから。あと、「フリーペーパーみたい」とかって言われたり。まだその当時は写真もなくて。

「東京かわら版」が厚くなってきたのは、一番は落語会の数が増えたこと。それに、昔はいろんな落語の雑誌とか情報誌があったんですが、みんななくなっちゃったりしてるんですね。そうすると、落語・講談・浪曲、演芸界に関する情報はうちが全部拾わなきゃいけないんで。

演芸家の皆さんが本当に頑張ってらっしゃるから、本当、会が増えたんです。我々は「巻末情報」って勝手に言ってるんですけど、これが今、常に1000件超えてるんです。そんな時代はなかなかないなって感じですよね。

誰もいなかったんですね、『名鑑』に書き込むというのは

井上　あと、うちは『演芸家名鑑』も出してます。

わん丈　これ2、3年に一遍くらい出てて、僕が前座のころの『名鑑』は、これ（『寄席芸人写真名鑑』2011年増刊号）なんですよ。久しぶりに見た。僕が持っているのはもうボッロボロで。

師匠方それぞれ、お茶の好みがある。お茶じゃなくてお白湯の方、冷たいお茶の方、いろいろあるんですよ。それをみんな、前座は覚えないといけないんです。着物の畳み方もみんな違うんですよ。それをね、私は覚えられないから前座の時、全部『名鑑』に書くんです。で、寄席の出番が多い師匠、自分の師匠だったりとか、主任をよく取っていらした師匠とかはもう書き込みでビッチリですよ、僕のやつ。もう真っ黒。

井上　そう、アンチョコというか、すごいんですよね。私も一瞬だけ見せていただいて、「これはすごい！」と思ったことがある。

わん丈　またね、この『名鑑』のちょうどいいのが、着物の中に隠せるんですよ、サイズ的に（笑）。

井上　内ポケットの中とか。

わん丈　そう、こうやって、こう隠せるわけですよ。だから師匠がいないときにパッと見て、「あ、あの師匠の着物の畳み方はこうか」みたいな感じで読む。だから、いろんな人、4つ（折り）とか3つ（折り）とか書いてるんですよ。だから、「センジ（入船亭扇治）ウラ4」とか、「サンショウ（柳家さん生）4」とか、「キタハチ（柳家喜多八）橘」。「古今亭」っていう畳み方だと「古」。そういうことがびっしり書いてあります。

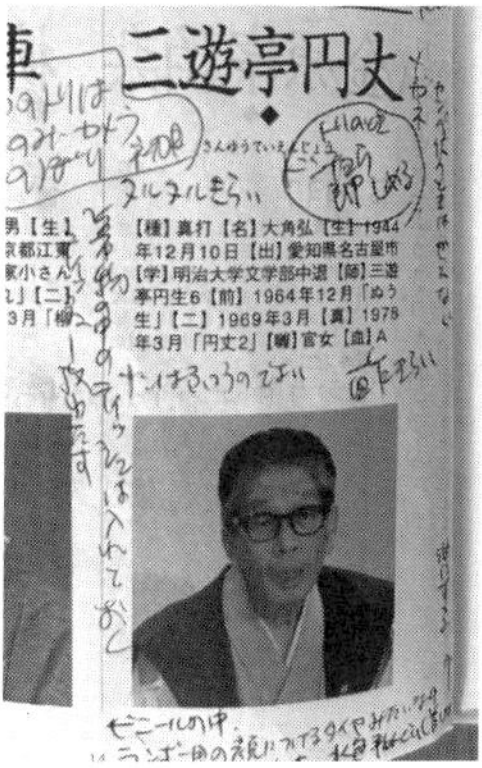

井上　着物の畳み方とか、お茶の好みとかね、いろいろ書いて。あと、楽屋の諸注意とか。

わん丈　「この師匠はこれしたら怒る」とか。この師匠はお煙草嫌いなので、それをすごい気をつけたりとか、してたなあ。

井上　「そんな使い方してるんだ」って、衝撃受けましたね。

わん丈　そう、あまりいなかったらしいんですね、『名鑑』に書き込むというのは。

井上　初めて聞きました。

わん丈　みんな別のメモにちょこちょこくらいで。

井上　『名鑑』の使い方でお客様で多いのは、該当のページにサイン貰っていう人。

わん丈　ああ、確かに。したことあるなあ。

井上　『名鑑』としての機能というよりは、サイン帳。もう、「ポケモンＧＯ」みたいな感じですよね。

わん丈　（笑）こうやって改めて昔のを見ると、明確に、「この師匠、亡くなられたな」とか思うなあ。

井上　そうなんですよ。あと、名前変わったりとか、移籍されたりとか、お辞めになったりとか、いろいろ本当に。

わん丈　『名鑑』楽しみに待ってる方、多いですよね。

井上　本当に多いです。「新しい『名鑑』まだ出ないの？」というリクエストはすごく多い。

わん丈　『名鑑』の出版のサイクルっていうのは決まってるんですか。

井上　だいたい2、3年に1回ですね。常々言っているのは、なくなったら新しいのを出します。売り切れたら出します。だって、売れなくなっちゃうから、新しいの出したら。

わん丈　なるほど（笑）。あ、俺、昔の名鑑（『東西寄席演芸家名鑑２』２０２１年）の「なにか一言」のところに、こんなこと書いてたんだ。「いつか松下由樹さんに会えますように」って書いてますね。

井上　それ、覚えてます。落語と全然関係なくて面白いですね。

わん丈　あ、もう一つ思い出しました、『名鑑』の使い方。西（上方）に行ったときに、まあ、西もそうだし、協会が違う方に会ったときもそうですけど、どっちが先輩か後輩かっていうのが、入門なのか学歴なのかとか、いろんな難しい判断があるんですよ。西の場合だと東のように真打とか位がなかったりするので、こっちで言う、どの兄《アニ》さんと一緒なんだろう。その場合、「兄さん」と呼んでいいのか、師匠って呼ぶのかとか、細かいところがあるんですけど、そういうときに『名鑑』、すごく役に立ちますね。

井上　確かに。

わん丈　パッと見て、「ああ、東京のこの師匠と同じくらいか」とか。師匠がたに前座がお茶出す順番があるんですよ。で、協会の中でも、昔は、理事になったから香盤（序列）が上になったとか、理事降りたから下になったとか、今よりももっとややこしい。で、今みたいに、「兄さん」「兄さん」ってちゃんと言わずに、もうライバル感が強かったのか、平気で、「何々さん」「何々さん」って。そうすると前座からは順番がわからない。うちの師匠も少し上の師匠のこと、「兄さん」とか言ってない。「〇〇さん」って言ってました。もっと今より個人事業主感が強かったのかなあ。そうすると、お茶出す順番がわかんないんですよ。そのときにもこれですよ、『演芸家名鑑』。

井上　確かに。それは演者さんの正しい使い方ですね。

わん丈　それが調べられるのって、マジで「東京かわら版」さん以外ないですからね（笑）。

井上 そう言ってくださるからこそ、ますますこっちの責任というか、絶対間違えてはいけないし、それだけ懇意にしてくださってるというのはすごくありがたいですね。

わん丈 ソースとして強い。なんならもう万が一、「東京かわら版」さんが間違ったって、「いや、『東京かわら版』さんに書いてたんで」って言ったら許されそうな気がする（笑）。

井上 （笑）素人にも玄人にも。

わん丈 「そうか、俺たち、ややこしいからなあ」とか言って（笑）。

「わん丈師匠、連載やってください」って言われたら

井上 今、兼好師匠が「東京かわら版」に連載をお持ちですけど、「もしもわん丈師匠、連載やってください」って言われたら、どういう連載をしたいですか？

わん丈 ああ、それは光栄ですね。でも僕、絵、めっちゃくちゃ下手くそなんで、兼好師匠みたいなことはできないわけですよ。なんだろうなあ。旅日記とか、かなあ。僕らって、めっちゃ全国に飛び回ってる、特殊な仕事の1つだと思うんですよね。

井上 確かにそうですよね。

わん丈 僕、この間、1日で福島と広島行きましたもん。朝から東京出て福島行って、高座を12時過ぎに終わって、新幹線で東京までまた来て、夜にはもう広島着いてたかなっていうような。

井上　すごいですね。

わん丈　そういうのもしてるから、やっぱり、移動は多い。で、なぜか芸人って、1本でも早い電車に乗りたがるみたいな習性があるんですよ。東京帰ったって別に何もやることないのに（笑）。だからそれをやめて、意識的に、最近ちょっと早めに違う県に入ったりとかして、ネタ作ったりとか、ちょっと豊かに過ごそうみたいなことやってるところがあるんです。だからもし、今、連載とかいただいたら、「こういう所行ってきました。ここはこうでした」っていうような旅日記。
　落語会を主催してくださってる方って、「地元の楽しい所連れて行ってください」ってお願いしたら、いわゆる観光雑誌に載ってるような、その県の一番有名なところじゃなくて、「そこもいいけど、この辺も楽しいですよ」みたいなのを教えてくださったりするんです。人脈ある方も多いし、博学な方も多いから、そういう人たちに観光連れて行ってもらうのが、今、楽しくて。

井上　それは面白そうですね。

「東京かわら版」さんの読者だったら、これくらいの話してもわかってもらえるんじゃないかな

井上　今回、こうしてお話しさせていただいても、わん丈師匠は、1出したら10答えをくださるし、それも期待以上のものだったり、「あ、こういう返しもあるんだ」っていう意外な返しだったり。対談が詰まることがないというか、流れるように受け答えしてくださいますね。

わん丈　いやあ、みんなそうじゃないですか、芸人は。それに、他の雑誌さんよりは1歩踏み込んだ答えを出そうとしてますね、こちらとしても。これはたぶん、読者の方のことを信用してるっていうのもあると思います。『東京かわら版』さんの読者だったら、これくらいの話してもわかってもらえるんじゃないかな」みたいな。それに、インタビューでの質問に関して言うと、絶妙に、そこまでマニアすぎないんだけど、「なるほど。その観点で僕の高座見てくださってましたか」みたいな、自分も気づいてないことを気づかせてくれるみたいな質問をいただくんですよ。連載で言うと堀井憲一郎先生の記事とかも。

井上　ああ、そうですね。

わん丈　「へえーっ」と思うような（笑）、自分のことなんだけど、「へえーっ」って思ったりなんかする。

井上　そう言っていただけるのは本当にありがたいですね。でも、その信頼関係というか、信頼してくださってるから、それを裏切ることは絶対できません。僕らの世界って、もう本当、信頼関係なんで。今回、わん丈師匠も、たぶん「東京かわら版」だからということですぐ引き受けてくださったということがあると思うんです。そこはお互いに、演芸のため、お客様のため、人のために、よりいい本、そして、よりいい演芸ができればいいなっていうのは共通認識としてあると思いますね。

わん丈　そうですね。最後にお聞きしたいんですが、うちの師匠の円丈は、取材のとき、どんな感じだったんですか。

井上　円丈師匠ですか。意外と出てくださってるんですよ、うちの雑誌に。

わん丈　師匠から佐藤友美さんの話とか、ちょこちょこ聞いた記憶があるんですよね。

井上　編集人の佐藤は、僕より色々詳しいですし、落語がとても好きな人ですね。円丈師匠に関して言うと、我々から見ると「あの人は唯一無二」っていう感じの方ですね。

わん丈　本当、ぐちゃぐちゃな人でしたからね（笑）。でも、師匠の家で、「東京かわら版」が届いて、これを師匠が開いて、「おい、お前も載ってるぞ」とか、そういう何気ない会話を、今、ふと思い出しますね。庭があって、テーブルがあって、師匠がいて、「おお、わん丈」とか言って、「おい、お前、載ってるぞ、これ」みたいなことで、「あ、師匠が表紙。すごいっすねえ」「ああ、なんかな」とかって言ってるんですけど、たぶん喜んでたのではないかと思うんですよね。

あとがき

最後までお読みくださいましてありがとうございます。

改めて過去のインタビューを見ると、噺家さんの考えはもちろん、その時代背景やインタビュアーの違いなど、実に様々な要因が重なって、毎月のインタビュー原稿が完成するのだな、と気づかされました。

会長ブログに関しましても編集の方の「これは残しておいたほうがいい」という言葉を信じ、ここに掲載いたしましたが、創刊当初のエピソードがわかる、貴重な資料なのではないかと思います。とにかく我が父ながら「落語会情報が欲しい↓でもどの情報を見ていいのかわからない↓情報は無いなら自分で作ろう」という行動力には頭が下がります（本人は、ただ成り行きでこうなった、と申しております）。

三遊亭わん丈師匠との対談は、朝日新聞出版さんがセッティングしてくださった喫茶店で、終始リラックスムードで臨むことができ、ほぼ同世代のわん丈師匠とは話も弾み、楽しい時間を過ごすことができました。

冒頭の「まえがき」にも記しましたが、「東京かわら版」は一度の欠号もなく、50年を超えて毎月出し続けております。

これも偏《ひとえ》にご協力くださる演者の皆様、連載陣の皆様、デザイナーさん、誌面広告をご出稿くださるクライアント様や裏表紙のご協賛をくださる皆様、小誌を販売してくださる方々、そして何より毎号楽しみにしていてくださる読者の皆様のおかげでございます。

毎号発刊するにあたり、小誌スタッフの力無くしては完成いたしません。身内を褒めるのは憚《はばか》られる気もいたしますが、それでも感謝の気持ちを表さないよりはきちんと表明したほうがいいのではないかと思います。改めましてスタッフの皆さん、どうもありがとうございます。

そして今回『落語家の本音』を作るにあたり、朝日新聞出版の萩原貞臣さんのご尽力がなければ発刊にこぎつけることはできませんでした。足繁く弊社を訪ねては方向性を確認し、制作が決定してからも何度も何度も相談しながら、まさに二人三脚で進行しました。メールやＬＩＮＥの履歴を見るとその苦労が思い出されます（笑）。萩原さん、やっと本になりましたね！　誠にありがとうございます。

今後の「東京かわら版」の抱負といたしましては、演芸会の羅針盤となるべく、より多くの方に、より演芸の楽しさを伝える一助ができればいいなと感じております。「東京かわら版」はまだまだ認知度が低く、皆様のお力添えが必要な情報誌でございます。今後ともどうぞよろしくお願い申し上げます。

２０２４年12月

東京かわら版代表取締役社長　井上健司

東京かわら版（とうきょうかわらばん）

日本で唯一の寄席演芸専門の情報誌。創刊号は一九七四年十一月号。落語・講談・浪曲・漫才・マジック・太神楽・紙切り・コントなど、寄席演芸とお笑いに関する情報が、コンパクトな誌面にぎっしりと詰まっている。演芸会情報は、寄席定席情報のほか、関東圏内で開かれる大小の会をとりまぜて毎月千件以上を掲載している。落語ファンや演芸業界に愛されている月刊誌である。

落語家《らくごか》の本音《ほんね》
日本《にほん》で唯一《ゆいいつ》の演芸専門誌《えんげいせんもんし》が50年《ねん》かけて集《あつ》めたここだけの話《はなし》

二〇二四年十二月三十日　第一刷発行

編　者　「東京かわら版」編集部
発行者　宇都宮健太朗
発行所　朝日新聞出版
〒一〇四-八〇一一　東京都中央区築地五-三-二
電話　〇三-五五四一-八八三二（編集）
〇三-五五四〇-七七九三（販売）
印刷製本　株式会社 光邦

ISBN978-4-02-252022-7
定価はカバーに表示してあります。